# 基督教历史中的宣教运动
# 信仰传播的研究

The Missionary Movement in Christian History:

Studies in the Transmission of Faith

著 安德鲁·华尔斯（Andrew F. Walls）
译 谢丁坚

中文版权 © 贤理 · 璀雅

**作者** / 安德鲁 · 华尔斯（Andrew F. Walls）
**译者** / 谢丁坚
**中文校对** / 甘雨，摩西
**中文书名** / 基督教历史中的宣教运动：信仰传播的研究
**英文书名** / The Missionary Movement in Christian History: Studies in the Transmission of Faith

All rights reserved. **English Edition © Andrew F. Walls, 1996.** No Part of this book may be reproduced or transmitted in any form or by any means, electronic or mechanical, including photocopying, recording, or by any information storage or retrieval system, without permission in writing from the publisher. For information, address **Latreia Press, Hudson House, 8 Albany Street, Edinburgh, Scotland, EH1 3QB;** or address **Orbis Books, Maryknoll, New York 10545-0302, U.S.A.**

本书部分经文引自《和合本》和《和合本修订版》，版权属香港圣经公会所有，蒙允准使用。其余经文直接译自英文原文。

**策划** / 李咏祈
**美术编辑** / 冬青
**装帧设计** / 冬青
**出版** / 贤理 · 璀雅出版社
**地址** / 英国苏格兰爱丁堡
**网址** / https://latreiapress.org
**电邮** / contact@latreiapress.org
**中文初版** / 2020 年 9 月

ISBN：978-1-913282-10-3

# 目录

序 .................................................................. I
引言 ................................................................ 1

## 第一卷 基督信仰的传播 ........................................ 9

第1章 福音：文化之囚徒和解放者 ............................ 11
第2章 基督教历史中的文化和连贯性 .......................... 27
第3章 基督教历史中的翻译原则 ............................... 39
第4章 基督教历史中的文化与皈依 ............................ 59
第5章 《罗马书》首章和现代宣教运动 ........................ 75
第6章 旧北方与新南方基督教的起源 .......................... 91

## 第二卷 基督教历史中非洲的地位 ........................... 101

第7章 福音复兴、宣教运动和非洲 ........................... 103
第8章 黑色欧洲人和白色非洲人：在西非的宣教初衷 ...... 130
第9章 非洲独立教会的挑战：非洲的重洗派？ .............. 142
第10章 当今世界中的原生宗教传统 .......................... 152

## 第三卷 宣教运动 ............................................. 177

第11章 宣教学的结构性问题 .................................. 179
第12章 宣教的呼召和事工：第一个世代 ..................... 199
第13章 非西方基督教艺术的西方发现 ........................ 215
第14章 19世纪作为学者的宣教士 ............................. 232

第15章 人文学和宣教运动:"最优异教徒之最优思想" ................247
第16章 19世纪医疗宣教士的在地重要性:"宣教大军的重型火炮"...261
第17章 宣教运动之美国方面 ................................................................272
第18章 差会与教会幸运之颠覆 ............................................................295
第19章 宣教运动的旧时代 ....................................................................311

索引 ........................................................................................319

# 序

本书集结了过去二十年间撰写的文稿，其中大多数原是作为讲稿而预备的；几乎所有这些文字之前都已付印，一或两篇的内容已被翻译。有段时间，一些朋友希望我能将这些在不同的背景下、在几个国家已经发表过的文章集结成册。因此，本书的出版要归功于他们的判断，也是对他们坚持的回报，而非出于任何的个人自信。

以此种方式爬梳过去之余烬不免需要一番编辑的考量。趁此机会，我纠正了一些表达的失误，调整了文风，也删去了一两处特别明显的错误。这算是比较容易的部分。我也尽量采用了比较包容的性别语言，虽然只是部分成功，没有全部改写，但这对一个在较未开明年代学习写作的人来讲，已经是尽最大的努力了。更根本的问题是涉及到早几十年的地质学式的时间痕迹，和处在它们的分层中的理智化石；还有就是一些观点、论证、陈述的重复，甚至在不同场合谈论相似话题时措辞的重复。最后，我学会相信一些朋友的直觉，特别是拉明·萨内（Lamin Sanneh）和比尔·布罗斯（Bill Burrows），他们说服我让这些东西保持它们原来的样子。所以，除了以上提及的那些细小的调整，这些文章尽量按它们最原初的样式再次呈现出来。此外，我也没有尝试去更新参考书目。

实际上，这本书的成形，是出于奥比斯出版社（Orbis Books）主编比尔·布罗斯的洞见、耐心和坚持。奥比斯文字编辑们的本领和知识使得本书的可读性增强。在非西方世界基督宗教研究中心（Centre for the Study of Christianity in Non-Western World），安妮·弗农（Anne Fernon）一如既往且有效地将我许多无理的要求当作是一贯善意的幽默。在取材上，我对世界各地许许多多的朋友、同事和学生有太多的亏欠。在他们当中，曼利（G. T. Manley），格罗夫斯（C. P. Groves）和马克斯·沃伦（Max Warren）（"那时候有伟人在地上"）已与世长辞，我特别珍视与他们的那段回忆，在我旅程刚刚开始的那些日子里，是他们帮助了我。当然还有那些后来旅途上的良伴，我知道我亏欠他们太多，有夸梅·贝迪亚科（Kwame Bediako），乔纳森·邦克（Jonathan Bonk），理查德·格雷（Richard Gray），约翰·希钦（John Hitchen），阿克·胡特兰茨（Ake Hultkrantz），奥拉夫·古托姆·米克尔布雷斯特（Olav Guttorm Myklebust），安德鲁·罗斯（Andrew Ross），还有已经去世的哈里·索耶（Harry Sawyerr）和本特·桑德克勒（Bengt Sundkler），也有以各种方式建立起联系的阿伯丁大学、爱丁堡大学和耶鲁神学院的许多人。斯蒂芬·彼得森（Stephen Peterson）是第一个将我介绍给耶鲁的，他对我的鼓励、支持要超出他自己所意识到的。耶鲁的戴伊宣教图书馆（Day Missions Library）提升了我生活的品质；耶鲁的众多朋友，像查尔斯·福尔曼（Charles Forman），玛莎·史玛莉（Martha Smalley），保罗·施特伦伯格（Paul Stuehrenberg）和琼·达菲（Joan Duffy）使它更加丰富。康涅狄格州纽黑文的海外事工研究中心（Overseas Ministries Study Centre）发起了许多重要的宣教学方面的项目，是一个长期的"庇护所"，那里的同仁常常十分热心。我所写的许多文字，包括这本书中的一些篇章，也都离不开这所机构的主人杰拉尔德·安德森（Gerald Anderson）的异象和慷慨，和他那"恩威并施的"技艺。

我还特别感激三位亲密的同事。哈罗德·特纳（Harold Turner）是一个在塞拉利昂、尼日利亚和苏格兰的同事，他仍然在带领新西兰的福音与文化基金会（Gospel and Cultures Trust），他机敏的头脑和严谨的标准影响我近四十年之久。威尔伯特·申克（Wilbert Shenk）现在在富勒神学院（Fuller Seminary），他常常是我许多想法的来源和动力。先知不需要成为建筑师，但是他需要集结那些使命。拉明·萨内曾经在阿伯丁，现在在耶鲁，他就像一股永流的泉，是使人焕发活力、给人滋养的来源，给几近枯干的土地带来养分。这三位朋友促成了这个文集的完成，我希望这样的结果不会辜负他们。

在所有事的背后都有我妻子 Doreen 的身影；而如今，正如那可叹的童谣"矮胖子"（Humpty Dumpty）所唱的：the best efforts of all the king's horses and all the king's men were of no avail。

# 引言

拙著是由一些零散的篇章集结成册,它是从一个更大的文库选出来的。所以,它并非是针对某一特定对象的系统阐述;就所涵盖的话题而言,本书省去了许多关键性的内容。就它有一个主题而论,它就像是被分为三篇乐章的一支交响曲。其中的第一篇是从历史传承的视角出发,是一场关于基督信仰本质的反思。第二篇要观察与非洲这一特殊个案相关的传承过程,考察非洲在基督教[1]历史中的特殊地位。第三篇关注的是源于西方的宣教运动,将其视为一个模型,观察在信仰传承发生之时,对过程的双方产生的影响。

研究议题的选择往往像是为个人或组织立传一般,这一研究也不例外。三十岁时,我去了西非,主要是去教导那些为了要在塞拉利昂(Sierra Leone)开展事工而受训的人,特别负责教他们教会历史。那时候我想,我可是受了极好的神学教育,我在牛津的毕业论文是有关教父学方面的,受教于德高望重的克罗斯(F.L. Cross)教授。如保罗所言,他在第八天受割礼,属便雅悯支派,与支派中其他所有人一样,并且曾在迦玛列门下。我濡染于1950年代教会历史教育的传统智慧之中;教会历史充满了丰富的经验,较老的教会所积累的智慧要传授给那些"较年轻的教会"(younger churches)。

---

[1] 译注:本书将英文中的"Christianity"译为"基督教"或"基督宗教",以前者为主;特别指向"Protestantism"及其相关用词,该词译为"基督新教","Catholicism"则译为"天主教"。《圣经》的经文及其人名主要采用和合本圣经。

**2** 基督教历史中的宣教运动：信仰传播的研究

我仍记得那日冲击我的那股力量，那股力量使我意识到，当我自以为是地讲述"那床由第 2 世纪基督教文献的零碎布料拼缝起来、打满补丁的被子"时，我其实正身处在一个 2 世纪的教会之中。一个群体在第 2 世纪对基督的忠信中而有的生命、敬拜和认知，正在我的周遭持续。为什么我不停止那自负的言论，去观察周遭所发生的一切？在这当中，我有着身在异国的同事所没有的优势；虽然我在教会是一位传道人，但我仍是一位平信徒，因此可以毫不唐突地融入当地的教会，可以常常不被人注意或被人遗忘。这场经历改变了我的学术生涯；我与其从古老的文献语料库出发，尝试从中做推断并去应用它，不如开始藉着在我周遭正持续的所有宗教纪实，去理解 2 世纪的材料。

一场展望前方的革命即将到来。学习而且真正去教授（就作为在欧洲所容许的课程而言）有关我现在正从事工作的这个区域的基督教历史，显然是很有必要的。因此，投入相当的研究时间到同样的课题中似乎也是正确之举。刚刚开始的时候，我仅仅只是对当地的基督教团体致以礼貌性的点头问候；因为，在当时的我看来，这样的研究或许会是一个副业，实际上只是一种爱好。这些事很难说是真正的教会历史；真正的教会历史要的是希腊语和拉丁语。然而，我逐渐明白，致力于非洲素材的研究，不仅仅是"真实"的教会历史，而且这工作其实有更高的要求，要付出更多的汗水，像教父学研究那样，它对技巧和材料的掌握要很牢固。加之，前方少有指引，少有先行者，更别说有什么研究工具，也没有克罗斯作我的迦玛列了。这研究也需要处理非洲宗教和社会的形态，而在那之前我会觉得这是一项相当无趣的研究，至少从文献的角度看。为什么我会这样诧异呢？直到那时，我一直认为，关于罗马帝国后期的文学、历史和宗教的研究对教父学的研究是十分关键的；我原本以为非洲的教会历史会更容易操作，而结果却不是我预期的那样。

若干年后，我在非洲的另一个地方有了新的职责。当时尼日利亚（Nigeria）刚刚独立，[2] 我在一所国家级大学里要组建一个宗教研究

---

[2] 译注：1960 年开始，尼日利亚逐渐脱离英国的殖民统治。华尔斯教授于 1962 年开始任教于尼日利亚大学。

的科系。作为一所国家级的大学，它要提供尼日利亚所有宗教传统的研究，而且它的职员中既有基督徒也有穆斯林。它要同时平行发展基督教和穆斯林的研究，每一方面的研究着眼于各自传统的核心内容。所有的学生都被要求修习非洲原生宗教（primal religions）的课程。并且，所有学生都被要求从事有关宗教现象学的工作，去思考宗教是由什么构成的，去检验基本的形式和概念，如祷告或祭祀。在研究中，理解当地的处境似乎成为一项迫切的需要。为什么在五英里的范围内会有331个教会？这些教会是如何形成的？在记述这些教会起源的时候，那些教会中几乎没有一个人提及任何一位宣教士，在这事实背后又有着什么样的意义呢？

在尼日利亚内战爆发的时候，[3] 我在自己的国家，从那时起就再次给那些要担任牧职的学生教授教会历史。苏格兰传统的教会历史的授课方式包含了三年的课程。第一年主要是针对早期教会；第二年讲宗教改革；第三年讲苏格兰——这之后，还会有什么呢？在十年或十二年前，能做到这个地步就足以令人欣喜了；而如今，这却是件令人蒙羞的事。

当然，我被邀请教授有关非洲教会历史的课程（这门课不是任何人都会选择上的），不过那是一门选修课。但让人担心的是，原有的那份教会历史的课程大纲的畸形本质。它妨碍了学生进一步去认识何为教会，或何处是教会。因为各方的证据都充分表明大不列颠基督教的衰落；但是，如何使这些未来的牧职人员意识到，基督信仰实际上已经传到世界的其他绝大多数地区，这是否就意味着大多数的基督徒将会在南大陆生活呢？更重要的是，这份课程大纲使他们忽略了苏格兰在世界的教会中的位置。于是我逐渐投入到这门新兴的学科中去，从这里，非洲已经跟跟跄跄地迈开步伐了。基督徒的义务就从教会历史延伸至诸宗教的历史。

没有想到的是，在那之后有人邀请我在一间已经设有神学系的大学里开设新的宗教研究科系。那是在1970年，一群后基督教世代

---

[3] 译注：尼日利亚内战发生于1967年至1970年。

（post-Christian generation）的学生们在宗教里找到了新的兴趣。当中有些学生是委身程度很高的信仰者；另一些则几乎没有任何委身，却有强烈的兴趣。这一代人并不排斥教会，因为他们就从来不是教会的一部分。那些没有任何委身的学生对祷告、冥想、奉献有着兴趣；当他们学印度的宗教的时候，他们就想要知道这些事情。对这些人来讲，祷告和奉献是印度人所做的事；他们从来不会将这些事与他们父母仍在参与的、暗淡无光的古老教会联系在一起。同时，研究性的项目提供了另一个面向：参与这项目的常常是非洲人，或是那些在非洲或太平洋地区有长期服侍的西方人，他们关心非洲的宗教，关心这些宗教与基督信仰的互动，或关心在那些条件形塑下的各种教会或各种运动的历史和生命。

如今，我的职责所在不是作为一位教会历史学家，而是一位以基督教作为核心关注的宗教历史学家。就像我或我的同事会去教授关于伊斯兰的或佛教的信仰和历史一样，以相同的条件尝试去教授基督教的信仰和历史会是一次有意义的经历。我意识到，没有一个人——一定不是穆斯林或佛教徒——会像教《新约》基础课程一样，去教授有关伊斯兰或佛教历史的导论课程。传统的神学教授方式必定是将基督教低估了吗？我一再被迫去思考，是什么将历史中基督教的、不可思议的文化多样性统合起来的呢？是什么将后五旬节时期奉教的法利赛犹太人、尼西亚的希腊神学家、粗野的爱尔兰苦修士、维多利亚时代热忱的宣教支持者，和披着白色长袍、在街上称颂圣灵之能力的尼日利亚信徒联系在一起呢？所有这些多元文化的群体，是在福音承传的链条中历史地、有机地连在了一起。

原生宗教的研究是逐一平行进行的——首先是非洲的，然后是太平洋的，以及美洲的。除了所有其他的因素，基督教的历史研究需要这项研究。贯穿基督教历史到如今，绝大多数新生代的基督徒都是来自原生的宗教——远比从印度教或佛教来的多，更不用说是伊斯兰教了。

将这些领域的研究整合起来产生了另一种认识，这与先前在塞拉利昂产生的关于教父时期的认识相契合。那些现存的文献——大部分是用拉丁语写的，其他一些是用古老的北欧语言写的——直接或间接地反映了基督信仰与欧洲原生宗教互动的过程。我的祖先，以及大部分西方基督徒的祖先们究竟经历了怎样的过程，最终使福音为己所有？古老的欧洲原生宗教的结构是如何？它们与今天的这些原生宗教有着怎样的平行关系？更重要的是，在当下这场与非洲宗教可见的相遇启发之下，是否有可能对那些古老的文献（包括那些著名的、被广泛翻译的作家的作品，比方说比德或图尔的格里高利）有更好的理解呢？反之，这些文本呈现了古人对基督信仰的回应，它们是否也有助于理解正在非洲发生的这些事呢？其中一条出路就是花点功夫做点古代挪威人的研究。另一条出路则是，把西方学生和非洲的学生聚在一起，让他们一同去阅读这些文本。去观察非洲的基督徒如何回应这些反映着西欧基督教起源的文献，这些文献给他们带去哪些洞见？这将会是一种很有启发的事。

我现在从事工作的中心聚集很多研究生，他们每一个人都关心着非洲、亚洲、拉丁或加勒比美洲、或太平洋地区基督教的历史、生命或思想的某些方面。当中有 40 或 50 个人，他们来自 15 或 20 个国家，大部分人都有教学或牧职的经历。白人只是其中的少数，常常很难见到当地的苏格兰人。在这一群人中，每一个人都是老师，每一个人也都是学生。这样一个群体不仅有助于去发掘属于他们自己的基督教历史，也能发现其他人的基督教历史。从事这样的工作使我们更能够观察到基督的福音与非洲、亚洲和太平洋地区的文化渗透及其互动的过程。在某种程度上，这与我最初所研究的教父时期福音与希腊文化的渗透和互动有许多的可比性。

基督教信仰的核心中令人费解的矛盾，不仅仅是那一个众所周知的神性之人性；这矛盾还在于，对耶稣完全的犹太性和圣子无有限制的普世性的双重肯定。这矛盾的必要性在于，它使基督信仰的历史言之有理。一方面是一系列看似无限的文化特殊性——原则上，这每一种特殊性都与作为犹太人的耶稣一样，是在地的、个殊的。另一方面，从历史的视角看，不同的特殊性又归属一处。它们有着某种连贯性和相互依赖性，这些是取决于那完全的人性中的连贯性和相互依赖性，这完全的人性就在亲自成为人的那一位（the One）之中。

就是在变迁的时刻，在跨越文化边界传播的过程中，以及在文化的特殊性发生转变的节点中，基督信仰的独特本质在其与文化所进行的对话中显明出来。这一过程在《新约》就清晰可见。对观福音植根于巴勒斯坦的土壤中，宣告了耶稣的福音，耶稣亲自宣讲了这福音的主题，即神的国和人子的工作。不过，保罗的书信是对着西亚和南欧的希腊化世界说话，很少使用神的国这一术语；而且它们从未提及人子。因为这些巴勒斯坦的名称与那些新的基督徒的世界没有直接联系，它们需要注释说明。为了能够在希腊世界中解释谁是基督以及祂过去所做和正要做的一切，一套新的概念术语不得不被建立。原来已经存在于那个世界的一些术语的成分不得不被征用，并归于基督。一旦那一切发生，希腊化下的人开始用他们自己的术语看见基督，巴勒斯坦犹太人所提出的一大堆问题，即便那些曾受过希腊化教育、对那语言娴熟掌握的犹太人所提出的问题变得没有必要再提。基督教的宣讲和基督徒的认知超出了弥赛亚的范畴——这一范畴对许多早期的信徒来讲似乎被视作是福音的核心——进而接受诸如逻各斯（Logos）和普雷罗马（Pleroma，完全）的范畴去解释耶稣的意义。

这一过程是极为丰富的；它证明是一场对那位基督的发现。正如保罗和他同行的宣教士们在外邦的、希腊化的世界解释并翻译基督的意义那样，那意义看起来要比之前任何人所意识到的大得多。这正像是基督亲自藉着宣教的工作得以成长——实际上，新约中不只一处异象（《以弗所书》4:13）暗示了这一点。正如祂进入新的思想和生命的领域，使图景得以丰富（那完全住在祂里面）。这一过程在后来信仰的跨文化边界传承中也被重复，如此去看待这一过程显然是正当的。

当今基督教的文化多元性受到了广泛的承认，可能不需要再做任何辩护了。然而，我们可能需要记住的是，这多元性不仅呈现为一种同一时代图景中的**横向**形式，而且呈现为一种贯穿历史的**纵向**形式，基督教是一个世代的演进，是一场与文化的持续性的对话。正如基督教表达的多样性和它在当代图景中统合的最终连贯性，它们跨越了世代。我们属于祖先——也属于我们的子孙，在作为一个整体的教会是如此，在它任何一个在地的部分亦是如此。基督长成的人性要的是所有基督徒的世代，这正像是它能具体呈现在六大洲所拥有的文化多样性之中。正如《希伯来书》的作者所讲，亚伯拉罕和先祖们仍未得着应许。他们正等待着"我们"（《希伯来书》11:39-40）。

接下来的篇章极力主张从翻译的视角来理解神圣的拯救之工。神性被译成了人性，成了**特殊**之人性，住在活生生的具体社会现实之中。如果子成了肉身代表了一次神圣的翻译行动，那么这就是之后一次次再翻译（re-translation）行动的前奏，如同基督再长成完全一般——社会现实的其他方面。归信就是对这一行动的恰当回应。归信就是翻转，基督徒的归信是向基督的翻转。这意味着，归信的过程包含了对已存在之事物的翻转。

这本书的第二和第三部分主要是针对特定地域之相同主题的简单探索。大概过去一个世纪基督信仰在非洲大陆呈现指数型增长，这似乎是在对我发问，这场大规模的、与一个全新的思想体系和关系网络的相遇，对未来基督教的形态是否会像当初与希腊世界的相遇那样具有决定性的影响。

源自西方的宣教运动能够提供另外一条进路。随着我们到这一章节的结尾，这看起来是特别有价值的一条进路，或许提供了比之前更好的角度去审视它。今天，没有一位博学的历史学家会将宣教历史与非洲或亚洲的教会历史相混淆。

宣教士有着两种身份。他们是基督徒的代表，试图去做（并且在这过程中去揭发人类堕落的所有因素以及人类视野和先见的所有局限）与基督徒相关的事，这些事是特别的、典型的基督徒式的。他们力图分享有关基督的认知，比在西方扩张时期西方人的任何其他团体更甚，他们尽力做基督徒的选择，并以基督徒的方式去生活。但是，他们也是典型的西方人，分享西方的历史、条件和价值，以及西方的社会网络和智识话语。如今，基督徒不一定是典型的西方人，西方人也未必是典型的基督徒；这使得那拥有双重身份的时期会变得更加有趣。实际上，宣教运动对西方世界认识非西方世界的方式产生关键的影响，因为比起西方社会的任何其他部分，宣教运动势必会以一种更为根本的方式与世界其他地区的文化进行互动。

19世纪和20世纪初的宣教事工使得相应的研究兴起，这项研究对西方的学问有着重要的影响，它开辟了新的研究领域，开拓了新的研究方法和学科，并且给那些原来就已存在的增加了新的层次。该研究是西方的智识与非西方世界相遇的前沿。它从西方世界内部开始，宣教运动自身是西方智识话语的一部分。其他的道路尚未打开，我们当中没有人能够撇开我们原本就有的观念而去开始接受新的观念。那让人深信的是，基督属于全人类，基督的好消息可以被所有人类理智地接受下来，西方人在殖民时期所获得的与非西方的文化之间积极的互动，可能是最为根本的一个层面。

但是，那起初作为一个具体的翻译之举成了发现基督的一个部分。再者，传递基督信仰的尝试跨越了语言和文化的边界，这表明基督有着始料未及的诸多意义和重要性，这是对完全的、被拯救的人性之荣耀的一瞥。但是，翻译的工作有其复杂性、含糊性，以及归根结底的不可能性，这是不能避免的。实践的成本和其中的痛苦是不可计量的。基本的宣教经验，无论起起落落，都要依靠其他人所设定的术语。同在其他领域一样，在智识领域也是如此。

我们自身的处境与之前时代的处境迥异。传承的过程不需要源自西方的智识话语体系。所涉及到的人是多元文化的；在表达和实践上也将逐渐是多元文化的。我不是在宣称自己知道前路的终点。但值得注意的是，从宣教运动的故事开始，早期的宣教学——虽然这是源于并且从未离开过西方的智识传统——是如何不断地扩展、修正、违背和颠覆那传统的。这在过去已发生了，因为实践者们正努力——正如他们所相信、信赖和祷告的那样——跟随基督到人所未至之地。时候又到了。在这一个基督教在西方的智识论述中逐渐边缘化的时代，那论述需要直面基督教作为非西方宗教的事实。

# 1

**第一卷**
**基督信仰的传播**

# 第1章 福音：文化之囚徒和解放者[1]

### 是否有一种"历史的基督信仰"？

让我们设想一下，有一个活得足够长、搞学问的时空访客——或许是一个做星际宗教比较研究的教授——他能够获得阶段性的太空辅助，这使他能够每几个世纪访问一次地球，从事田野调查。我们进一步设想，他希望将地球宗教基督教的研究建立在培根归纳法（Baconian induction）的基础上，以一群有代表性的基督徒作为典型样本，观察他们的实践、习惯和所关心的事；也假定他能利用这个超乎任何一个受限在地球的学者的优势，带他的样本跨越几个世纪。

我们设想，他的第一次探访是在公元 37 年，去最早的一群耶路撒冷基督徒那里。他注意到，他们都是犹太人；实际上，他们在圣殿里聚会，这圣殿只有犹太人才能进去。他们献牲祭；他们守第七日，在这日歇了一切的工；他们给男孩行割礼；他们认真地持守一系列的礼仪，乐于读古老的律法书。他们看起来像是犹太教几大"宗派"中的一支。使他们与别人区别开来的，只是他们承认那近来的先知 - 教师拿撒勒的耶稣是弥赛亚、人子和受苦的仆人（这些形象在那些律法书中都有记载），他们相信祂已经拉开了末日的序幕。他们过着正常的家庭生活，喜欢那种大而关系紧密的家庭；并且，他们有一个联系很密切的社会组织，会在各自的家里一同吃饭。我们的天外来客觉得，

---

[1] 这篇文章第一次出版于 *Faith and Thought* 108 (Nos. 1 and 2, 1982): 39–52. 稍微修改的版本可见 *Missionalia* 10 (No. 3, 1982).

这些早期基督徒的宗教的主要标记是律法和乐于持守律法。

他下一次的地球探访发生在公元 325 年。他参加了一个教会领袖的大型会议——甚至可能是尼西亚会议。这群人所来之处几乎遍及整个地中海世界和这之外的地方，但他们当中几乎没有一个人是犹太人；实际上，他们中大多数人对犹太人怀有相当的敌意。他们对牲祭的想法感到震惊；当他们谈到献祭的时候，他们指的是饼和酒，有点像我们的观察家注意到的、在耶路撒冷平常人家里所吃的饭。他们没有自己的孩子，因为教会领袖不需要结婚。事实上，他们认为结婚是一种低劣的、在道德上妥协的状态；他们把那些给孩子行割礼的父母视为背弃信仰。他们将第七日看作是正常的工作日：他们在第一日有特殊的宗教仪式，但不必要完全杜绝工作或其他的活动。他们使用耶路撒冷基督徒用的律法书，用的则是翻译的版本，所以他们知道弥赛亚、人子和受苦的仆人这些称谓；但这时"弥赛亚"几乎已经成了耶稣的姓氏，其他的称谓几乎没有被使用。他们赋予另一系列的书卷以同等的价值，这些书卷甚至不是耶路撒冷基督徒聚集时编撰的，他们倾向于使用其他的称谓，如"神的儿子"、"主"，去称呼耶稣。

然而，他们的当务之急主要是使用与耶稣有关的另一套的词汇——这些词汇在那两个系列的书卷都不能找到。争论的内容（他们相信这争论是极其重要的）是关于子与父是**同质的**（*homo-ousios*）还是**类同质的**（*homoi-ousios*）的问题。

这个旁观者注意到，这些基督徒的独特之处主要在于以下几个方面：对形而上学和神学的关心、强烈的理智探求、寻找术语之确切含义的企图。他回想起三个世纪之前圣殿中的犹太基督徒，心生疑惑。

对其疑惑最好的解答是约三个世纪之后爱尔兰之旅中那更大的疑惑。一大群修士聚在岩石海岸，其中几个正站立在冰冷的水中吟唱诗篇，那水恰好没过他们颈项。一些修士立着不动，在祷告——他们伸出手，画着十字。一个修士被鞭打了六下，因为在上一次为领受黑面包和红藻要谢餐祷告时，他没有回应"阿们"。在这样糟糕的天气里，另一些修士带着用盒子装好的精美经卷，除此之外一无所有。他们乘上了一只小船，被分派到克莱德河湾（the Firth of Clyde）中的群岛去，呼吁那些被吓坏了的百姓放弃他们的自然神灵崇拜，在将来的天国中寻求喜乐。还有一些修士独自坐在海边的黑洞里，拒绝与人交流。

从这些稀奇古怪的事中，他确定，他们那精美的经卷包括了希腊教父们用过的相同版本的圣卷。他注意到，爱尔兰人用的那个公式就是公元 325 年在尼西亚反复推敲、苦想出来的；有点让他惊讶的是，他们似乎对神学不大感兴趣，或者说他们不是很擅长形而上学。他们极其重视一个日子，在那天他们会庆祝他们主要的节日：复活节；一个旁观者最可能注意到的是他们对圣洁的渴望，以及他们为求得圣洁而矢志不渝的苦行。

我们的太空人推迟了他下一次的探访，直到 1840 年之后。那时，他来到伦敦，在埃克塞特大厅（Exeter Hall）他发现一大群面带兴奋的会众正听着演讲，这些演讲表达了在非洲要推进基督教、贸易和文明的愿望。他们提议宣教士要用圣经和棉籽为武器，将它们送到四千英里之外，去影响整个进程。他们也提议针对大不列颠政府成立一个代表团，为要取缔奴隶贸易，他们募集捐款鼓励黑人技工教育，并且他们同意一些书信被写下来，一些小册子和文章可以被发表。这次会议以诵读前面那些基督徒都用的那本书（英文译本）作为开始，有许多的引用都是来自那本书；实际上，会议中绝大多数人似乎都携带着它。一经打听，那位观察家发现大多数人毫无疑义地接受尼西亚信经。如同爱尔兰人，他们也经常使用"神圣"这个词；但他们都很惊讶圣洁与在冷水中站着居然会有关系，并且他们很反对耗费生命在一个与世隔绝的洞中祷告的想法。那些爱尔兰的修士靠着尽量少的物质维生，而这群人看起来丰衣足食。让那位观察家印象深刻的是，他们的激进主义，以及在生活和社会的方方面面对他们宗教的投入。

1980 年，他再次来到地球，这一次是到尼日利亚的拉各斯（Lagos）去。一群穿着白袍的人且歌且舞，穿过街道，走向他们的教堂。他们在竭力地宣告他们是基路伯（Cherubim）和撒拉弗（Seraphim）；他们正邀请人们来，一起在他们的礼拜中经历神的能力。他们宣称，神有启示给特定的一些人，祂的能力可以在医治中彰显。与埃克塞特大厅的那些绅士一样，他们带着同一本书，并从中引用。他们说（从一本祈祷书的记载可以看出）他们接受尼西亚信经，但是好像他们对它没有什么兴趣，他们看起来对圣子和圣灵的关系并不是很清楚。他们在政治上并不活跃，埃克塞特大厅的那群绅士的生活方式对他们来讲也很陌生；他们像爱尔兰人一样禁食，但只是在特定的场合，或者是为特定的目的。提到他们的特征，一下子浮现在太空人脑海中的，就是他们对能力的关心，这些能力显现在布道、医治和个人的异象之中。

回到他自己的星球之后，我们的学者会如何将他所观察到的联系起来呢？这五群人都称自己是基督徒，看起来却关心着不同的事情，而事情并没有那么简单；一群人所关心的事，在另一群人看来却是可疑的，甚至是让人生厌的。

他所选的基督徒的例子绝对称不上是异乎寻常。至少可以容许这么说，他所去的那些群体可以说是反映那些时空下基督徒最典型的关切，在每一个个例中，每个地点都是那个时期基督教的核心地带。公元 37 年，大多数的基督徒是犹太人。不单耶路撒冷是基督教的中心，耶路撒冷基督徒为其他人奠定了规范和标准。到了公元 325 年，极少的基督徒是犹太人，主要的基督教中心位于地中海的东部，基督徒最主要的语言是希腊语。公元 600 年，天平向西倾斜，基督教的成长地带主要在北部和西部的部落和半部落的百姓——并且爱尔兰是一大中枢。在 1840 年代，大不列颠肯定是最为显著的基督教国家之一，也一定是与基督教的拓张联系最为密切的一个国家。1980 年，平衡再次被打破，向南移动；目前，非洲是最为显著的大陆，因着那里的人承认并宣告自己是基督徒。[2]

所以，我们的天外访客会下结论说不存在任何的一致性吗？如此多元的不同团体使用基督徒这一名字是偶然的还是误导人的呢？或者他在这些不同的人群中是否抓到了吉尔伯特·穆雷（Gilbert Murray）所说的话语的某些痕迹，就是 3 世纪、13 世纪和 20 世纪具有

---

[2] 参 David B. Barrett, "A.D. 2000: 350 Million Christians in Africa," *International Review of Mission* 59 (1970): 39-54. A.F. Walls, "Towards Understanding Africa's Place in Christian History," in J.S. Pobbe, ed., *Religion in a Pluralistic Society: Essays Presented to Professor C.G. Baëta* (Leiden, 1976), pp. 180-189.

代表性的基督徒，比起今天的天主教徒（Catholic）、卫理公会会友（Methodist）和自由思想家（Free-thinker），或甚至[稍稍环顾一下大学的公共休息室，会注意到萨瓦帕利·拉达克里希南（Sarvepalli Radhakrishnan）先生常常与我们同在]"现今接受良好教育的佛教徒或婆罗门"，相同点似乎更少？[3] 最终，共享的宗教是否只是共享的文化的一种功能呢？

然而，我们的太空人可能注意到，在他所探访的五个群体之间有着一种历史的联系。基督徒是从耶路撒冷流散到各地的，耶路撒冷基督徒最早向希腊人传道，建了他在325年所看到的那宏伟的建筑；在东方的基督教，我们一定会找到凯尔特基督宗教的一些重要的特征和某种能力。那凯尔特宗教对后来逐渐显现出来的埃克塞特大厅的宗教有着重要的影响。并且，拉各斯的基路伯和撒拉弗归根到底是埃克塞特大厅会议的讨论影响下某些运作的结果。

但是除了历史的联系之外，更仔细的考察显示另有一些明确的、能够说明连续性的标记。在这些不同群体的纷繁复杂的论述中，有一个主题是不变的，虽然将它表达出来的语言不尽相同；那就是称为基督的那位耶稣有着根本性的意义。同样，在制度的层面，所有人都使用相同的圣卷，所有人都以一种特殊的方式使用饼、酒和水。而且，更不同寻常的是一种意识中的连续性。即便时空不同，每一个群体都认为自己与其他的群体有某种共同的归属，他们关切的许多重点都不由自主地有着某种清晰的共鸣。更引人注目的是，每一个群体都认为自己与古代的以色列有着某种程度的联系，即便只有第一群人为着某种可识别的族群理由而去这么做；即便有的群体发现，要建构某种古代以色列的概念，或对犹太人是什么或是什么样子达成某种的清楚认识，对他们来讲一定极其困难。

因此，我们的观察家最终在基督教中认识到一种根本的连续性：关于耶稣的终极意义之思想的连续性，关于历史的一种明确的意识的连续性，以及圣经、饼和酒之使用的连续性。但他认识到，这些连续

---

[3] Gilbert Murray, *Five Stages of Greek Religion* (1935), p. 174.

性之外都遮盖着厚重的面纱，这些面纱属于他们身处的环境。这些环境对不同时代和地域的基督徒常常是难以辨识的，或甚至对身处该环境中的基督徒来说都难以辨识，所谓形异而神同。

## "本土化"原则（The "Indigenizing" Principle）

从古至今，教会历史常常是两个对立倾向的一大战场；原因在于，每一种倾向都能够在福音中找到自己的根据。一方面，福音的本质是接纳我们所是的，只以基督所做的工为根基，不以我们已经成为或正要试图成为的作为根基。但是，如果祂接受我们为"我们所是"的，这就意味着祂不把我们当作是孤立的、自治的单元，因为我们本就不是这样的。我们受到某一个特定的时空的影响，我们的家庭、群体和社会的影响，实际上就是受到"文化"的影响。在基督里，神连同我们的群体关系一起接纳了我们；文化环境让我们在人类社会的某一个角落有宾至如归之感，而在其他的角落就很少有这样的感受。但是，如果祂把我们和我们的群体关系一同接纳，那么想必祂也将我们和我们"不相干之种种"（dis-relations）一同接纳；那些先入之见、偏见、怀疑和敌意，无论正当与否，都标志着我们所属的那个群体。祂不是等我们清理干净我们的心思意念，等我们清理好我们的行为之后，才接纳我们这些罪人进入祂的家中。

将个人与他的社会关系，也就是与社会分开来，是不可能的，这形成了基督教历史上的一个不变的特征：本土化的渴望，既作为一个基督徒，又作为自己所处的社会中的一员，[使用伟鲍恩（F. B. Welbourn）和奥格特（B. A. Ogot）在1967年所写的关于非洲独立教会一书那让人难忘的书名]渴望使教会成为"宾至如归之地"。

这一事实在基督教历史上至少引发过一次危机，是第一次、也是在所有危机中最为重要的一次。《使徒行传》第15章记载，耶路撒冷的长老在那次会议中达成了一个决议，就是外邦人不需要变成犹太人就可以归入以色列，那时他们是否知道在不久之后大部分的基督徒将会是外邦人呢？如果他们意识到这一点，他们还会赞同他们所做的决定吗？在最初的这些年间，耶路撒冷教会的地位可称是施以规矩、始成方圆，因着它和那救主的直接关联，也因着它无可比拟的、更广博的圣经知识。耶路撒冷教会具有历史性的决议，为那些相信犹太人弥赛亚的外邦信徒广开门路，那时候一定有许多人会认为，随着外邦基督徒逐渐成熟，这些蒙昧的异教徒是有可能变得像耶路撒冷基督徒一样的。至少《使徒行传》21:20 表明，尽管他们为保罗记述的"宣教禾场"的归信感到高兴，但是他们继续认为耶路撒冷是神救赎之道的调节中枢。随着罗马军队进驻耶路撒冷，推倒圣殿，那些从耶路撒冷逃出来的人会有什么想法呢？他们那时是否意识到弥赛亚宣告的未来在那些没有受割礼的人那里，而那些人仍然被异教遗留下来的观念所困惑，仍然不动声色地吃着猪肉？然而，这——谈到耶稣作为弥赛亚仍然有许多可说的——是耶路撒冷会议决定的直接后果，那决定使得外邦的改教者有了宾至如归之感。这也是接受保罗那强有力教导的结果，因着神接纳外邦人如他们所是的样子，割礼、食物禁忌和礼仪的洁净并不是针对他们。基督已使祂自己融入到哥林多社会中，一个不信的人可以因着他或她的配偶成为圣洁（《哥林多前书》7:14）。因此，没有一群基督徒有任何的权利藉着基督之名，将一系列受另一时空决定的、关于生命的许多假设，加在另一群基督徒身上。

"若有人在基督里，他就是新造的人。"这不是说他在一个真空里开始或继续他的生命，或者他的头脑如同一张空桌子。他自己的文化和历史已经塑造了它，因着神已经接受他所是的，他的基督徒头脑将会受到他之前生命中的事物的影响。无论对个人，还是对不同的群体，这些都是千真万确的。所有的教会是文化教会（culture churches）——包含了我们自己。

## 朝圣原则（The "Pilgrim" Principle）

但是贯穿整个基督教历史，从古至今有一股力量与这本土化原则一起构成了张力的两端,它同样属于福音。在基督里的神不仅接纳人所是的:祂接纳他们,是为了能够将他们转变为祂想要使他们成为的。与这给信仰一种宾至如归之感的本土化原则一起,基督徒也继承了朝圣原则;这原则轻声细语对他说,他所住的城市并非久居之所,也提醒他对基督持守忠信会使他与他的社会不合拍;因为无论在东方还是在西方,无论是古代还是现在,从未有过一个社会能够相安无事地将基督的道吸纳到它的系统中去。在犹太文化中的耶稣,在希腊化文化中的保罗,都将摩擦和冲突看作是理所当然——这不是来自对一种新文化的采纳,而是来自于要将心思意念转向耶稣。

本土化原则植根在福音之中,将基督徒与他们文化和群体的种种之特殊联系在一起;同样,朝圣原则,在与本土化的张力之中又同属于福音,将基督徒与文化和群体之外的人、事、物联系起来,就某些方面而言,是一个普世化的因素。基督徒在其所有的关系中受抚育而成长,并且使得这些关系藉着住在他们里面的耶稣而神圣化。但是,他也有一套全新的关系,就是同他已经进入的那信仰之家的其他成员的关系,连同所有在他们身上的群体关系(和"不相干"),他对他们必须接纳,正如神已经连同他的关系一起接纳了他一样。每一个基督徒都有双重国籍,他忠诚于那将他和利益群体中的其他人联结在一起的信仰之家,相对地,他也忠诚于生来所属的群体。

另外——如我们在太空人看见的这些具有代表性的基督徒群体中所发现的——基督徒被赋予了一个过继的过往(adoptive past)。他与所有世代中神的子民(与他一样的信仰之家的成员)联系在了一起,最为奇怪的是,也与整个以色列的历史联系在一起,就是与出自亚伯拉罕的信心之族的奇妙联结。按这样的方式,以色列的历史就是教会历史的一部分,[4]并且,所有的基督徒,无论来自哪一国,都藉着别人几千年的历史、一整套未必与他们自己文化传承相符的思想、概念和假设得以着陆;每一块土地上的教会,无论是属于哪个族群、哪个类型的社会,都拥有同一个过继的过往,藉此,教会需要对信仰

---

[4] "教会的首要事实是,我们是外邦人,敬拜犹太人的神"——用他们的诗篇,用着外邦的语言,却是他们的观念(Paul van Buren, "The Mystery and Salva-

的基本要义进行解释。过继到以色列中去，成了一个"普世化"的因素，藉着一个共同的传承，这将所有文化和世代中的基督徒都聚集在一起，以防我们当中任何人把基督信仰变成一个自己宾至如归、而别人却住不进去的地方；同时，这也给每一个人的社会带来某种外来的参考。

## 基督教神学的未来及其文化的环境

在本文余下的部分，针对基督教神学的未来，我想就本土化原则和朝圣原则之间的张力的相关方面稍做论述。

第一，让我们回想起来的是，在过去的一个世纪中，基督教世界的重心在很大程度上已向南移动，因此具有代表性的基督教土地，如今看起来是在拉丁美洲、撒哈拉以南的非洲及其部分南方大陆。这意味着，第三世界神学现在有可能是具代表性的基督教神学。就目前的趋势（我认为这或许不是永久的）而论，欧洲基督徒的神学尽管对他们和他们的持续存在很重要，但是或许变成了史学家的一种专业兴趣[正如叙利亚埃德萨教会（Syriac Edessene Church）的神学对现在早期教会史学家是一个专业领域内的事情，而不是普通学生和一般读者的话题，因为他们在学习教义历史时，他们的目光主要投向的是希罗世界]。未来教会历史的普通读者可能会更关注拉丁美洲的和非洲的、又或许是某种亚洲的神学。可能重要的是，在过去的一些年中，我们第一次看到神学的著作在第三世界被撰写[如古铁雷斯（Gutiérrez）、赛贡多（Segundo）和博尼诺（Miguez Bonino）等拉美的解放神学家]，这些著作正成为西方的常规读物——不仅是对宣教学者，而且还有普通的神学读者。然而，特定的第三世界的神学著作出现在西方市场的这一事实，并不是对它们本身所固有的重要性的必要衡量。这只是意味着出版商们认为它们与西方是相关的，因而在那里做起了这门生

---

tion and Prayer," *Ecumenical Institute for Advanced Theological Studies Yearbook* (Jerusalem, 1977-78), pp. 37–52.

意。神学是对着它所产生的背景讲话。

　　这或许是关于神学要记住的第一个重点：神学是从现实的处境里产生出来的，因此在特征上它是**偶然的**（occasional）和**本地的**（local）。既然我们已经提到了古铁雷斯，在此可以引用一些他的话。他说，神学是自发地、不可避免地在信仰者之中产生的，是在所有已经接受神话语之恩典的人之中。因此，在每一个信仰者中，在每一个信仰者的群体之中，至少都有一种粗略的神学轮廓。这种信念导致了另一种信念：无论神学是其他什么东西，它是古铁雷斯所称的"在话语光照之下关于基督徒实践（praxis）的批判性反思"。[5] 也就是说，神学是关乎藉着圣经来检验你的种种行为。

　　在这当中，我们在聆听那位典型的现代拉美神学家，他被一个事实所刺激：就是基督徒们为耶罗波安、玛拿西以及财主们的立场辩护，找到充分的神学理由，马克思主义者却指出了阿摩司和以赛亚在很久之前所说的事；他也被贝尔纳诺斯（Bernanos）所讲的话催促着："神不会选择同一批人去持守祂的话语以至于实现它。"但是，这也可能会是事情在非洲发生的方式。第三世界神学的内部任务将会是如此基本、如此关键，以致没有什么时间花在近些年来如此多的西方神学和神学研究所走的空洞、刻板、浪费时间的小路上了。如同从古至今神学在所有富有创造力的时代一样，第三世界的神学将会是关于**行事**（doing things），关于那深刻地影响不计其数之人生命的事。我们看到这在南非的黑人神学中已经崭露头角，它是关乎生命和死亡的事（正如一位南非黑人神学家对我讲的，"黑人神学是关于当你作为一个在南非的黑人，当你命悬一线之时，如何仍持守基督徒身份的事"）。重返那人人为着他们的神学而流血的宗教战争的时候，这大可不必：但是至少可以谈的是关于那值得去流血之事的神学。第三世界神学可能就是如此。

　　因着神学与行动的这层关系，神学是源于实际发生的种种处境，而不是从那些宽而泛的原则出发。甚至希腊教会，有着几世纪智识和

---

[5] Gustavo Gutiérrez, A Theology of Liberation Theology (Maryknoll, N.Y.: Orbis Books; London: SCM, 1973; rev. ed., with new introduction, 1998), pp. 6–15.

修辞的传统，也花了将近 200 年的时间才产生为其自身之故而写的一本神学，即奥利金的《论首要原理》(De Principiis)。在那两个世纪中，不计其数的神学著作写就，但都不是为出产神学而写的。那时神学是为了一个目的：向外人**解释**信仰，或是为了指出作者认为其他人误解基督徒本意的地方。

因此，当我们思考非洲神学的时候，重要的是要记住，这层关系也会作用于非洲的进程中。对我们来讲，由我们来决定非洲神学应该做什么是无用的：非洲神学将会关切的是那些困扰非洲人自身的问题，并且它会将那些我们认为至关重要的问题轻描淡写地放在一边。我们所做的尽都相同。有多少基督徒归属于那些接受迦克顿信仰决议（Chalcedonian Definition of the Faith）的教会，能够坚定地向一个聪明的非基督徒解释：为什么不成为一个聂斯托利派（Nestorian）或单一性派（Monophysite）的基督徒这件事是重要的？然而，人们曾经不但互相将对方逐出教会，甚至为了获得那个问题的正确答案流了自己的血，也流了别人的血。那些我们认为是原则要点的东西，对非洲神学家来讲将会显得如此遥远且可以忽略不计，就像我们如今去看在埃及修道士中所发生的那些神学荣誉之战一样。相反地，非洲神学家所关心的那些事对我们来讲可能是最为边缘的。记着神学在大众层面出现这一点，值得注意的是，非洲独立教会有时会在对我们而言古怪或者无关紧要的一点上纠缠不清，比如关于月经期间崇拜的规定。但是，这通常是因为该主题，或者该类的主题，对某些非洲基督徒来讲是一个主要的问题，就像对古代的希伯来人它明显是一个主要问题；它需要一个回答，并且是一个与基督有关的回答。我们常常会发现的是，这些教会处理这个问题时所采取的方式有着某种连贯性，将圣经、古老的传统和作为新利未群体的教会联系在一起——并且提供一种答案以解决曾经困扰人们的事。简言之，关于我们所有人谈论的有效、真实的非洲圣经神学，对一个欧洲人来讲，可以安全做出的唯一的预言是：它可能或使我们困惑，或使我们不安。

那么，圣经正典难道不是所有正当之神学的来源吗？是的，正如太空人发现的，圣典中蕴含着基督信仰的连续性。但是，也正如他发现的，圣经是由不同时空下的人以不同的视角阅读的；并且，在实践中，每一个时代和群体都有自己的圣经选择，尤其倚重看起来针对群体所处的时空所宣讲的最为清楚的那些部分，而将看起来不能轻易发现其宝藏的其他部分放在一边。纵使我们如磐石般坚守正典性，我们当中有多少人会严肃认真地指望《利未记》来提供养料呢？然而，却有许多非洲独立教会发现这卷书与他们有密切的关系。[有趣的是，撒母耳·克劳瑟（Samuel Crowther），19世纪约鲁巴（Yoruba）伟大的宣教士主教，认为《利未记》应当是圣经中首先被翻译的几卷书之一。]

　　本土化原则保证了每一个群体在圣经中都认识到神对着它的处境说话。但是，这并不意味着，我们完全是戴着有色眼镜去阅读圣经，就是带着由我们的时空所决定的基本假设。第2世纪基督教作家都尊崇保罗，保罗的作品得以保存也要归功于他们；不过，当我们阅读他们的时候，让我们诧异的是，他们似乎从来没有理解我们所确信的，就是保罗所讲的因信称义的事。或许只是在我们的时代，当我们读柏拉图并不是那么多的时候，西方的基督徒才开始相信身体复活指的不是灵魂的不朽，或开始认识有关圣经救赎内容的坚实材料。非洲人也会有他们的文化有色眼镜，这也会妨碍他们看到，或至少让他们难以看到某些事物。但毫无疑问，它们是不同于那些隐藏在我们的盲点中的事物，所以他们去看某些事物应该会比我们好得多。

　　那智慧的老猫头鹰，英国海外传道会（Church Missionary Society）的亨利·魏恩（Henry Venn）在1868年思考大使命的时候，认为教会完满性的达成只有在不同国家的教会彰显了国家或民族的完满性之后：

> 由于所有当地的教会长成满有基督的身量，差别和瑕疵就会消失……但是或许会被质疑的是，是否基督的教会在最终不会呈现明显的国家或民族的特质，这些特质在神的绝对恩典之下会趋于它的完全和荣耀。[6]

---

[6] *Instructions of the Committee of the Church Missionary Society to Departing*

或许不只是因为不同的时代和国家或民族看到圣经中不同的事物——而是因为他们**需要**看到不同的事物。

在独立的非洲[7]，非洲之过往的本质如今看起来是主要的神学争论点。几乎每一部由宗教领域的非洲学者——哈里·索耶（Harry Sawyerr）[8]、博拉吉·伊多乌（Bolaji Idowu）[9]、姆比蒂（J.S. Mbiti）[10]、文森特·穆拉戈（Vincent Mulago）[11]——所撰写的著作，都在一定程度上处理这一点。这里被点名的每一位作者都接受了一种西方模式的神学训练；但每一位也都进入一个西方课程从未教授的领域中去，因为每一位也都被迫去研究和教授非洲传统宗教——每一位也都从事相关方面的写作。然而，似乎对我来说，他们开始处理这一课题，并不像宗教历史学家那样做，也不像人类学家那样做。实际上，他们是基督教神学家。所有人都在斟酌一个神学问题，非洲基督徒的学术日程表上一个首要的问题：我是谁？一个非洲基督徒与非洲之过往有什么关系？

伊多乌激动地总结道，那些奥瑞莎（oriśas）只是至高神欧鲁杜梅尔（Olòdúmare）的化身，而将约鲁巴宗教称为多神的是一种西方的误解；他声音中的那种迫切源于一个事实，就是他不是在做一个类似针对巴比伦宗教所做的诊断性的观察：他在着手处理的是炸弹、他的过往、他人民的当下。可以见得，为什么一个像奥科特·普比特克（Okot p'Bitek）那样的非洲非基督徒作家高举前基督教时期的非洲，并且如此强烈地指控约翰·姆比蒂（John Mbiti）和其他人将西方宣

---

*Missionaries*, June 30, 1868, reproduced in W. Knight, *The Missionary Secretariat of Henry Venn* (1880, p. 284).

[7] "独立的非洲"（"Independent Africa"）在这里区别于南非（South Africa），因为在南非不同的条件产生了不同的重点和不同的争论。

[8] 参看 Harry Sawyerr, *God-Ancestor or Creator?* (1970).

[9] 参看 Bolaji Idowu, *Olòdúmare: God in Yoruba Belief* (1962) and *African Traditional Religion: A Definition* (1973).

[10] 参看 John S. Mbiti, *New Testament Eschatology in an African Background* (Oxford, 1971); *African Religions and Philosophy* (1969); and *Concepts of God in Africa* (1970).

[11] 参看 Vincent Mulago, "Christianisme et culture africane," in C.G. Ba

教士对过往的曲解延续下去。[12] 就好像他正在说："他们把适合我们自己的异教从我们这里拿走，用外来材料加工成的解释加以粉饰它。"这话正是出于塞尔苏斯（Clesus）之口。

谈到塞尔苏斯，这提醒我们，非洲基督徒并非是第一群面临宗教身份认同危机的人。外邦基督徒要面对相同的问题——这问题是犹太宣教士保罗、彼得、巴拿巴从未遇见的。他们清楚自己是谁（"第八天受割礼，属便雅悯支派"），就像西方宣教士在超过 150 年之久的时间中知道**他们**是谁一样。我们的过去告诉我们，我们是谁；没了过去，我们便会迷失。人患了失忆症就会迷失，变得不清楚种种关系，不能做关键的决定，正是因为他一直患有失忆症，也就失去了他的过去。只有当他的记忆恢复，清楚他的过去，他才能够确定与妻子和父母的关系，或知道他在社会中的位置。

早期外邦基督教患过一场失忆症。对第一代的归信者来讲，情况不会那么紧急：他们面临一个很清楚的选择，从偶像转向侍奉那永生神，确认他们要被嫁接到以色列中去。第二代和第三代的基督徒感到有更大的压力。他们与希腊的过去有什么关系呢？为了来解决这个问题，他们中一些人假装他们希腊的过去是不存在的，假装他们是犹太人，采纳犹太人的风俗，甚至是割礼。保罗看到这些将要发生的事，就严厉地谴责这种做法。他在《罗马书》9-11 章中说，你们**不是**犹太人；你们是以色列人，是要嫁接到它里面去。他违犯了所有园艺学的事实，谈论野生的植物要被嫁接到栽培的植物中去。但是，他说外邦基督教是野橄榄树的一部分。野橄榄树的特征与那要被嫁接的是不同的。这就是本土化原则的必要性所在。

后来外邦基督徒在教会中占了绝大多数，就没有了与犹太人相混淆的危险，不过外邦基督徒有一个主要的问题。是的，他们是被嫁接到以色列中去了。以色列的神圣历史成了他们历史的一部分。是的，偶像崇拜和他们社会的种种不道德，过去和当下，都与他们没有任何关系了。但当神在审判和怜悯中向以色列启示自己的时候，神在希腊

---

[12] 参看 Okot p'Bitek, *African Religions in Western Scholarship* (Kampala, 1971).

人的世界中做了什么呢？并不是所有希腊人的过往都刻着偶像和庙妓。那些被认为是义人的人——甚至为义而死的人如何呢？神与他们的义没有任何的关系吗？按着理性——逻各斯——教导真实可信之事的人，反对那些教导和实践大谎言的人，他们会如何呢？他们的逻各斯与那逻各斯（The Logos），就是那照在每个来到世上的人的光，没有任何的关系吗？神仅仅在犹太人中，不曾在希腊人当中有任何的活动吗？所以，殉道者游斯丁（Justin Martyr）和亚历山大的革利免（Clement of Alexandria）提出了他们的方案，认为在基督以前有基督徒，这些曾是——并且当下也是——领希腊人到基督那里去的师傅，就像是律法对犹太人那样。

　　这里并不是要重启关于基督教和前基督教宗教的连续性和不连续性的旧有争论，也不是要去讨论游斯丁和革利免的神学，更不是去考量伊多乌和姆比蒂的说法正确与否。我想要指出的只是，后面二位与前面二位处理的是相同的问题，这是当前非洲基督徒在他们的日常上面临最迫切的问题。除非这问题被想通，否则失忆症会使非洲基督教面对它的种种关系时充满不确定，踌躇不前，并且也没有办法去认识到一些重要的任务。答案不只有一个；毕竟，那最初的几个世纪见证了特土良（Tertullian）和革利免的回应。旁观者所能帮的忙也极其有限。而且，保罗见到那将要发生的，他立于犹太人的根基，问与他对话的犹太人："难道祂不也是外邦人的神么？"（《罗马书》3:29）

　　这争论当然反映了福音的本土化原则和朝圣原则之间持续性的张力。保罗、游斯丁和革利免都知道人们只从其一，无有其他。正如"朝圣者们"，自己试图跟随原本属于别人的思想和生活的模式、关切和成见，或将它们加在别人身上；有一些接受过希腊教育的"当地人"试图将他们所认为的"野蛮"因素，比如复活和最后的审判，从基督教中剔除出去。但是，这些事属于那最终基于基督信仰的一个框架，因此他们淡化，或者忽视，或明显地拒绝旧约，即过继来的基督教的过去。关于这些诺斯替派（Gnostics）的对手，或许最需要记住的是，他们同诺斯替派一样，都是希腊人，有着许多相同的本能和困难；但是他们本能地知道他们必须守住他们过继来的过去，这么做为教会保存了圣经。或许神学真实性的真正考验是，吸收以色列和神的百姓之历史的能力，并将其视如己出。

当圣经在某个祖鲁锡安（Zulu Zion）被阅读的时候，听者可以抓住神的话语，这话语是从一个不一样的锡安发出的，并对着全世界讲话。当一群舒适的中产阶级在西方的某个郊区聚集，在所有郊区的舒适的中产阶级中，唯独他们还有规律地阅读一本非中产阶级的书籍，质问他们社会的一些根本的预设。我们之中没有人能够不戴着某种文化的有色眼镜阅读圣经；然而，超过其他所有时代，我们这个时代教会历史有着巨大的优势，足以让人兴高采烈的是那种可能性，就是我们可以一起来阅读圣经。教会从未有过如此不可胜数的国家、民族、百姓和语言。因此，也从未有过如此多互相丰富和自我评鉴的潜在力量，正像是神要让更多的光和真理从祂的道发出。[13]

---

[13] 我从我的文章 "Africa and Christian Identity" 中引用了这几句话，这篇文章第一次出现在 which first appeared in the 门诺会的期刊 *Mission Focus*，而后重印于 W.R. Shenk, ed., Mission Focus—Current Issues (Scottdale, Penna.: Herald Press, 1980).

# 第2章 基督教历史中的文化和连贯性[1]

从五旬节到20世纪，基督教历史可以分成六个阶段。每一个阶段都代表着基督教在一个重要的文化地域的具体呈现；这意味着，无论在哪个阶段，它都会从那种文化中得到一个印记。在每一个阶段，基督信仰的表达都发展出一些特征；这些特征只能从基督教在那一阶段获得其印记的那种文化中生发出来。

## 犹太人的——第一个时代

在一个短暂但关键性的时期中，基督教是完全犹太化的。第一代的基督徒都是犹太人——或许从背景和外表看他们是多元的，希伯来的和希腊化的，保守的和自由的——但是他们几乎没有想到的是，因着承认耶稣是弥赛亚，他们早已"改变了他们的宗教"。当基督教完全进入它的第二阶段时，这仍然是历世历代中不平凡的成果之一。但是，那些无名的"塞浦路斯和古利奈人"把在安提阿讲希腊话的异教徒介绍给那位犹太的拯救者，那些在耶路撒冷以律法为义的使徒和长老同意，他们可以不需要成为犹太人就能加入到以色列中。这使得基督教成了希腊化-罗马的（Hellenistic-Roman）；[2] 弥赛亚，以色列的拯救者，也被认作是主，灵魂的拯救者。这恰恰发生于犹太国在公元70年和公元135年遭受最早的屠杀而灭亡之后。对基督之信跨越

---

[1] 这一章是1982年在爱丁堡芬利森讲座（Finlayson Lecture）上发表的。
[2] 译注：以下简称"希罗"。

文化边界的传播正当其时，使得那信仰在世界中有其持续存在之所。若是没有当时的传播，基督信仰的主要代表很有可能会是以便尼人（Ebionites）以及其他相似的群体；直到第3和第4世纪，这些人仍然处在基督教运动最为边缘的地带，尽管他们可以声称自己继承了公义者雅各和耶路撒冷长老们的不朽遗产。

在传播的过程中，那信仰表达所发生的改变是超出许多旁观者可以意识到的。要知道改变程度的多少，只需要看在新约当中早期犹太基督徒话语的表达就可以了，这些表达出来的话语表明了他们的优先考虑的事项，就是他们心头最在意的事。"我们素来所盼望要赎以色列民的，就是祂"，那眼睛迷糊的门徒在去以马忤斯的路上如此说道（《路加福音》24:21）。当他们意识到，他们就站在迈入新时代的一个入口时，门徒们问道，"主啊，祢复兴以色列就在这时候吗？"（《使徒行传》1:6）像这样的陈述和发问只能是出自犹太人，出于几个世纪以来当下之苦难与迟延之盼望。对于那些1世纪或是20世纪属于外邦的人来讲，它们是没有意义的。这些话语是带着十分不同的优先考虑的事项来到耶稣面前的，那些优先之事项塑造了他们所问的问题，甚至是关于拯救的问题。一个1世纪黎凡特（Levantine）的外邦人，可能根本就不会将有关以色列政治命运的问题作为一项迫切的事项带到耶稣面前；不过他或许会问的是关于灵魂命运的事。耶稣基督回应不同的陈述，也回答不同的疑问；或者，正如祂使如今的跟随者所相信的，祂要让祂犹太和外邦跟随者相信的是，对他们最深之处问题的解答在于祂，甚至是当问题和答案看起来并不合适的时候。无疑，革流巴在以马忤斯路上讲的话以及门徒们在山上讲的话，都表露出对耶稣其人其事的不充分理解。尽管如此，祂没有拒绝那种理解，认为那是不适合的。祂不是说："我来不是要复兴以色列国的，你应该远离政治的事，要关注内在灵性的事。"祂顺着他们所提内容接受了那些陈述和问题——这些话语是几个世纪以来决定犹太人的特殊经验所塑造出来的，但是"时候不是你们可以知道的"（《使徒行传》1:7）所以，比起犹太人所提的，没有理由认为外邦人关于终极存在的陈述会是更富决定性的，没有理由认为外邦人的疑问会是更加深刻的。

没有理由去假定基督对我们基本的陈述和疑问的回答，因为它们受到十分不同的经验的限制，不会比祂给革尼流或门徒们的回答来得更直截了当。我们只知道最完满的回答最终必定是同样令人满意的。

那些安提阿的基督徒犹太人意识到耶稣有一些话要对他们的异教朋友讲，他们冒了很大的险。他们准备拿去由来已久的弥赛亚一词，因为他们知道这对他们的邻居来讲意义甚少，或很可能会误导他们——如果他们要明白这个概念，以色列的救赎者和他们会有什么关系呢？这些基督徒犹太人已然预备看到，作为他们百姓最热切的盼望之实现的民族拯救者的头衔，变成只是依附于耶稣之名的一个姓氏。他们用了那个含糊的、容易误解的词，主（*Kyrios*）（《使徒行传》11:20；相反的例子可见《使徒行传》9:22，这节经文关系到一个犹太的听众）。他们很可能没有预见到这一做法会带他们到哪里去；如果没有人警告过他们关于令人不安的混淆和混合主义（syncretism）的可能，这会是让人惊奇的。但是，他们跨文化的交流为世界留存了基督信仰。

## 希腊化-罗马的——第二个时代

基督教六个阶段中的第二阶段是希罗的。当然，这不是说在地理上那个时代的基督教只是局限在希罗文化盛行的地区。比如，一些重要的基督教群体位于中亚、东非和南印度。但是，长达几个世纪以来，基督信仰的主流表达受到了希腊化思想和文化持续、穿透性的影响，在这个时期中，那种文化也与一个单一的政治单元即罗马帝国联系在一起。

如同第一个时期，第二个时期也给后来的基督教带来了影响。随着基督教对希腊化文化的穿透，新的宗教思想产生了，在其中对未来最具穿透性的是，关于正统的思想，关于正确信仰原则的思想，其能够在一系列命题中通过逻辑论证的过程加以陈述。这样的特征不可能是作为犹太时期基督教的记号；犹太人的认同常常是与一个人的所是所行，而不是与他所信的联系在一起。当基督信仰开始穿透希罗世界，它遇到了一个在某些方面与基督信仰格格不入的思想体系，但一旦相遇，这个思想体系就不得不被影响。这个体系怀着某种内在的高傲；尽管希罗传统在几个世纪传递到其他族群的过程中经历着诸多变化，尽管基督信仰产生了穿透性的影响，但这种特征从未丢失过。这个系统基本上主张有一种值得过的生活模式，实际上就是一种单一的"文明"，一种社会模式，一套法典，一个思想的宇宙。相应地，本质上就分为两种类型的人：分享那一套模式和那些思想的人，和未得分享的人。于是就有了希腊人——一个文化的而非族群意义的术语——和野蛮人之间的分别。有一群分享共同遗产的文明人和一群未得分享的人。

从很多方面讲，犹太人和他们的宗教已经给这样的预设带来了挑战。无论许多犹太人在多大程度上反映出与这个预设相似之处，犹太认同之不容抹煞的事实将他们放在一个不同的类别中，以区别于希罗世界中几乎所有其他的。唯有在那个世界中，他们有一种可替代的文学，一个相对古老的书写传统。并且，他们有自己对人的双重划分：**那**国（*the* nation）以色列和诸外邦（the nations）。希罗基督徒没有选择，唯有维持、寻求协调他们所继承的两种传统的不同方面。

整个思想系统不得不被福音穿透，就是被基督化。这意味着，智识传统被基督所俘获而付出努力，并且用之以他途，它也意味着法典和组织的传统为福音所用。这样的结果就是正统性：逻辑地阐释信仰，这信仰是以法典的形式得以呈现，藉着一个磋商的程序得以建立，通过有效的组织得以维持的。希罗文明提供了一整套思想体系，并且期待从总体上符合它的规范。基督教对这一系统的穿透不可避免地给基督教留下了一整套系统。

## 野蛮人的——第三个时代

希罗文明历经几个世纪存活在恐惧的阴影中：恐惧着那一日，

中心会失守，事物分崩离析，过度扩张的边界瓦解，蛮族成群涌入。基督徒们充分分担着这些恐惧。特土良（Tertullian）生活在教难时期，虽然他不支持基督徒参军——他说基督已经让每个士兵收刀入鞘了——但他为着帝国的稳定祷告；因为当边界瓦解的时候，那极大的苦难就会来临。对那些活在基督教帝国中的人而言，蛮族的胜利就几乎等同于基督教文明的终结。

两大事件迎来了希罗基督教的终结。一个是早就被广泛预料到的——在蛮族之前，西罗马帝国的瓦解。另一个是没有人会想到的——阿拉伯人作为世界一大势力的出现，他们攻占了最古老、最强大的基督教位于东部的省份。这些势力的联合导致了希罗时期基督教的终结。但是，这一点并未导致整个基督教在世界中的在场被慢慢扼杀，这是由于那缓慢、痛苦、远非令人满意的对基督之忠信，早已在古老疆界之外的部落族群中流传了，就是那些称为蛮族的人，基督教文明的破坏者。事实上所发生的正是基督教第三个阶段的发展，或者我们可以称之为一个蛮族的时期。那正当其时：基督教希腊化腹地的人们面对着几个世纪的腐朽和消磨。基督教再一次被跨文化的传播拯救。

尚待消除的文化隔阂如此之大，就如犹太人和希腊人之间的一样，前者经典文明的信仰变成了农耕者的宗教。新的基督徒差不多已经接受他们基督教所源起的经典文明留下的大量文化遗产，这成为变化过程中的标记。再者，当他们用圣经的神代替他们传统诸神的时候，语言和思想在其形成前就已经经过一个希罗的滤器。我们稍后必须来考虑它的重要意义。

尽管如此，蛮族的阶段绝对不只是教父时代基督教的延伸，而是一个新的创造，比起农耕者的环境和艰辛、不确定的生活，他们更少受到以城邦为中心的文字、智识和技术传统的限制。如果他们从希腊化世界中获得了他们的思想，那么他们就是从原生世界中获得了他们的态度。思想和态度是构成人类宗教之复合体的组成部分。如同他们的先行者一样，他们使基督信仰为己所用，并且他们自己的时代过去之后，在他们的成功中所持续的影响使基督信仰得以重构。如果基督教的第二个阶段发明了**正统**（orthodoxy）的观念，那么第三个阶段发明了**基督教国度**（Christian nation）。基督徒的罗马皇帝可以建立教会，可以惩罚异端，可以制定法律表达对基督的忠信，可以宣称代表基督。但是，部落族群知道一个比皇帝所强加的要强得多的法律，就是习俗之律。习俗与每个在原生社群中诞生的小孩绑在一起，不符合那个习俗简直是不能想象的。以一个集体决议的形式接受基督信仰只是时间的问题；或许会有一时的不确定、分裂和争辩，但一旦决议完全达成，它会把在那个社会中的每一个人绑在一起。一个社群必须有单一的习俗。这不必然是强大的统治者强加他们自己选择的一个例子。在冰岛这个民主而没有一个集权统治者的地方，议会分成了一半基督徒和一半非基督徒。当关于基督教的决议最终确定下来的时候，非基督徒感到痛苦和被出卖，但是没有人建议按不同的宗教对社群进行划分。宗教实际上是习俗的一个方面，习俗使社会连结在一起。在一个社群中只有一个教会。所以，蛮族的基督教使基督教国度的观念得以生成。

一旦基督教国度的观念确立，一个新的诠释习惯很容易就发展起来：即基督教国度和以色列的平行关系。一旦民族和教会的边界趋于一致，民族的经验可以从以色列的历史的角度得以解释。在西方基督教中，这一习惯比产生它的历史环境来得还要持久，在多元主义和世俗化的时代它继续存在下去。

## 西欧——第四个时代

基督教第四个文化的阶段是第三个阶段的一个自然发展。在其希罗形态中，基督信仰和实践与北方群体的文化之间的互动产生了中、西欧极其连贯的体系。东罗马帝国在世界的一个区域有效地延续了基督教的希腊化时期，长达几个世纪，最终在穆斯林面前瓦解，新混合的西方式的基督教成为了基督教的主要代表。在16世纪，这种西方的表达在宗教改革中经历了根本性变革。其新教的形式是特别激进的

（尤其是通过它对方言圣经的强调），它强调了人与神之道的在地相遇。另一方面，改革中的天主教强调的则是教会的普世性，但无意识地将它的普世性建立在根本上属于西方智识和社会历史特征的基础上，实际上是属于西方智识和社会历史的一个特定时期。然而，两种形式都毫无疑问是属于西欧的，它们的那些不同代表了北部和南部地区之间的文化分歧。

西方在那些世纪中所产生的一个重要发展，给迄今为止在欧洲被接受并要求重塑的基督信仰带来了挑战。正如我们所看到的，蛮族基督教的一个必要特征是团体的决议和群体的反应。但是，西方思想发展出一种个体作为单子，独立于亲缘联结之认同的特殊观念。基督教在其西方形式中适应了这逐渐发展出来的观念，直至基督信仰作为个体决定和个人应用的事物成为西方基督教的特征之一。

## 扩张的欧洲和基督教衰落——第五个时代

基督教在西方的发展进入了另一个阶段，这应该被视作是：扩张欧洲的年代。欧洲的人口被输出到其他的大陆，欧洲的主导地位得到进一步的延伸，一直到 20 世纪欧洲裔的人口占领、控制或主导了全球更广阔的一部分地区。在这个关键时期，基督教是被公开声称的，在很大程度上几乎是所有欧洲人主动的宗教。

在整个基督教历史的处境中可以看到，这个时期见证了两个显著的发展。一是，基督信仰在欧洲人当中大范围的衰退。它的影响在开始并不明显，因为它不是常规的和持续的。这种消退开始于 16 世纪初，直到 18 世纪达到不容小觑的程度。然而，在那个世纪和 19 世纪的大部分时间中，出现了基督教的复兴，这延缓了在欧洲的衰退运动，而且，在北美的新兴城镇出现了可观的增长。因此，在 20 世纪突然加速的衰退现象使观察家们感到诧异——虽然对其程度的预测在几个世纪前就已经做出了。只有在 20 世纪，变得清楚的是，那些作为欧洲统治之源头和标志的大城镇实际上从来没有彻底福音化。

那个时期另一个重大的发展,就是基督教向欧洲之外许多人群的跨文化移植,有着不同程度的进展。直到 1920 年,这一现象看起来不是很明显:曾经在一代人中怀抱着的世界福音化的强烈希望,直到那个时代在第一次世界大战的战壕中被消磨殆尽。就算如此,我们看到这也已经足够了。基督信仰的种子在南方的大陆已经种下,不久之后就可以看到硕果累累了。除俄罗斯之外,其他所有的世界帝国已经远去;欧洲的世界霸权分崩离析;基督教在欧洲人中的衰退看起来正在持续。然而,我们似乎站在基督教一个新时代的门口,在这个时代中基督教的主要根据地会在南方的大陆,并且这些地方基督教的主流表达将会经过这些大陆的文化的过滤。再一次,基督教藉着它跨越文化边界的传播得以存留于世界。

## 跨文化的传承——第六个时代

让我们驻足于此,相较于其他的信仰,思考一下独特的基督教历史。印度人可以比较公允地说,他们代表了世界上最古老的信仰,因为印度宗教中的许多事情就如同以色列人出埃及之前的事。然而,历经不同的世纪,它的地理和文化中心一直都是不变的。雅利安的侵略者们来了,留下了他们的印记;伟大的新兴运动佛教来了,风靡一时,之后就传到其他的地方去了。基督徒们和穆斯林们带着他们对普世信仰的宣告来了,得了他们的皈依者。但是,同一个信仰仍然留在相同的地方,它从外面吸收了各种影响,而其自身却没有被任何其他的信仰吸收。

相反地,伊朗人宗教的重要性足以使它在某些关键的时期依次对印度教、犹太教、基督教和伊斯兰教有着塑造性的影响;然而作为一个在世界中独立、可识别的现象,今天它的存在是微弱的。另一方面,基督教贯穿其历史始终对外传播且跨越文化的边界,基督教周缘上每个新的点都是一个新的潜在的基督教中心。而且,基督教作为一个独立的信仰得以幸存,明显地是与跨文化传播的过程联系在一起的。

实际上，从事后的眼光看，我们可以看到，在几种情况中这传播的发生是正当其时；若不是如此，基督信仰一定早就消失殆尽了。这过程并不是稳步向前的，像穆斯林对他们的信仰所称的那样。它的过程是连续的，在不同的时代、在世界不同的区域中有着一个首要的在场。

基督教历史的每个阶段伴随着基督教进入并且渗入另一个文化中，见证了它一次又一次的转变。没有的是，所谓在伊斯兰文化和伊斯兰文明那个意义上的"基督教文化"或"基督教文明"；已有的是，几个不同的基督教文明，或许会有更多。这个原因在于基督信仰无限的可翻译性。伊斯兰教，是唯一一个在全球有着可比性影响的其他信仰，有着庞大的地理分布，却可以产生一个单一、可识别的文化（尽管有着种种地方的融合和变化形式，却是可识别的）。这一定是与其宪章性的文本古兰经的终极不可翻译性是有关系的。反之，基督教的圣经对翻译是开放的；不，基督信仰所依归的是那伟大的举动，道成了肉身，住在我们中间，就是翻译的行动。并且，这一原则将基督带到了每一个接受祂的文化中去；带到那文化迫切的问题中去；带到那文化中人们得以认识他们自己的那些参照点中去。这就是基督教历史每个阶段会产生一些新主题的原因：那文化中的参照点所拥有的主题，对那些分享这一框架的人来说是不可逃避的。相同的主题可能会超出更早的或其他思想框架下基督徒的认知。他们自身所固有的居高临下之势将被基督所征服。

## 历史之基督教中的多元性和连贯性

如果我们从 1 世纪到 20 世纪的每一个世纪中，从各个地方选取**有代表性的**基督徒的样本——如果我们的选择要有代表性的话，这么做是必须的——那么它们有任何共同之处吗？当然，一批人在信仰的表达上常常会有十分不同的优先事项；对一个群体十分重要的东西，对另一个群体而言则可能是无法容忍的、甚至是亵渎的。如果我们只是选取那些被承认的以西方福音派为代表所组成的基督教传统——

信仰的表达是如何在圣殿崇拜的犹太人、希腊大公会议之教父、凯尔特修士、德国改教家、英国清教徒、维多利亚时代教士之间进行比较的呢？在对宗教意义重大的事务上，每一方会认为另一方有多大的缺陷呢？

不过我相信，在所有这些事背后，实际上是在整个历史之基督教的背后，我们能够觉察到一个稳定的连贯性。即使不以信条的方式，就算是以命题的方式来陈述这一连贯性都是不易的——因为所延伸出来的信条形式本身是某一基督教文化的必要产物。但是，当任何文化中的基督徒表达他们的信仰时，总有一小部分的信念和回应表达着他们自身。它们可以陈述如下：

（1）敬拜以色列的神。这不仅界定了神的本质；独一者、创造者和审判者、那义者，人在祂面前是堕落的；它标志了基督信仰的历史特殊性。并且，它将基督徒——通常是外邦人——与他们自己极为不同的、另一群人的历史联系起来。它给了他们一个在他们自身和他们社会之外的参照点。

（2）拿撒勒耶稣的终极意义。这可能是将历史的基督教与它外围的不同运动区别开来，以及与承认基督的其他世界信仰区别开来的考验。再者，将这终极性永远地囊括进任何一个信经式的公式之中是没有意义的。任何公式都会被取代：或者，即使因着传统的理由被采纳，一些信仰者对公式也不会有什么印象，因为他们不拥有公式所暗示的概念性的词汇。每一个文化有其终极性，基督就是每一个人词汇中的终极性。

（3）神在信仰者所在之处。

（4）信仰者是由一群超越时间和空间的神的百姓组成的。

这些信念看起来构成了跨越基督教诸世纪的、在其所有的多元性之中的整个基督教传统的基础。实际上，某些表达上的多元性是出于需要提出一些回应的压力，所要回应的内容是要针对信仰者思想框架和对世界的认知。在它们的基础上，我们可能应该增加少数的一些制度，这些制度历经了许许多多的世纪。在这些制度中，最为明显的就是阅读有着同一个主体的圣经和对饼、酒和水的特殊用法。

## 南方的文化和基督教的未来

再一次，基督信仰穿透进新的文化之中——就是非洲的、太平洋的和亚洲部分地区的文化。（对我们来讲，拉丁美洲的处境太复杂了，我们这里暂且不考虑它的特殊意义。）如今的标志是，这些南方基督教的表达正在成为主导的信仰形态。

这可能意味着新主题的出现，以及我们自己或更早的基督教时代所想像不到的优先之议题的出现；因为基督信仰必须要将基督带到那些切近人心的大问题中去，这是基督信仰的标记；它如此做，主要是通过人们藉以感知和认识他们世界的结构；这些结构不尽相同。我们一定不能假设，在基督教对之前文化的穿透中作为首要的主题，在所有新的文化中同样是首要的。它们可以不具有形成正统、基督教国度、个人良知的首要性等类的参照点，这些当然对基督俘获的那些世界观是极其关键的。许多早期犹太基督徒可能会发现，他们的希腊继承者对他们视为珍宝的神的律法和律法所指引的生活表现出异常的冷淡。同样让他们中大部分人困扰的是，关于基督论的讨论会将希腊基督徒引向种种智识的困惑中。而在每一个个案中，所共同发生的事情是，在已被接受的世界观中开展基督信仰的工作，如此，那些世界观——同样也随着信仰者的归信——被转变了，却仍是可辨识的。

这进程在南方大陆持续着，尽管基督徒的传统被其他因素塑造着，基督徒仍然能够找到目前为止历史之基督教的路标：对以色列神的崇拜、对基督之终极意义的认可、关于神在信仰者当中的认识、对超越时空之神的百姓的承认；加上共同阅读的圣经，以及对饼、酒和水之特殊使用。

在这个研究中，我将一个重要的主题放在了一边。我已经谈论了基督教跨文化边界的传承，以及贯穿那些世纪所产生的基督教转变的路径。这些转变可视为是可翻译性的伟大原则的结果，这一原则处于基督信仰的核心，并且在道成肉身中、在圣经中被呈现出来。或许有价值的是，可以将这一进程与《以弗所书》第四章保罗的异象联系起来，就是我们同归于一，长成完全的人——就像是基督教人性的多元性使其得以完全。对我们来讲，这样的画面很难为我们所用，因为个人主义在我们的世界观中占据了重要的地位。但是，比起保罗自己参与的将信仰传给外邦人——他对此非常喜悦，但对基督信仰在外邦人手中成为新样式更喜悦——但他看起来更加在乎的是藉着基督使两个国度成为一个国度的事实。在许多世纪中，犹太人和外邦人不能在对方的家中一同吃饭，他们也没有对神的圣约提出质疑，如今他们可以一同坐在主的桌边。基督教历史的这一阶段并没有持续很长时间。在保罗之后不久，外邦人主导了基督教会，在大部分地区，很难发现有犹太人在当中。基督教成了外邦人的事，正如在最早的那些日子里是犹太人的事一样。但是在短暂的年日中，二合为一清楚可见，中间隔断的墙被拆毁了，不可弥合之处弥合了。这一定不只是历史中的一段插曲，而是作为一个典型的范式，尽管短暂，但是却一再被重复着。随着拥有不同语言、历史和文化的人在基督里互相认识，它被重复着。并且，这种相认的基础不是建立在一方采纳了另一方的思想、行为和表达的方式之上，无论另一方是多么神圣；一个是犹太化，另一个则是福音。基督掌管着祂百姓的心思意念；这意味着祂要统管那些构成一种文化的共同的思想结构。这种做法一定会使那分享同一文化的人之间的认同得以深化。关于基督的信仰是无限可翻译的，它创造了一种"宾至如归之感"。但是，它也不会因着对我们是宾至如归，以致其他人再也不能住进那里。这里，我们没有一个久居之城。在基督里，所有可怜的罪人相遇，在发现他们自己与祂和好的时候，他们互相之间得以和好。

# 第3章 基督教历史中的翻译原则[1]

## 翻译与道成肉身

政治是可能之艺术；翻译是不可能之艺术。要将意义准确地从一种语言媒介传递到另外一种语言媒介，这常常被结构和文化的差异所阻碍；接受语（receptor language）中的语词是有预先的负载，旧有的载货拖着新的载货进入了源语言（source language）从未触及的地方。最终，翻译者唯有尽其所能，在这项高风险的事业中冒险。

翻译过程中固然有种种不尽人意之处，神却仍然选择了翻译作为祂拯救人类的行动模式，这就更让人惊叹了！基督信仰以一次神圣的翻译之举作为基础："道成了肉身，住在我们中间。"（《约翰福音》1:14）我们在圣经的可翻译性中所获得的任何自信，都是以那先有的翻译之举作为基础的。之所以有一部翻译圣经的历史，是因着那道译在了肉身之中。

在世界其他伟大的信仰中，救赎并非以此种方式依托于翻译。印度有着长久以来为人熟知的、对宇宙神圣之临在（divine presence）的信仰，并且相信神圣拯救在宇宙中的介入。但是，如果救赎作为古老印度的特征，取决于达到或实现与神圣的合一，那么神圣翻译之举就没有发生，意义并没有真正地从神圣之域传递到人之域，因为人之域没有永恒的意义，或从实际说，没有真相；现象世界仅仅是印度圣

---

[1] 第一次发表在Philip C. Stine, ed., *Bible Translation and the spread of the Church* (Leiden: E.J. Brill, 1990), pp. 24-39.

贤所讲的幻影（illusion），摩耶（maya）。

犹太教和伊斯兰教同基督教一样，都源于相同的闪米特的母体，以言语作为神面向人的活动是它们分享的基督教所具有的特征，但是它们并不把它呈现为**被翻译**的言语。在伊斯兰信仰中，神对人说话，叫人顺服。那言语的标记就是古兰经，是安拉（God）直接的传讲，在特定的时间、藉着安拉所拣选的使徒以阿拉伯语传达，从未改变，也不可改变地永远立定在天。在先知性的诸信仰中，神对人说话：在基督信仰中，神成了人。这确信限定着基督徒对先知性言语的态度。尽管最早期的教会是犹太人的，保留着犹太圣经，但是基督徒对待圣经不同于对妥拉（Torah）历史性的理解。基督徒的圣经不是所谓妥拉加上一些新的增补。神之言语，不仅译成人之言语，而且译成了人性，这表明了一种不同类型的、与神圣的相遇。许多关于基督徒和穆斯林关系的误解，源于那种假设，就是认为圣经和古兰经在各自的信仰中具有相似的地位。但是，基督教真正与古兰经相比的，不是圣经，而是基督。基督对基督徒，是神永恒的道，正如古兰经对穆斯林一般；但是，基督是被翻译的道。事实上祂就是那个记号，就是那决定性的圣经（可被描述为神之道）；与古兰经不同，祂可以、也应该不断地被翻译。

道成肉身就是翻译。当在基督里的神成为人，神性就译成了人性，人性就像是一种接受语一般。此处有一种清晰、却又笼罩在晦涩或不确定性中的说法，这说法就是"这就是神之所是的那样。"（"This is what God is like."）

但是，语言是具体到某一群人或某一地域的。没有人讲的是一种概念化的、叫"语言"的东西；我们必然是讲某一种具体的语言。相似地，当神性被译成肉身的时候，他并不是变成概念化的人性。他成为**一个人**，是身处某个特定地点、在某个具体族群中的人，也在一个具体时空之中。藉着神成为人性的翻译，神的观念和意义发生了改变，这翻译也受到了某个具体文化条件的影响。

这意义就进一步拓宽了，如果我们将约翰关于道成肉身（the Word made flesh）的记号和以下这些放在一起：保罗关于第二亚当的记号，《以弗所书》中关于多民族之新的人性在基督里长成完全身量的主题，保罗关于基督在新建立的外邦人教会中得以成形的关切。[2]这显明的是，基督，神已被翻译的言语，从巴勒斯坦犹太人的原生语言中被再度翻译。大使命的话语所要求的是，不同的民族要成为基督的门徒。[3] 换句话说，民族的差异，就是标记出不同民族的那些东西，也就是所共享的观念和诸传统，共享的精神活动和关系的模式，都是属于门徒的范畴。基督可以在那构成民族性的、具体的事物中得以看见。就这样，第一次的神圣翻译之举产生了连续不断的、一系列新的翻译。基督教的多元性是道成肉身的必然产物。

进一步来讲，基督信仰是关乎翻译，即是关乎归信。这些过程存在一种真正的平行。翻译涉及到的是，尝试从接受语的材料中、在接受语的工作系统中，将原有之义表达出来。一些新的东西被引入到那种语言中，但是那新的成分只能藉着从原先存在的语言及其习惯的角度来获得理解。在这过程中，那种语言及其系统也得到有效的扩展，被加以新的用法；但是从源语言被翻译过来的成分，在一定意义上，也已经被翻译扩展了；接受语有其自身的动力，将新的材料带入到它在源语言中从未触及的领域中去。相似地，归信，意味着对已有的结构使用，意味着将那些结构"翻转"到种种新的方向去，也意味着将新的材料和标准运用到已经到位和正在运行的一套思想和行为中去。它不是替代，不是用新的东西取代旧的东西，而是转变，是翻转那已经有的到新的叙述中去。

因此，在肉身化中，道成了肉身，但不**单单**是肉身；基督信仰不是关于某一种神显或神通，不是神性在人类场景中的显现。那道成了**人**。继续使用语言学的类比，基督不只是作为一个外来词，被收录进人性的词汇表当中；祂被完完全全地翻译，被带入语言的功能系统之中，进入到人格、经验和社会关系最丰富的领域之中。人类对神圣翻

---

[2] 参看如：《罗马书》5:12-6:14；《哥林多前书》15:20-28；《以弗所书》2:11-22，21:7-16；《加拉太书》4:19。
[3] 《马太福音》28:19. 注意这里要被门徒化的，指的是不同的民族（nations），而不是民族中的人民。

译之举最恰当的回应就是归信：将包含人格、理智、情绪与关系的功能系统，开放给新的意义，开放给关乎基督的表达。紧随在拿撒勒耶稣之中、那最初的翻译之举后，是不计其数的再翻译，翻译进不同社会的思想形式和文化中，随着归信，基督就被带进这些社会之中。归信，不是新的东西替代旧的东西（在译成人性的伟大举动中，基督并没有从按神的形象所造的人性中取走任何东西）；也不是旧的东西附加上新的东西（在那伟大的翻译之举中，基督在按神的形象所造的人性之上没有添加任何东西。）归信，是翻转，是再次将人性的每一面向——特定文化的人性——转向神。于是，就其本质而言，归信，不是单单一次性的举动，而是一个过程。它有其始，我们却不能设想其止于何处。

因此，圣经翻译作为一个过程，既是对基督信仰所依托的核心之举的一种反映，又是对基督所交付门徒们的使命的具体化。或许再没有任何其他具体的活动，能够如此清楚地体现教会之使命了。

圣经和道成肉身之间的平行关系在《希伯来书》的开篇就表明了，就是神透过众先知所传讲的部分的、不定的、偶然的话语，和神在子中所传讲那一气浑成之道之间的关系（《希伯来书》1:1–4）。圣经翻译问题就是道成肉身的问题。一些文本植根于与人们当下处境迥异的语言和文化之中，而将这些文本呈现出来着实有某种困难，这种困难在将神译成人性之媒介的行动中得到了证实。正如肉身化在某一特定的社会处境中发生，翻译也使用了某种特定处境中的术语和关系。圣经翻译旨在释放关乎基督的话语，使其能触及某种具体语言和文化处境的所有方面。于是，基督能活在那处境中，活在跟从祂的人当中，正如祂曾经活在1世纪犹太巴勒斯坦的文化之中，置身其中宛如在家。我们可以认为，翻译中常见的风险和问题是基督教宣教的过程中一个必然的部分。一些关键词或关键概念在接受语中找不到相对应的，圣经中核心的图景植根于中东土壤或历史，或植根在罗马帝国的习惯中，接受语的术语携带着它们原本承载的——正是通过这些，关乎基督的话语被落实到一个文化的**种种特殊性**之中，以致到达其至高点。新的翻译将关乎基督的话语带进新领域，落实到种种新的处境中，实际上拥有了将基督信仰重塑和扩展的潜能。圣经的可翻译性并非是限定某个普遍适用的"安全区"，在当中某些思想脉络被提前限定，而另一些被排斥或忽略（一蹴而就的自然结果，不可翻译的权威）。相反，圣经的可翻译性潜在地开启了关乎基督的话语与种种思想和习俗的新领域之间的**互动**。再一次，圣经与古兰经话语的区别是明显的。

从这个角度看，翻译和归信相似；事实上，它是归信的一种工作模型，是朝向基督的语言变化过程的转折（对思想来讲，语言是交通工具，对诸传统来讲，语言是质押）。就像归信，翻译有始却无终。无论其影响是多么有效，它绝非完全；正如社会生活和语言会变，翻译也必须要变。翻译原则就是修正原则。

修正原则有一种例外情况。随着不同文化中的信仰者回应基督，对基督的种种翻译随之发生，这就是**再**翻译（re-translations）。基督肉身化之种种取决于那起初的道成肉身，它抛锚于时空之中，"在本丢·彼拉多手下被钉于十字架上。"相似地，圣经的翻译是再翻译，起初的翻译始终在场。不同的翻译总是可以被拿来比较的，不仅可以与最初的相比，也可以与从同一个起初的翻译而来的其他翻译进行相比。虽然一次次的翻译行动就像一次次归信的过程，将最初的翻译带进新的领地，也潜在地扩展了它，但是在众多产物中，一种家族相似性（family resemblance）的离场难免会引起怀疑。诸多新的文化复合体（new culture complexes）的渗透产生了多元性，而诸多不同翻译是由一个共同的、最初的翻译而得来的这一事实产生了连贯性，二者并非不可调和。并且，在当中，圣经翻译反映了基督教的宣教。因着过强的本地化和本土化原则，使得信仰完全"在家"是不可能的；因着过强的普世化原则，使其与本土不断处在张力之中也是不可能的。普世化原则将本地社群和其他时空的基督徒关于同一位基督之信仰的"内化"表达，联系在了一起。唯一可能的情况是二者中的某一方太弱。

一部翻译的比较史可能会是进入基督教宣教和拓张历史的一条富有启发的路径——这种拓张不仅是地理和数据意义上教会的传播，而且是充满活力的、基督在教会之中影响的拓张，这样的拓张来自于基督的心意在诸多具体文化中彻底的实施。接下来所需要论述的限定在一些早期的例子中，这些例子阐明了该主题。

甚至在基督教出现之前，翻译原则就发挥作用了。至少到基督教时代之前的两个世纪，犹太人的圣经就正变成希腊语的。以下的两方面是同样关键的：《七十士译本》翻译起源的犹太传统故事赋予那翻译一个宣教的目的；它起源的真实情况可能与犹太人对外邦人的宣教几乎没有任何关系。《七十士译本》的起源可能所基于的事实是，那时希腊语正迅速成为许多亚历山太犹太人的第一语言，也成为巴勒斯坦之外的犹太社群的第一语言；实际上，它是一种犹太人方言的翻译。尽管如此，一般所接受的叙述是，埃及王托勒密·菲拉德法斯（Ptolemy Philadelphus），他是一个外邦人，晓得圣经享有极高的尊崇，于是就叫人翻译，就这样神奖赏了他，藉着大神迹对所从事的工作表以神圣的认同。在这些故事中，将圣经翻译成希腊语如同摩西在西奈山上被授予法版，都清楚地被视为是神的动工。

后来的人一定对那最初的翻译委员会羡慕不已。尽管它是由七十位（或者七十二位）译者组成，那作品却是在七十二天内完成的。更引人瞩目的是，生活在基督教的第 1 个世纪、博学的亚历山大犹太人斐洛（Philo）告诉我们，那些版本是每个人各自预备的，但是每个词都相同，"就像有一位看不见的推动者亲自对每个人口述一般。"他接着说：

> 谁不知道每种语言，特别是希腊语，有着数不胜数的术语呢？谁不知道通过变换单个词或整个词组，同一个思想可以用不同的形式呈现出来呢？我们被告知，情况并非如我们所讲的这条法则，而是所使用的希腊词与迦勒底的语言[比如说，希伯来语]不仅在字面上是对应的，而且明确符合他们所指示的事物……关于这一点最清楚的证据是，如果[希伯来人]已经学习希腊语，或者希腊人学习[希伯来语]，并且阅读两个版本，就是[希伯来原文]和翻译，他们会又惊又叹，将二者视为姐妹一般，或者甚至说几乎就是同一个，既是指他们所讲的东西，又

> 是指词语；他们会说是作者不是译者，而是诸般奥秘的先知和祭司，他们思想之纯粹和专一使他们可以与最为纯洁的灵、摩西的灵相称了。[4]

毫无疑问，斐洛的这些看法是真诚的（虽然不能确定的是，他是否知道一点希伯来语）。读斐洛的人不能不意识到，这位犹太裔的亚历山大人是多么深地浸淫在柏拉图里，他对斯多亚学派的作者们是多么地熟悉。如果对他来说摩西是最为纯洁的灵，那么雅典如同西奈一样，设定和塑造着他的思想。换句话说，甚至在犹太人中，关于圣经理解的领域已经被拓展了，摩西和众先知被赋予了新的智识伙伴。斐洛分享着亚历山大主流社群的话语和很大部分的教育，当他探求亚历山大主流社群的思想世界时，他就使用它们作为某种权威。妥拉，他的百姓最宝贵的财富，成了**律法**（nomos），或者说是希腊语中的**那律法**（The Nomos），并且讲希腊语的犹太人（他们自己不得不去处理亚历山大的法律和罗马的法律）发现，他们自己为柏拉图和斯多亚学派关于法律之本质的讨论做出某种贡献，若是没有圣经的翻译，就不会有这样的贡献了。斐洛周遭希腊化的环境教导他，希腊人在真理本质的问题上跌跌撞撞，是因为他们并没有意识到每一个犹太孩童从婴儿时就知道的东西，就是全能之神在创造中的作为。他也知道，他们常常听不到先知平实的话语，就是神铺开诸天犹如铺开帷幕一般，因这问题对只在希伯来学问中成长的人就不会是问题。现象界是物质的，因此对于灵是异域的：纯洁之灵（Pure Spirit）如何能对物质负责呢？斐洛——追随一条在他之前其他讲希腊语的犹太人发展出来的原则[5]——在圣经经卷中发现了针对这些希腊问题的答案。那答案不在第二《以赛亚书》关于造物主的宣称中，主要也不在《创世记》创世的描述中（虽然他注意到神在那里如何"说"的），而是在《箴言》中，在那些智慧拟人化或显明神在创造中使用智慧的篇章当中。渐渐地，那被广泛争论的希腊观念逻各斯（logos, Word/Reason）就

---

[4] 参看 Philo, *Life of Moses*, trans. F.H. Colson and G. H. Whittaker (Loeb), 2:26-42.
[5] 最明显是在属于之前的世纪的《智慧书》（the *Book of Wisdom*）例如，第 7 章。

与圣经中的智慧主题联合,直到斐洛可以将逻各斯表达为超越之神与祂的造物之间作为某种避震器的东西。斐洛说,"万有之父已经给祂的道、最重要的使者、时代和荣耀中的至高者,一种特殊的权柄,伫立于边界之上,并分开造物主和受造物。"[6] 因此,那逻各斯成了那个点,在这一点上人与全能之主的接触成为可能。通过在一个本质上作为希腊哲学的话语体系中使用犹太人的圣经,超越的神、以色列人的神被带入纯粹希腊问题的核心之中。使用希腊资源的希腊思想家们,原本只是将神的因素(God-factor)留在那些问题的边缘地带;只用未翻译的希伯来圣经的敬虔犹太人,原本只是将那些问题当作是外邦人对神的亵慢而轻视它们。毫无疑问,对着托勒密·菲拉德法斯和《七十士译本》的故事,斐洛欢呼雀跃。时机一到,不计其数的基督徒将跟随他的脚踪。

因此,早期基督教早已触及翻译原则。甚至连犹太的巴勒斯坦在文化和语言上也不能自绝于希腊世界;耶稣所讲的字字句句穿着希腊的外衣,来到我们这里。热忱的司提反(Stephen)以《七十士译本》为剑劈向关乎圣殿的犹太传统宗教的内核;[7] 那使得《七十士译本》成形的过程得到了福音的认定(Gospel authentication),正如五旬节流散犹太人聚集的那群人听到神绝妙的作为,不是用圣殿礼仪(朝圣的目的)的神圣语言,而是用不同民族的语言,就是他们真正的母语(《使徒行传》2:11)。

时间来到传统犹太教拒绝《七十士译本》的时候,极有可能是因为基督徒在那之前就抓着它不放了。当希腊语成为某种绝对必须的东西时,更多的直译就被采用了,比如西玛库斯(Symmachus)和提阿多田(Theodotion)译本。在特定的时候,出现了某种对翻译的逃避。关于《七十士译本》神奇起源的令人欣喜的传说,让位给不愿意承认那事件是一般原则之外的例外情况,它被看作是托勒密·菲拉德法斯

---

[6] Philo, *Who Is the Heir of Divine Things?* trans. F.H. Colson and G.H. Whittaker, (Loeb), 205.5.

[7]《使徒行传》7:2-53。参看《使徒行传》15: 16 及之后经文。在这段经文中,义人雅各诉诸《七十士译本》。

特殊利益的记号，而不是针对世界之救赎的指标。[8] 最终，我们达成了那直截了当的声明，即妥拉不能被翻译成希腊语，一种与后来的伊斯兰教遥相呼应的绝对论。[9] 但是此时，《七十士译本》以新的色彩在世界中传播，就是在基督教的荫蔽下，因为基督教现在已经全然是希腊化的，是讲希腊语的，正如它曾经全然是犹太的。并且，它有助于以不同的方式将基督事件落实到希腊化的文化之中。那种落实是将基督信仰带入纷繁复杂的思想、原则和关系之中，以便它们能归于基督。

基督教的文化翻译（cultural translation）赋予圣经一个新的地位和目的。它们在民族上不再是犹太的，它们所应用的领域是普世的。当游斯丁（Justin）尝试了各种的哲学流派之后，他发现自己离哲学真正的目的，即认识神越来越远，他叙述了他是如何遇到了一位老翁，那位老翁鼓励他读读犹太先知的东西——"比所有那些受人尊敬的哲学家更为古老，他们预告了那会发生的，甚至是那即将就要发生的事。"[10] 游斯丁采纳了那个建议，这将他引向基督。他同时代的塔提安（Tatian）同样地证实道：

> 一些蛮族的作品来到我的手上，这些作品对希腊的思想来说不是太老了，要不就是对希腊之错谬来讲太神圣了。我选择的是相信这些作品，因着它们表达之简洁和它们作者尚未被研习的特质，因着他们关于创造的理智描述，对未来之预见，诫命之优越，以及他们拥抱神独一掌管之下的宇宙的事实。……它们供应我们……那已经被领受、但却因着失误而丢失的东西。[11]

---

[8] 密基拿（Megillah）9a 引用了犹大拉比，表示因着托勒密王之先例的缘故，只有《七十士译本》可以被翻译成希腊文。
[9] 根据 Sepher Torah 1:8："七十位长老为托勒密王用希腊文书写了律法，对以色列来讲，那天如此败坏，就像他们做了金牛犊的那日，因为回应所有任何的要求，律法都不能被翻译。"（C.K. Barrett, trans., *The New Testament Background* [London, 1956], p. 213）.
[10] Justin, *Dialogue with Trypho*, 7.
[11] Tatian, *Oration* 29.

游斯丁和塔提安二人对传统的哲学都十分精通，因为有《七十士译本》，他们折服于犹太圣经的古老特质，也折服于它们所预见的内容（与基督其人直接相关）以及它们与最为迫切的理智论述的关系。事实是，《七十士译本》是唯一能在希腊世界与希腊文献相比拟的、可供替代的文本。基督徒所使用的文本的古老特质是重要的：希腊化文明的世界观建立在一种信念的基础上，就是每个重要的问题都曾被讨论过；当基督教因它的新颖而被责难时，藉此她得以站立得住。因此，基督徒拥有着比苏格拉底更古老的作品，摩西著述先于柏拉图，不，（正如最勇敢的护教士会宣称的那样）柏拉图从以赛亚那里获得了一些他最好的篇章，这样的宣称主要是一种护教的考量。

通过翻译成希腊语，被改教的希腊化外邦人使用，希伯来圣经承担起一个新目的，并且在一个新的思想世界中得以应用。对寻求建立一种连贯的世界观的希腊基督徒来讲，它们变成了权威性的原始资料。以不同的方式，圣经的希腊文翻译对流散的犹太作家斐洛、希腊化基督徒司提反、双栖于两种文化的宣教拉比保罗是必须的，但是，他们每一位都可以宣告有另一段历史和另一个属灵的故乡。游斯丁和奥利金（Origen）并没有这样另外的故乡；对他们来讲，希腊语的圣经对建造一个他们可以视为家的文化和理智的房子是必要的。他们不能一方面完全放弃他们所继承的希腊化世界，另一方面他们不能放任其留着他们那些顽固的同时代人所持有它的那种样式。游斯丁，是一位兼收并蓄的哲学家，从他改教到他殉道之日一直作为一位哲学教师；因为基督教就是神圣之哲学，是一种使人（正如在柏拉图学说中真正的哲学一样的）认识神的哲学。圣经——包含了（在某些方面，特别是因着其古老的特质）犹太圣经——为他对所继承之物的强烈批判提供了一个权威性文本。他所继承之物是腐败的、充满了属魔鬼之物，他对此毫不疑惑。但是，那里也会有真理。在基督之前，有着像苏格拉底之类的希腊人，他们拒绝错谬之神，并为此遭难。难道就可以肯定地说，苏格拉底之类的人是按着逻各斯，即理性讲话的吗？如果他们是这样的，难道他们所拥有的理性不是从所有理性的源头，即那逻各斯，父的圣子来的吗？[12] 第四福音书所选取的那大胆的逻各斯的记号，正如斐洛所预示的那样，在一个新语境中承载着与众不同的意义出现了。第四福音书的逻各斯或许不是斐洛作为阈限减震器的逻各斯；它最为重要的组成部分很可能是那希伯来语中活跃的耶和华的道（Dabhar Yahweh）。但是，就是这 Dabhar Yahweh 被翻译了，它被翻译进一个媒介之中，那个术语在那个媒介中就已经预先负载了；它在一个语境中被翻译，在那个语境中，大多数的原意可能不会被听到。在翻译中那负载物将那个术语推给了游斯丁，他和其他早期希腊化基督教作家一起，将耶和华的道带进斐洛和第四福音书从未到达的领域。它变成了一个不可缺少的工具，通过这个工具让基督与希腊的遗产接触；基督在那遗产中成了真理的标准。逻各斯这个词原有的负载意味着，不讲希伯来语的希腊人（几乎是所有人）丢失了作为神活跃之道的逻各斯的许多重要的东西，但是在关于他们救赎的事上，那负载并没有误导他们。事实上，它使他们看见了那救赎。

但是，语词的负载不是一种单向的过程。我们只需要想想一处更为大胆的翻译，在第一次所记载的关于基督的话语和讲希腊语的异教徒持续的相遇中，犹太基督徒无意中冒了这个险。根据《使徒行传》，一群来自塞浦路斯和古利奈匿名信主的人对安提阿的希腊人传讲"主耶稣"（《使徒行传》11:20）。在之前所有的宣讲中，基督被称为弥赛亚（Messiah），以色列的拯救者。在这新的、希腊化异教的语境下，他被赋予了**主**（Kyrios）的称谓，那是希腊化异教徒给他们的异教（cult）神灵的称谓。有人可能会想到（当时是否有任何谨慎的人预料到呢？）这样做导致的结果会是，主耶稣会被当作是与主塞拉皮斯（Lord Serapis）或主奥西里斯（Lord Orisis）并列的一个异教神。毫无疑问，这样的事并没有发生，主要的原因是那些有此反应的异教徒被带进了一个群体，在这个群体中《七十士译本》被不断地阅读，并且圣经中有关主（Kyrios）的种种联系穿透进他们的思想之中，这些联系将它们自身与那异教之神的称谓绑在一起。但是，在那第一次

---

[12] Justin, *1 Apology*, 46.

相遇中，*Kyrios* 负载的异教之神的观念是至关重要的。不确定的是，安提阿世界中未同化的异教徒是否可能有另一种方式去理解耶稣的意义。除非从我们已有的观念出发，否则我们中没有人能够接受一种新的观念。然而，词语的理解一旦被接受之后，它就从新的圣经参考系中获得了一系列的限定。词语原先所承载的，大部分都渐渐消失了。

在基督徒的支持下，翻译朝着希腊化文化的核心进展，《七十士译本》的另一个特征获得了一个新的意义。当然，在旧约的希伯来语文本中，神圣之名是用那四个字母（Tetragrammaton）来表示的，因为在旧约中神有自己的名字。但是，多少世纪以来，犹太人出于尊崇的缘故，不允许那个名词被念出来。在《七十士译本》中，那份尊崇被赋予了具体的样式。那四个字母被 *Kyrios* 替代。神在《七十士译本》中没有名字。[13]

这激化了早期基督教与希罗世界民间宗教（popular religion）的冲突。神不是宙斯／朱庇特（Zeus/Jupiter）或者萨图恩／克洛诺斯（Saturn/Kronos），或者任何其他神灵的集合。祂是 *ho Theos*，是那位神，超越诸神并与诸神对立。一方面，这种做法强有力地拒斥了民间宗教中的神灵；另一方面，它促进了基督教与本土哲学传统的联系，那本土的哲学传统在基督教之前也反对民间宗教，主要使用抽象的术语或否定句谈论终极实在（the ultimate）。对整个西方哲学传统来讲，这种联系带来了关键性的结果。

总而言之，基督教之前的第一次翻译对本土的希腊化基督教的发展有着至关重要的影响。但是，它也是整个外邦基督教历史的典范；许多人在后来与基督信仰的互动中相遇，在其中它是一个方向指示器。许多问题产生于圣经翻译的工作之中，或是作为圣经翻译工作的结果，它们在那第一次基督教跨文化传播的伟大运动中早就预见到了。除非整个希腊思想的世界得以翻转，否则希腊化下的人就不能得以归信。那世界是诸多世纪所建造之物。不存在它被放弃或被取代的

---

[13] *Kyrios* 作为全能之神的称谓当然在《七十士译本》中出现过，但这不会是一个异教徒可能会采纳的方面；《使徒行传》所描述的这些早期希腊基督徒也不会这么做。

问题——这样的选项从未真正存在过。希腊化的基督徒没有其他的选项，唯有希腊文化之归信，也唯有毫不动摇地将基督和有关基督的话语落实到它的种种变化过程和优先事项之中——那是另一个诸多世纪的工作。在那过程中，《七十士译本》的存在是关键性的。在某种程度上讲，新约本身就是从一个犹太的媒介、通过犹太人的心灵得以表达的希腊文翻译之作；如果不是它与作为可供替代的经典文集即古老犹太文献的希腊文翻译之间的联系，它几乎不能拥有后来的根本性影响。

## 一个书面文化中的口头念诵

希罗世界有着一个颇受认可的书面文化，一个庞大的文人群体，以及一个普遍且有效率的书籍出版机制。基督教文本进入的市场和阅读习惯，已经被非基督教文本的使用所塑造。然而，它发展出一些自己的用法。

那位告诉游斯丁去读希伯来先知书的老翁应该很清楚地知道，游斯丁是有办法接触到它们以及福音书。并且，游斯丁（在他希望非基督徒会读的一本书中）亲自向一位希腊的观众解释基督徒在聚会的时候究竟会做何事；他解释道，只要时间允许，众使徒的回忆录和先知的书卷会被诵读。[14]（早期基督教的文献暗示，这样的诵读持续的时间会相当长。）教会的圣经是在教会中被诵读的，这样公开诵读圣经是一种犹太会堂实践的自然延续，对早期基督教群体中的大部分人来讲实属正常。这种实践被希腊世界之外最早的基督徒群体保留了下来。现存最古老的北非基督教的文献就记载了公元180年7月17日一群基督徒的审讯。被告有一个盒子，他们说盒子里装着那些书卷和一位义人保罗的书信。[15] 由于这个记录是用拉丁文写的，那些书卷或许代表着一种早期的方言翻译。在120年之后的大教难中，在同样讲

---

[14] Justin, *Dialogue with Trypho*, 11-14.
[15] *Acts of the Sicilian Martyrs*.

拉丁语的非洲地区，官长颁布了一项命令，要没收所有基督教的书籍。长官叫主教上交所有律法书卷和"你们所有的其他书卷"，但是当时只搜出了一大卷；神职人员说其余的都在读者那里。搜查了读者的家之后，从一个人家里搜出四本，从另一个人那里搜出两本，从第三个人家里没搜到任何书。[16] 换句话说，在君士坦丁登基之前的许多年，书籍对基督教生命力而言至关重要，政府甚至都意识到了这一点。但是，那些书籍主要是用来**公开**诵读的；甚至神职人员也没有他们自己的版本。书籍属于会众，有专门的服侍岗位负责书籍的照管以及公开诵读。即便在这样的书面文化中，大部分基督徒的交流过程基本上是口头的，礼堂是教会常规敬拜的场所。就像书面编撰，武加大之前的拉丁文翻译读起来并不好；它们有着后来"宣教士"译本的记号。那位年轻的奥古斯丁，是一个讲拉丁语的非洲人，发现希腊语晦涩难懂，对其嗤之以鼻，不值得与西塞罗相提并论。拉丁语圣经听起来或许更适合于公开诵读；事实上，年老的奥古斯丁在它们的"质朴"中找到了神学的理论根据。[17]

## 基督教和北方的口语文化

基督教展开下一轮跨文化传播的时候，这一信仰已经在一个成熟的书面文化中安家了，伴随着这种文化的是一部地中海的历史及其种种优先事项。不过此时，基督信仰又不得不与支离破碎的部落所持有的不同世界观达成某种协议，这些部落是定居的或半定居的掠夺者和农耕者，他们毗邻罗马帝国，也逐渐瓦解罗马帝国。那些新基督徒没有属于自己的书面文化，没有庞大的文人群体，也没有以市场为导向的图书出版业。

---

[16] *Gesta apud Zenophilum* (text in *Corpus Scriptorum Ecclesiasticorum Latinorum* 26, 186-88).

[17] Augustine, *Confessions* 3.5: "My swelling pride shrank from their lowliness, nor could my sharp wit pierce theinterior thereof" (Pusey's translation). （"我的傲气藐视圣经的质朴，我的目光看不透它的深文奥义。"）（周士良译）

西方的福音化也没有一个整体性的宣教策略。西方之所以会皈依，是因着一系列各种不同且互不相干的积极行动，这些积极行动肇始于教会高层 [ 最出名的要属教皇格列高利一世（Pope Gregory the Great）]、政治扩张者 [ 最臭名昭著的要属查理大帝（Charlemagne）] 和前赴后继的苦修者 [ 凯尔特基督教（Celtic Christianity）中产生的苦修者的数目是惊人的 ]。在诸多世纪杂乱无章的回应和变化多端的语言环境中，对翻译持有不同的态度不足以使人惊奇。就我们当前的目的来讲，以下两个相反的例子应当足够说明问题了。它们并不是发生在同一个时代，但是它们起作用的条件大体上是平行的，而且其中的核心人物有许多共通之处。

乌尔菲拉（Ulfilas），或者在他的同胞中被叫做 Wulfila，生为一位哥特人，但他的父母是从小亚细亚被掳来的基督徒俘虏。他是哥特基督徒团体中最重要的人物，所以，哥特的基督徒团体是从希罗世界来的这些俘虏中产生的。他会讲希腊语和哥特语。不足为奇的是，他是亚流一派的，因为这一基督教的自然表达是他与生俱来的。在 30 岁时，他被祝圣为哥特人的主教，那时他住在罗马帝国边界之外的地方。他传福音的热诚无以复加，获得了巨大的成功，以致他和他的同胞能在帝国境内建立一个哥特独立区（enclave）。在这里，我们并不关心西哥特人（Visigoths）复杂的历史，也不关心乌尔菲拉在他们归信中所扮演的具体角色。怀疑关于他的那些故事是没有理由的，故事将圣经得以完整地翻译成哥特语归功于他；虽说翻译是完整的，但不包括《列王纪》。他将《列王纪》搁置一旁，据说是因为他认为他的同胞在战争方面不需要有更多的指导了。在他从事翻译之前，一项必要的工作是为哥特语设计字母表。[18]

换句话说，乌尔菲拉作为早期的例子，在后来宣教运动中是经常出现的内容。他是在一种文化中缔造了文学，若非如此这种文化将停留在口头。文学一旦被缔造，就必须得到维持，这就意味着一个文人

---

[18] 关于乌尔菲拉（活跃于 340–370 年），他的学生奥克森修（Auxentius）写过一本简短的生平，菲罗斯托尔吉乌斯（Philostorgius）（在 *Ecclesiastical History* 2.5）以及其他 5 世纪的作家又提过他。参看 G.W.S. Fridrichsen, *The*

阶层的缔造（在后来的许多年里并没有看到文人群体的希望）。自然的模型就是希腊化的，有着一群受过教育的神职人员，以及有一群追求更高事物的读者。

哥特人成了一个基督徒的族群，他们分布在一个广大的区域。他们不断地冲击着帝国，直到哥特人中出了自己的皇帝。遍及整个哥特王国，在帝国范围内以及帝国之外的地方，乌尔菲拉的圣经版本被阅读着。它是哥特文学中唯一的丰碑。虽然乌尔菲拉属于亚流一派的，虽然哥特人在很长的一段时间中是属于亚流一派的，但是不存在什么特别的、亚流一派的圣经，也没有什么典型的、哥特色彩的神学传到我们这里。当哥特的亚流一派和希腊的尼西亚一派谈论神学的时候，他们很大可能是立足在希腊的根基上，使用希腊的理智武器和两种语言的文本；杰出的西哥特历史学家提出过一个问题，乌尔菲拉是否尽其所能为他的同胞提供了用方言书写的圣经；因为除了母语使用者之外，没有人会有什么理由去学习这种方言。可惜的是，关于那些早期哥特基督徒的生活和思想，我们并不知道更多；他们会是各式各样的平信徒，而且不会讲希腊语和拉丁语。

乌尔菲拉之后的一个世纪，在欧洲的另一端，帕特里克（Patrick）开启了他传奇的生涯。他们二人有许多相似的地方；帕特里克，虽不是生为爱尔兰人，但作为不列颠人（British），讲凯尔特语（Celtic）。他来自罗马化的基督教群体；在罗马帝国决定减少海外投入的时候，这群人被留在了大不列颠，意志消沉。帕特里克既会讲，也会写拉丁语，虽然很有可能不如乌尔菲拉；他不会希腊语，而乌尔菲拉却操着流利的希腊语。帕特里克刚到爱尔兰时，身为俘虏，就像乌尔菲拉的祖先到哥特王国去一样。他在那里为奴，但对神有深刻的经历。他逃脱之后，又以宣教士的身份回到那里。爱尔兰，不像他的故乡，从来不是罗马帝国的一部分；城镇和行政中心也都没有罗马的那些特征。帕特里克，身为一个凯尔特人，分享着某种凯尔特的宇宙观，即宇宙充斥着潜在的敌对势力；但他以基督之名与之对抗。他的举止倒不像

---

*Gothic Version of the Gospels* (Oxford, 1926) and *The Gothic Version of the Epistles* (Oxford, 1936).

一位罗马的主教；反而像是一位爱尔兰国王，周游各地；从罗马的角度来看，爱尔兰的教会组织尤为奇怪。他哀叹自己的拉丁语粗陋不堪，对希腊语又一无所知；海那边的加罗拉丁（Gallo-Latin）的基督徒都会对他侧目而视，因为他的粗俗，而且他早年犯了罪，妨碍他按立。加罗拉丁的基督徒可能会发现，对付这样一个人是一件难事，因为那个人有着活生生的经验，那恶者曾盘踞其心。[19]

就像乌尔菲拉一样，帕特里克需要催生一批读者和圣经专家。像乌尔菲拉一样，他不得不开始组建一个小型的文人群体；我们被告知，他经常教人识字母表。但是，所教的却是拉丁字母表。帕特里克对凯尔特人的生活和思想十分亲近，但却没有尝试将圣经方言化。实际上——虽然他是一个有着巨大的权威和存在感的凯尔特宣教士——当他面对一位绑架基督徒妇女的首领，他使用圣经篇章就像一段咒诅；他用拉丁文书写，好像这会给他特殊的力量。[20] 他兴起一批跟随者，他们所写的拉丁文比他本人还要好；他们可以创作优美的拉丁语赞美诗（暂且不提那些优美的凯尔特赞美诗），他们书写的技艺无与伦比，他们将爱尔兰放进西方文化的主流之中，使它成为一个学者的国度。

帕特里克，而不是乌尔菲拉，代表基督教第三个阶段扩展的主流做法；这至少是从西欧的视角出发的。[21] 福音化促进的文化调适过程产生了影响，将北方人和西方人从地方性和亲缘族群的观念中抽离；这些观念在传统上约束着他们的社会。最终，这种影响导致基督教国度（Christendom）这个概念的产生，即基督地上的帝国。一种通

---

[19] 帕特里克（约公元390-460）是他自己的传记作者。这里所提到的是根据他著名的 *Confession*。

[20] Patrick, *Letter to Coroticus* 20: "These are not my words, that I have presented in Latin, but those of God, of the apostles and prophets who never lied."（"这些我已经用拉丁文将其表达出来的不是我的话语，而是神的，是从不撒谎的众使徒和众先知的。"）

[21] 虽然在这里我们看到"特殊的语言"诸如教会斯拉夫语的成长，以及名副其实的方言化，但东方基督教循着不同的路径。最为显著的例子，参见 A.P. Vlasto, "The Mission of SS. Cyril and Methodios and its Aftermath in Central Europe," in G.L. Cuming, *The Mission of the Church and the Propagation of the Faith* (Cambridge, 1970), pp. 1-16.

用语存于圣经、礼仪和学习中，是一个强有力的因素。比德（Bede）在731年时说过，"此时，在大不列颠有着对应五卷神圣律法的东西，就是五种语言和四个民族——英格兰人、不列颠人、苏格兰人和皮克特人（Picts）。每个都有自己的语言；但是，所有人在学习神的真理中得以联合，这样的学习是借助第五种语言——拉丁语——通过圣经的研究，拉丁语已经成为一个共同的媒介。"[22] 教会拯救了拉丁语，就像在后来的几个世纪中，通过使许多语言成为基督教圣经和基督教崇拜的工具，教会挽救或壮大了这些语言。但是，拉丁语被拯救，并非因为它是一种方言；对基督徒来说，拉丁语作为一种"特殊的"的语言出现，就是基督徒文人阶层的通用语，也是他们用来举行礼仪和公开诵读圣经的语言。拉丁语将基督帝国中四散的百姓统一在一个共同的基督教文化之中，除此之外，它还有其他重要的影响。拉丁语赋予他们一个共有的过去，将他们地方的和民族的故事与基督教罗马帝国以及早期教会的故事联系在一起；它赋予他们一个共有的理智遗产，将他们与罗马的历史和文化联系在一起。[23] 在基督教第一次与希腊化世界相遇的时候，我们立刻意识到，福音化进程是藉着翻译。在基督教与北方诸民族相遇的过程中，福音化进程更明显的是藉着补充（supplementation）。圣经语言，与其说是一种成熟文化渗透的引擎，不如说是调适和表达一种新身份所用的工具。

但是，这仅仅是故事的一部分。就像对帕特里克来讲，以方言来解释圣经仍旧是一个重要的责任。盎格鲁撒克逊的宣教士博尼费斯（Boniface），在即将受法兰克人（Frankish）控制的领土上服侍，他受到了法兰克人的支持。博尼费斯坚持，洗礼誓言所要求的对魔鬼弃绝的部分应该用方言来解释，但是洗礼条款本身应该使用拉丁语。[24] 这里是把要求信徒理解以及积极参与的内容和教会具有代表性行动加以区分，后者用教会特殊的语言是最为安全、最为有力的。随着口

---

[22] Bede, *Ecclesiastical History* 1.1, trans. L. Sherley Price.
[23] The Gallo-Roman bishop, Gregory of Tours, seamlessly joins history from the Fall to Clermont Ferrand via Jerusalem and Rome in his *History of the Franks* (I.1.).
[24] 参见J.M. Wallace-Hadrill, *The Frankish Church* (Oxford, 1963): 377-89.

头方言变成书写语言，方言翻译自然而然地就附属于教会的官方版本。比德是顺服的罗马人，但从外表看也是最英格兰的；他在临终之时，正准备将《约翰福音》翻译成诺森布里亚（Northumbria）的方言。[25]

在16世纪，方言原则获得了最为彻底的支持。基督新教在本质上是北方方言的基督教。它的多元性与地方多元环境相关；基督教被翻译了，不仅是译成地方的语言，而且译进了北欧地方的文化语境中。这或许不是偶然的，正如布罗代尔（Fernand Braudel）指出的那样，两条界线是如此吻合，一条是天主教欧洲与基督新教欧洲之间的界线，一条是罗马帝国真正的行省与罗马统治暂时、边缘、缺席的地区之间的界线。[26] 最大的例外就是爱尔兰——帕特里克的爱尔兰。

该时期有着对方言原则的惊人示范，也见证了其他两个影响深远的发展。一是技术性的：印刷技术的发展，使得圣经纸本广泛的所有权成为可能。这也为私人、个体的学习开辟了道路，补充了会众中公开的诵读。对更多的人来讲，私人的而不是公开的阅读成为与圣经接触首要的和最有效的方式。这些转变包含了，与圣经的关系从口头的变为书面的，从社群的变为个人的，这些转变值得做更多的深入思考。关系的转变或许有助于基督教对西方文化的穿透，因为在西方文化中，个体化正变得越来越重要。

另一个关键的发展是，基督教跨文化传播下一个阶段的开始。它最终影响了我们现在的处境，基督教的重心逐渐从西方转移到南方，基督教在欧洲的衰退伴随着拉丁美洲、撒哈拉以南的非洲、南太平洋和亚洲的一些地区大量基督徒的归附。

新时代将要把更早期基督信仰与其他文化的相遇中产生的所有翻译的问题呈现出来。乌尔菲拉的进路和帕特里克的进路在那个时代都是显著的，区别不单单在于是"新教的"还是"天主教"的进路。基督新教在西非的早期历史（一段很短的时间！）提出过一个问题：

---

[25] Cuthbert, *Life of Bede*.
[26] F. Braudel, *Civilization and Capitalism*, vol. 3, *The Perspective of the World* (English trans., London, 1984), p. 66.

一个完全讲英语的非洲教会是否会认为非洲的语言是没有必要的？[27] 今天有人会思考，英语是否不仅仅取代了拉丁语而作为特殊的神学的国际性语言。威廉·斯莫利（William Smalley）已经让人注意到语言等级的现象，人们因着不同的目的使用不同的语言；包括神圣的目的。[28] 这与基督教扩张的历史之间的关系，值得进一步探讨。

在基督教最近一次的拓张中，乌尔菲拉已经赶上了帕特里克，就像在上一个阶段帕特里克追上了乌尔菲拉。如今二者都拥有大量的读者群，而不单限于高深的文人阶层，因为二者如今都有能力提供大量的圣经纸本。（二者也都必须考虑的是，口述文化在什么程度上保持口述并以口述的方式去回应圣经，甚至是当他们拥有一本文献的时候。）衡量他们效力的标准是，在什么程度上，那道可以再一次以可辨别的方式在诸多文化中获得肉身，那些文化就是他们工作的场域；在什么程度上，人们能在各种人类的处境中仰望**祂**的荣耀。

---

[27] 参看 "Black Europeans—White Africans," chapter 8 in this volume, for more on this issue.

[28] 例如 W.A. Smalley, "Thailand's Hierarchy of Multilingualism," *Language Sciences* 10 (No. 2, 1988).

# 第4章 基督教历史中的文化与皈依[1]

## 人类观众席

让我们展开一次剧院之旅。那是一个拥挤的剧院，里面有一个大舞台，演员接二连三地从舞台走过。在这座异常拥挤的剧院中，每个人都可以看到舞台，但没有一个人能看到舞台的全貌。在一个地方坐着的人看不到左侧的入口，不过当演员从侧翼进来时，却可以听到他的声音。坐在另外一个地方的人，视线会被一根柱子挡住，或者是被延伸出来的楼座挡住。上去到楼座，舞台大拱阻隔了舞台顶部的布置。就这样，虽然每个观众看的都是同一个剧目，并听到同样的台词，他们按着各自在剧院里所坐的位置，面对着舞台上的一言一行，拥有不同的视角。一个角落的观众可以聚焦某些场景，但另外一个角落的观众却不能获得这样的视野，在楼座的人时而会困惑，因为从正厅前排的座位传来笑声，他们看不到究竟是什么引起他们发笑的。但是，当场景变化时，相对位置也就换了；这时，主要动作发生在舞台的另一个部分。

当然，一个人要站起来换位置，这是可能发生的；但是，尽管这能让他看到舞台不同的地方，他还是不能一次性看到舞台的全貌；那换了位置的人要理解整个演出时，还是会受到他看第一幕时所在位置的影响。

---

[1] 这一章首次发表是在美国印第安纳州埃尔克哈特门诺会圣经学院（Mennonite Biblical Seminary）的一次课程上。

可以确定的是，有些人看到的会比其他人看到的要多。那些兴奋地探出身子的人，那些伸着脖子要绕过挡在前面柱子的人，比那些懒散地坐在自己的位置上的人看到的要多。那些在中场休息站起来并且与坐在观众席其他位置的朋友互对笔记的人，或许对演出的理解是最到位的。但是，我们看到最清楚的东西还是受到我们在剧院所坐位置的影响，这终究还是处在观众当中会发生的一种情况。

我们正在观看的那场戏，是生命之戏。全人类都可以看到那个舞台，在那个舞台上，戏正上演；但随着观众席位置的不同，焦点也会发生变化。现在，这场戏有一个对情节至关重要的发展，我们称之为耶稣之幕（the Jesus Act）。看到这一幕的条件和观看所有其他剧幕的条件是相同的；每个人注视着舞台，但没有人能够看到舞台的全部。观众席中的人认为，在舞台那个部分上演的耶稣之幕对着他们所坐的地方是最开放的。

我们或许会认为，这真是个奇怪的剧院，神作为"演员经理"至少应该为观看那最为关键的一幕提供更好的条件。这一幕是如此关键，难道就不可以将它放在另外一个没有这些内置观看障碍的剧院上演吗？或者说，难道祂不可以有别的安排，让每一个人都能够以一样的方式观赏它吗？然而，稍微想想，就知道这是不行的。耶稣之幕对生命之戏是至关重要的。它不是一台独立的戏。正如我们观看生命的其余部分一样，我们在剧院中从同一个位置去观看耶稣之幕是有必要的，因为它本就**属于**生命的其余部分。

我们在剧院中的座位是被一系列复杂的条件决定的：我们从哪里出生，我们的父母从哪里来，我们在家讲什么话，我们的童年是什么样的，如此等等。分享相似条件的人组成了文化区块（culture blocks）——就像剧院有不同座位的分区，从同一个区域看出去舞台视野是非常相似的。文化就只是观众席中一个分区的名字，在那里生命之戏正在展开。

观看那个戏剧中的耶稣之幕，包含了阅读圣经或聆听圣经。我们在那过程之中所听到或所看到的，会受我们在观众席中所坐位置的影响。在剧院中另一个区域坐着的人，会看到我们所看不到的一些东西，却不能看到一些看起来对我们重要的东西。他们不能看到，不是因为瞎了或者有意为之，而是因为他们一直在一个不同的地方坐着。从那个地方，他们或许可以很好地看到，耶稣之幕恰恰与稍早的一个情节是连贯的；而我们却错过了稍早的那个情节，因为那延伸出来的楼座常常挡住了我们的视线，使得我们忘记了它的存在。

这个局限完全是我们聆听福音的一个要素。因为福音不是一个从天而降、超脱其他所有现实的声音；它对我们所观看的生命之戏不是某种可替代或补充的节目。耶稣之幕，即福音，就是**在那台戏中**。那是道成肉身的内涵。因此，福音必须在同等的条件下获得，正如我们获得其他的交流一样，藉着相同的官能和能力的媒介。我们听到和回应福音，我们阅读和聆听圣经，这些都是从我们所积累的关于世界的经验和认知的角度出发的。

## 文化的宪章

在他的自传《惊喜之旅》（*Surprised by Joy*）中，C. S. 路易斯描述了一个典型的答非所问的对话，那样的对话常常在他和他的父亲之间进行。

> 贝尔法斯特（Belfast）某一间教会，在门上和一座古怪的塔上，有一条希腊语的碑文。"那教堂是一个伟大的地标，"我说，"从各种不同的地方——即使是在凯弗山（Cave Hill），我都可以认出它来。""别胡说，"我父亲说，"你怎么可以在三到四英里之外的地方看到希腊字母呢？"

这故事说明了一个普遍的现象：关于同一实在的不同认知，同一个名字会唤起不同的画面。如果思维被设定成从希腊语的碑文去想某一个教堂，当某人提起那个教堂的时候，关于那碑文的画面就会重现，即使他们是在谈论塔的形状和高度。

我们的这种思维设定决定了我们的认知，给定我们在剧院里的座位。它是一系列复杂过程的结果，其中包含了我们的整个过去，我们的过去就是我们身份的线索。它使我们成为我们所是的，没有它，我们就对我们自己一无所知。一个人失忆，就是丢失了他的过去；丢失了一个人的过去，就意味着无根、不安全、不能形成确定的关系。一个患失忆症的人已经丢失了身份认同，因为正是这种身份认同帮助他建立起这些关系。站在他身边的人是他的老朋友还是新朋友呢？现在正在靠近他的女人是他的妻子——还是一个完全的陌生人呢？没有了过去的记忆，他就无从辨别。

但是，我们思维的设定，我们认知的建立，不仅是由种种事件和经历、而且是由种种关系构成的。我们身份最佳的线索就是，我们认为我们**属于谁**和我们认为**谁属于**我们。各种影响使我们成为我们所是的，并决定我们的认知，这些影响自身已经通过种种关系得以调适，有些关系是亲近的、首要的（家人、老师、密友）；另一些是其次的，但也是重要的——家族、部落、种族、民族、阶层、团体。实际上，这些关系在一定意义上**构成**了自我。我们唯有通过建立自我和他人的种种关系，才能认识自我。

这在一些社会中比在另一些社会中会更容易被认识到。多少世纪以来，西方人尝试从自我个体性的角度想到自我；自主的自我，存在于它的自我之中，或者是作为自我而存在，做着独立的决定；以致福音需要从个体救赎的角度被宣告，宣讲所导向的是，要引起个人的回应。这是那种以"我思，故我在"为出发点的思考方式的一个自然结果。在许多其他的社会中，那个出发点会被认为是"我**属**，故我在"（"I *belong*, therefore I exist"）。在关系中的自我而有的这种联合是圣经中反复出现的主题——比如保罗宣称，全人类在亚当和基督里的联合，是作为死和救赎的手段。

由此，我们关于世界的意识和想象是由种种的经验和关系组成的。这种结合决定了当一个特定的教堂被提起时，我们看到的是一座塔还是一段希腊语的碑文。重要的是要记住，每种反应都是有效的——那个教会确实有一座塔和一条碑文。回到我们最开始的比喻，我们正观看同一台戏,在耶稣之幕中,我们也正听同样福音的话语,但最终所看到主要的画面可能会有所不同,因为舞台的不同部分都是全然开放的。

或许有可能发生的是,我们的注意力被打断,至少会有一时被打断,或者我们只是观看吸引我们的那部分情节。当然有可能的是,把基督之幕看成是某种干扰,并且尝试不去考虑基督之幕而使整个戏剧获得某种意义,或者干脆放弃它,将其视为没有任何意义。而所不可能的是,将原本就是生命之戏一部分的基督之幕,即福音,与生命之戏分开来看;同样不可能的是,摆脱那些限制我们视野的条件,以此去看耶稣之幕。如果我们要在耶稣之幕中找到生命之戏的关键,那么在我们看到舞台的时候,耶稣就必须充满舞台。如果每一个在观众席里的人要找到耶稣之幕的关键,那么耶稣就必须充满整个舞台,就是在观众席中每一个不同的位置都被看到。我们观看耶稣之幕,只能在它与整个生命之戏的关系之中观看,只能从我们可以看见舞台的那个角度去观看,重要的是我们确实如此观看。我们听闻福音,必须是在我们种种经验和关系、我们的环境和社会——实际上是我们的文化——所构成条件之下,以及在与这些条件的关系之中。在世界剧院中坐在别处的人会看到同样的演出,听到同样的话语;但是,他们所坐的地方使他们能够看到我们所不能看到的舞台的一些部分,也会遮蔽一些看起来对我们是无比清楚的东西。

## 基督教多元化的必须性

因着耶稣之幕不能独立于生命,我们不能将耶稣之幕从剧院中拿走,那么它就不能独立于某个特定地点、时间和文化内的生命——因为那是生命之所是。观众对基督之幕的恰当回应是,将全部的注意力投入到它的整个过程之中,投入到在上演的生命之戏的整个情节中,这场生命之戏是在对我们敞开的舞台区域中上演;当然,确保我们尽我们所能去观看。至关重要的是,我们观看耶稣之幕与我们观看生命的其余部分，都是在同等的条件下；因为就是那生命，连同构成它的种种经验和关系，都因耶稣之幕中基督所行的而发生改变。因此，我们有了一个矛盾：福音的普世性，即它是针对**每一个人**的事实，却导致了关于它不同的理解和应用。对福音反应积极的听众，从他们各自生命的角度予以回应。随着他们观看这场戏，他们就渐渐理解戏剧中的耶稣之幕了，就是在他们眼目所及的舞台所上演的耶稣之幕。因着同样的原因，圣经的普世性确保了不同的具体解释和应用。

## 道成肉身和文化特殊性

并且这将我们领到基督信仰的核心中去。道成了肉身，住在我们中间，祂成了一个**真正的人**。祂所成的不是概念化的人性，或是像阿弥陀佛（Buddha Amitabha）一样的化身，即一个卓越的道德化身。福音书向我们呈现了一个人，祂拥有鲜活的人格，以及人类所有的情感，祂有着一个在地的肉身之躯。那基督并不是反复地进入世界，就像毗湿奴一次又一次来匡正世代。祂来了一次，进入特定时空中的一个特定家庭，讲一种特定的语言，分享一种特定的文化——如果不是那个时代世界中最狭隘的一种文化，也一定不是最开明的一种。耶稣所说的话中难懂的一段，就是在祂与叙利亚腓尼基族妇人之间的一段对话，那段对话反映了圣子是如何充分分享了祂所允许在其中出生的那种文化（《马可福音》7:27）。若我可以冒昧地利用一下我所做类比的语言，就是主接纳了那个限制，在生命剧院中选了一个座位坐下意味着选了一个**特定的**座位。

先知的话语是犹太信仰的核心，正如是伊斯兰信仰的核心一样——神对人说话。基督信仰的核心是成了肉身的道——神成了人。那圣言的发出是被限制在一个特定人类社会的诸多条件之下；那圣言就像是**被翻译**了。由于圣言针对的是所有人，祂在接受祂的百姓所拥有的每种文化中再度被翻译。古兰经先知话语亘古不变的属性，以阿拉伯语永远地安定在天，这产生了一个单一、可识别的伊斯兰文明，尽管从印度尼西亚到摩洛哥有着地方的多样性。一个单一基督教文明的存在是不可能的；基督教的圣经与古兰经不同，不是只有以最初的语言传达出来的时候才是神的话语。在基督教的理解中，神的道可以用普天之下任何语言传讲。圣子所成的，不是普遍意义上的人性，而是一个具体时空中具体的人；随着祂在其他地域和文化中因着信而被接纳，祂就好像是在那里再度成为肉身。就像基督教的圣经一样；没有（至少为了交流的目的）那种普遍意义上叫语言的东西；我们要被理解，就必须讲某种**具体的**语言。因着道进入人类生命的翻译过程构成了基督徒的生存，不存在一种普遍化的人类条件，因此也没有单一的基督教的表达。从社会现实的具体环节来说，道不得不被翻译。

因此，基督信仰是植根在翻译的神圣伟大举动之中，它得以持续，是藉着连续的、相对次要的翻译行动，进入到种种经验和关系的枝枝节节之中，而恰恰是这些构成了我们在世界观众席不同部分的种种社会认同。

## 大使命的文化意义

将这样的认识与《马太福音》28:19 所记录的大使命联系起来是有价值的："你们要去，使万民作我的门徒，奉父、子、圣灵的名给他们施洗，凡我所吩咐你们的，都教训他们遵守。"

近来，西方教会的特殊历史已经形成一种习惯，就是将这段文本和海外宣教联系起来。实际上，耶稣并没有给海外宣教什么具体的使命。祂只给了一个使命。这些话语不只是或者说不是特别地提到海外宣教士（更不是讲关于支持他们的责任）。它们就只是说了耶稣期待祂的门徒要去做的事。

现代西方文化中强烈的个人主义的特质，导致了对这段话的一种理解，它好像是说"使每个民族中都有人成为门徒"。毫无疑问，这样的意思是可以被有效地推导出来的，但是它不代表这些话的意思。根据我们有的大使命的话语，基督门徒的任务是要**使众多民族门徒化**

（disciple the nations），使众民族成为门徒。

这些语词之间的联系会因着在人类观众席位置的不同而有所不同。一位1世纪的犹太基督徒——或许马太福音最开始是为他们当中的一个而写的？——会认为"众民族"这几个字指的是他经常使用的作为集体名词的外邦人——"众民族"（the nations）与"那民族"（the Nation）是相对应的；那民族就是以色列。并且，他作为基督的门徒，这样一位信徒会从这些话语中学到，弥赛亚，即以色列国家的拯救者，也要成为外邦之外人的拯救者——正是使以色列人常常遭受患难的外人。在后来若干世纪中，这些话语在"基督教国度"中引起不同的回响，"基督教国度"是一个用来命名整个西方基督教社会的总称。当一个民族的生活充斥着压迫和自私狭隘的不道德时，众民族大声宣告那个基督教的名字。在这些环境中，使众民族"门徒化"是要呼召一个人自己的民族归向正义。直到后来，现代宣教运动的先驱从这些话语中获得了某种自信，即便矛盾重重，那些在1800年基督教历史中从未存在过一个基督教社群的地方，终有一日会把基督信仰看作是他们的信仰。正如19世纪一位伟大的宣教士提到，

> 那摆在我们前方的目标是……所有民族会逐渐接受基督宗教作为他们民族信仰的表白，因此，各民族教会的加入，充满了普世的教会。[2]

每一个被大使命唤醒的异象带来了高尚的生命和雄心壮志，并且在某种程度上每一个都得以实现。我们这个以诸多的伤痛和迷狂而著称的世纪会如何呢？民族究竟是什么呢？

我们会首先想到民族-国家（nation-state），想到联合国中拥有或可能拥有一个席位的政治单元。但是，民族-国家是一个相对晚近的概念；只是在这个世纪，世界才被完全划分为不同的民族-国家。并且，民族国家常常会有不同层次的民族认同。一些民族-国家不得

---

[2] 亨利·魏恩，英国海外传道会秘书在1868年6月30日指示中提到。参看 William Knight, The Missionary Secretariat of Henry Venn... (London, 1880), p. 282.

不主张很晚才塑造起来的民族认同，另一方面在它们的边界内由于语言的差异，它们又保持着种种不同的民族认同。另一些民族-国家会将多数人的一种民族认同，强加于拥有不同民族认同的少数族群。因此，我们必须要到比民族-国家更深的地方中去。

民族性（nationhood），无论其大小，都意味着共同性，拥有共同的特征或属性。一个民族分享着地方、历史、传统、习俗、归属感。这种归属感使他们与其他不分享那种历史和那些特征的人区别开来。更早的时候，我们认为身份认同是由经验和关系构成的——我们所属的和我们认为属于我们的。民族意味着共享的经验和关系，特定做事的方式。

## 门徒性和民族性

是否存在一种意义，"众民族"（"nations"）这个词在这个意义上可以成为门徒？回答这个问题需要将门徒性所涉及的东西纳入考量。

耶稣是一位拉比，这个头衔是祂在福音书中经常被提及的。而且，像其他拉比一样，祂有一群门徒。另一位有名的拉比约哈楠·本·撒该（Johanan Ben Zakkai）称赞自己五位杰出的门徒，以这种方式告诉我们门徒的理想特质：

> 伊列泽·本·希卡努斯（Eliezer ben Hyrcanus）是抹了石膏的蓄水池，不漏一滴水；约书亚·本·哈纳尼亚（Joshua ben Hananiah）——使生养他的妇人喜乐；祭司荷西（Jose）是一位圣人；西缅·本·纳撒尼尔（Simeon ben Nathaniel）对罪畏惧；以利亚泽·本·阿拉克（Eleazer ben Arak）是永流之泉源。[3]

---

[3] Herbert Danby, trans., *The Mishnah*, tractate *Aboth* ("The Fathers"), 2.8 (Oxford, 1933), p. 448.

这些特征中的第一个和最后一个值得特别注意。一位出色的门徒就像是抹了石膏的蓄水池，不漏一滴水。这样一位理想的门徒用圣言装满了他的心思意念，如实地传达它。但是，理想的门徒还有另一种样式，就是那像永流之泉源的门徒。圣言有其自身的动力。门徒性不单是传统的，也是创新的。随着新情况的发生，圣言被带进新的意义领域——就像是扩展到新的情境之中。因此，整全的门徒性意味着既是抹了石膏的蓄水池也是永流的泉源。

虽然耶稣所提出的门徒理想典范要超过拉比的（他门徒特殊的记号是爱和服侍，准备拿着毛巾和盆，干肮脏的活），拉比约哈楠对他自己门徒的夸奖帮助我们理解什么是门徒。圣言——主的话语，圣经的话语——进入到记忆之中。抹了石膏的蓄水池不漏一滴水。但那话语不是静止的、一次赐下就恒久不变的财产，被记忆和反复的宣告维护着的。它在思想中是一个动态的、发展的、壮大的以及具有创新因素的；常常更新，常常带来新的东西，从来不拘泥于过去，从来不会变得陈旧或过时。门徒是永流的泉源。在福音书中有对这一点的不同回应。我们不只一次被告知，基督的门徒只有到了后来才明白祂所讲的一些话语，或是圣经的话语。我们同样被告知，圣灵的作用是要把门徒们带进真理中去，并且使他们回想起基督的话语来。所以，圣言不单只是停留在门徒的记忆中，等着被进一步传递（虽然这是非常有必要的）；它侵入到门徒的整个人格中，在门徒所卷入的不断发展的情景中施加影响。门徒性所涉及到的是，主的话语通过门徒的记忆得以传扬，并且进到所有精神和道德的环节中去；进到思考、选择、决定的种种方式中去。

现在，让我们把对门徒性的这种理解，落实到使万民成为门徒的任务之中。清楚的是，比起只是使万民知道主的话语，有更多需要去落实的。那道要进入那些不同的思考方式中去，进入那些血缘关系的网络中去，进入那些行事的特殊方式中去，正是这些东西赋予了那个民族它的共同性、它的连贯性以及它的认同。它不得不穿过一个群体所共享的精神和道德的进程，就是在那个群体中决策得以完成的方式。基督要成为真实——就像是成了肉身——如此与众不同，或者我可以说的是，如此**恰如其分**——就像祂身为 1 世纪初一位巴勒斯坦地区犹太人的时候一样。

每个民族，在这里所选取的意义上，都有属于自己的一种思维模式和生活。很久以前，埃德温·史密斯（Edwin Smith）提到"一方百姓灵魂的圣所"。[4] 那时，他主要想到的是语言，毫无疑问，语言在属于一方百姓的东西中是一个重要的因素。但是，比起仅仅只是被认为是口头交流的语言，那一方百姓灵魂的**圣所**中有着更丰富的内容。在圣所中摆放着族群的历史、传统和被承认的文献语料库（无论是口传的还是书写的）。如果一个民族要成为门徒，那么一个民族生命的制高点必须向基督的影响开放；因为基督已经完全拯救了人类的生命。归向基督并不是将归信者与他或她的社群隔离；它是以那社群的皈依为开始。归向基督并不是生产出一种乏味的普世公民：它产生了各种不同的门徒，如同人类生命自身那般多元和与众不同。使徒的文本指出（比如，《以弗所书》4:8-13）：基督在拯救人类的过程中，藉着门徒化的过程，将人类无限的文化和亚文化所有的丰富性，带进了多样的、完全长成的人性的荣耀之中。这意味着基督的影响对每一个群体不同的参照点发挥了作用。这些参照点就是那些人们藉着得以知道他们的身份，知道他们属于哪里并且属于谁的东西。一个民族的门徒化包含了基督进入那个民族的思想，进入那个民族的关系模式，进入那个社会联结的方式，以及决策得以达成的方式中去。

这有几层的意思。其一，它意味着门徒化是一个长期的过程——需要花上几代的时间。基督教的宣讲所针对的是听闻过它的百姓之子子孙孙。正如个体的门徒性涉及到的是，"圣言"藉着人性所做一生之久的工作，因此民族的门徒性涉及的是，对构成一个民族的百姓的思维方式、行动之源、参照点的一个世代的渗透。

其二，将基督的意念落实到这些参照点中，意味着主的话语正不断地渗入人类现实的新领域中去。总之，在那民族中基督教的表达将会呈现出独特的样式，有一系列独特的优先事项和关注点；因为关于

---

[4] Edwin W. Smith, *The Shrine of a People's Soul* (London, 1929).

基督的话语必须落实到它的**种种独特性**之中。相应地，基督的话语会永远遇到新的情境，进入到基督徒从未经历的各种条件中去。

## 劝诱改教与归信

那些人作为基督信仰得以跨越文化边界传播的管道，他们通常想让新一代的基督徒把所有对他们自己来讲重要的事看作是重要的。对一个犹太的信徒来说，有什么会比律法——以色列最亮丽的瑰宝——更重要的东西呢？或者还有什么会比割礼——神与祂的子民立约的记号——更重要的东西呢？许多初期的基督徒认为，非犹太的改教者应当受割礼并守律法。《加拉太书》告诉我们保罗在这方面的思考（《加拉太书》1:6-7，2:11 及下文，3:1-5:2）；《使徒行传》告诉我们，在进行充分的讨论之后，初期教会决定，割礼和妥拉是给老一代基督徒的，不是给新一代基督徒的（徒 15:23-29）。其他一些善良的人怀着最崇高的动机，想要让其他基督徒对待所有对他们自己来讲重要的东西都不可马虎，那些东西产生于基督的话语与他们自身历史的相遇。有时候改教者很迫切要做正确的事，早已预备为之效劳；正如在新约时代，外邦的基督徒早已预备服从割礼的要求，为要得着神子民完全的地位。

这样做是按着犹太劝诱改教者（proselyte）的方式进行；异教徒为了持守以色列的神，背离他自己的民族，进入以色列族中。保罗晓得，劝诱改教的道路对耶稣外邦的门徒来讲是一条死胡同。他们不得不让基督对生活的方方面面施加影响，而过去一辈子守教的犹太人对此却知之甚少；如若他们成为劝诱改教者，也就是模仿犹太基督徒，那么他们将不能使基督对生活的那些领域施加影响。从而基督信仰就不得不立即被应用在一些情境中，而这些情境却是在作为初期教会支柱的敬虔百姓的经验之外。如果一个异教的朋友邀请你同他一起吃饭，在饭前，那肉可能——可能没有——在庙祭中被祭祀过，你要怎么做呢？（参看《哥林多前书》10:22 及下文）一位敬虔的犹太教信徒无论如何是不会赴约的；一个劝诱改教者也不会。希腊的门徒必须要决定做什么。如果他们只是照抄犹太信徒——那个时代资深的基督徒，成熟的基督徒，也是最好的基督徒——那么基督的话语要进入希腊的家庭和社会生活中的出路就找不到了。

随着基督信仰在讲希腊语的亚细亚家庭中站稳脚跟，其他的问题产生了，而这些问题是犹太人不会有的。事实上，这在新约中基督信仰和异教世界第一次真正接触的记录中就初见端倪了。这出现在《使徒行传》的第 11 章，路加默默记录了基督教历史中一个最为关键的事件。[5] 就如我们所见，从教会的角度来看，它不是什么宏伟的宣教战略；它形成于一个完全不可预见的环境中。据我们所知，发起它的人不是什么使徒和耶路撒冷的长老，即教会的柱石。一群耶路撒冷基督徒——我们甚至不知道他们的名字——从家乡被驱逐到安提阿，他们开始与希腊异教的朋友们谈论耶稣，他们和那个时代其他的基督徒一样，把耶稣当作是犹太民族的拯救者。花再多气力解释弥赛亚那个术语可能是无用的——设想一个安提阿的异教徒，可能会有兴趣听所有有关以色列弥赛亚盼望的事，但这一切究竟与他自己有什么关系仍旧是不清楚的。在《使徒行传》第 11 章中，犹太信徒描述基督的时候冒险使用了一个危险的翻译。他们把异教的朋友用于外教神灵的称谓来称呼耶稣——就是主（Kyrios）。那事件标志着希腊世界归信的开始。不单是基督信徒的人数翻了几倍；从现在开始，关于基督的话语和基督的信仰，开始藉着希腊和罗马思想的复合体开始动工。那复合体是一个完整的系统，以法律、省思、教育、文学以及同时代人类重要的理智生活的部分作为基础。那系统如此完整并且被广泛接受，以致人被分为两种类型：被它塑造的"希腊人"和在它之外的"野蛮人"。[6] 整个思想系统看起来是如此地确切和毋庸置疑，却必须在基督里再接受教育。那过程完全转变了基督信仰的表达；因为基督的话语如今必须被介绍进诸多的思想领域中去，其影响穿透进的思想观

---

[5]《使徒行传》11:19-23. 特别注意第 20 节，用的是主（Kyrios）而不是基督（Christos）。

[6] 保罗自己有时会使用双重的称呼，他知道罗马人会明白。(《罗马书》1:14）。

念是彼得、约翰和义者雅各从未想像过的，就算是保罗自己也只是初步感受到。

忽视、放弃或将先前的观念系统原封不动放在一边是不可能的。它必须被穿透、被侵入、被带到与关乎基督的话语及其承载它的圣经的关系中去。那过程意味着基督教一项新的议程。那些过去从未让使徒和耶路撒冷的长老觉得烦恼的事，变成了攸关生死之事，这是伴随着关乎基督的话语与希腊化世界已经成熟的形而上学相遇的结果；与此同时，许多对耶路撒冷第一代的基督徒来讲重要的事，却不再被理会。那些从塞浦路斯和古利奈来的犹太基督徒认识到，耶稣对他们异教的朋友来说也是福音，于是他们就开始了一个"民族"的门徒化。这种渗透持续了几个世纪之久。它从未完成。

我们的时代也有一些记号，当非洲的神学家在将关于基督的话语落实到另一庞大的思想、行为和关系的复合体的时候，当希腊的基督徒思想家在面对他们的文化身份所抛出来的难题时，遇到了一个与非洲神学家相似的点。[7] 基督教的非洲现如今不得不与非洲过去的意义搏斗，与神过去在其中所做的事搏斗。非洲的思想系统、象征符号和亲族脉络和希腊-罗马的一样让人敬畏。基督教非洲的巨大难题是关于非洲过去的皈依。或许没有过去的皈依，皈依就不完整。

## 基督教历史中的双重力量

贯穿基督教历史，两股力量在持续不断的紧张关系中是清楚可识别的。一个是本土化原则，即一种归巢本能（homing instinct），它在多元的诸多社群中所创造的一种意义是，教会属于那里，它是"我们的"。另一个是朝圣原则，它在基督徒社群中所创造的意义是，教会并不完全归属这个世界，因此它在对基督的忠信中与它的社会存在紧张的关系。一个是倾向于将教会的异象本土化，另一个是将它普世

---

[7] 参看 Kwame Bediako, *Theology and Identity: The Impact of Culture upon Christian Thought in the Second Century and in Modern Africa* (Oxford, 1992).

化。这两个原则会重复出现,因为每一个原则都是直接从福音本身生发出的。一方面,神在基督里接纳我们,接纳我们所是的样子,按着我们所有的特质——甚至那些将我们和别人区分开来的东西——它们仍然在我们身上。另一方面,祂接纳我们,为的是使我们可以变得有所不同;我们可以被转变,离开这个世界的方式,进到基督的形象中去。这两种力量中任意一种都可以被操控;我们可以使教会成为一个宾至如归之所,以致其他人不能住进去,或者我们可以利用基督徒的身份,使得某些群体的经济和社会利益合法化。那是公民宗教——当基督教很好地确立在任何一个社群中,它会是一个长久存在的隐患。当我们给这一点让步的时候,我们就拔掉圣经的牙齿,圣经就不会咬我们了,但却希望圣经可以去咬别的人。相反的错误是,以某种普世和历史的正统性之名强制实行一系列要求和禁忌,而这些要求和禁忌是源自于另一社群基督教的历史。

归巢和朝圣原则处在紧张的关系之中。它们并非对立,亦非维持在某种平衡之中。我们不需要担心任何一方太多或太少的情况。要理解它们之间的关系,我们只需要回想起,二者都是道成肉身和翻译过程的直接结果,神通过基督的生和死以及复活拯救了我们。基督的生命进到每个新社群的生命中,在新的社群中祂因着信心被接纳,并且祂的生命要藉着那个社群的思想和传统得以实现。一个结果是基督徒生命和经验的丰富的多元性。另一个是一种新的超越的共同性,它被不同的社群分享着。藉着圣经的媒介,基督徒社群的生命得以规制;圣经与一种特殊的历史经验是不可分割的,就是古代以色列的经验——从出生来讲,大多数基督徒所不归属的一个民族。因此,所有社群的基督徒,按着他们所有特殊的门徒性,"在基督里"得以联合。如果基督的样式在每一个基督徒的社群都被塑造起来,那么某种家族相似性就在它们当中发展起来。他们代表的这些所有的文化,所有的民族都同样属于《以弗所书》形象描述的长成的人性。它是一种令人欣喜的矛盾,基督越多地被翻译进不同的思想形式和生命系统中,就是那些构成我们民族认同的东西,我们所有人在我们共同的基督徒认同中就会更加丰富。道成了肉身，住在我们中间——我们瞻仰**祂的荣耀**，满有恩典和真理。

# 第5章 《罗马书》首章和现代宣教运动[1]

当人们开始读《罗马书》时，何事会发生，难以预料。发生在奥古斯丁、路德、卫斯理和巴特身上的，是伟大灵性运动的兴起，这使他们永垂世界之史册。当这封书信的话语带着能力，让极为普通的人也能明白的时候，相似的事情在他们身上发生，而且要频繁得多。——F.F. Bruce[2]

## 一

《罗马书》在宣教运动中的震撼性影响毫不逊色于它在其他领域中的影响。19世纪许多宣教性的讲道和募捐都以《罗马书》10:14及其之后的经文作为基础，其数目难以估量。在那个世纪的中叶，英国海外传道会（Church Missionary Society）的一位地区秘书将这部分的经文视作是这封书信的高潮。[3] 开篇已经阐明，犹太人和外邦人在神的眼中同样是有罪的，因此同样需要救赎；保罗紧接着陈述救赎之道，即因信称义；而后证明了将救赎之道公之于外邦人的重要性和

---

[1] 第一次出版于"The First Chapter of Romans and the Modern Missionary Movement" in W.W. Gasque and R.P. Martin, eds., *Apostolic History and the Gospel* (Grand Rapids: Eerdmans; and Exeter: Paternoster, 1971).

[2] F. F. Bruce, *The Epistle of Paul to the Romans*, TNTC (London, 1963), p. 60.

[3] John Johnson, *Sermons* I (London, 1850), pp. 113ff.

合宜性；到了 10:11-15 的部分，他"将所有拥有福音的人召聚起来，将福音传到他们 [ 外邦人 ] 那里。"⁴ 毕尔逊（A. T. Pierson）曾对 80 和 90 年代的运动产生建设性的影响，这场运动改变了欧洲和美洲宣教势力的规模和性质；半个世纪之后，他标志性地谈到了《罗马书》第 10 章，认为这是"圣经中绝无仅有的宣教篇章"，并且同样具典型意义的是，他将这一章的内容分为宣教的工场、宣教的信息、宣教的方法和宣教的动机。⁵

19 世纪布道家钟爱的另一个主题出自《罗马书》3:29，"祂不也是外邦人的神吗？"——或者，如富勒顿（W. Y. Fullerton）所坚称的，"神也是外邦人的神"。⁶ 但是，这样的断言直接源于 1:18 及其之后经文的论证，就是关于神愤怒的普世性，⁷ 并且这一部分，特别是那些具体提到异教徒世界（1:18-32）的部分，在宣教思想中有它自己的一段历史，这实属自然。

基督教关于非基督教的观念反映了不同的思想传统，它们分别被称为"连续性"（"continuity"）和"非连续性"（"discontinuity"）的思想传统。⁸ 一个强调神在圣经或教会之外的世界的活动，承认或寻求圣经启示和那活动之间的接触点，都属乎神自己；另一个则强调了神在救赎历史中的救赎行动和任何人类思想或生活系统的截然不

---

⁴ *Ibid.*, p. 115.

⁵ A. T. Pierson, "The Market for Missions," *Missionary Sermons: A Selection from the Discourses Delivered on Behalf of the Baptist Missionary Society on Various Occasions* (London, 1925), pp. 185 ff. 该讲道最初发表于1903年。

⁶ W. Y. Fullerton, "The God of the Heathen Also," *ibid.*, pp. 299-310. 该讲道发表于1909年.

⁷ 这里去论证1:18-3:20 是否是偏离主题的老问题（因为加尔文就讨论过类似的问题）是不合适的。参看 C. K. Barrett, *The Epistle to the Romans, BNTC* (London, 1957), p. 33.

⁸ 1938年，经印度马德拉斯塔巴拉姆国际宣教大会的讨论，这些术语得到推广；特别参看 *The Authority of the Faith*, Tambaram Series I (London, 1939). Behind the discussions lay Hendrik Kraemer's preparatory volume, *The Christian Message in a Non-Christian World* (London, 1938). 另外参看 C. F. Hallencreutz, *Kraemer towards Tambaram: A Study in Hendrik Kraemer's Missionary Approach* (Uppsala, 1966).

同，将宗教自身置于神的审判之下，有时候完全否定那启示和"宗教"之间的任何联系。[9] 两个传统都非常古老，可以追溯至基督教最早的几个世纪，甚至可以追溯到新约的时候。[10] 每个传统的代表都有他们喜爱的经文，宣称可以代表新约的思想；并且更进一步，他们都利用丰富的非基督宗教思想和生命的经验证据，来支持他们的观点。

## 二

除了1:20所暗示的关于神的知识之本质和范围的现代论争之外，《罗马书》1:18及其以下的经文，并不是两个传统之间的一个释经战场，就如同《使徒行传》中在以哥念和亚略巴古所讲的宣教内容呈现的。[11] 这段经文在宣教运动中的特殊地位是因为一个事实，即人们是在不同的时间看着那里，或认为他们看着那里，他们所看之处是他们自我认知中的非基督教世界；并且，在其他时候，他们以为这些经文给出了非基督宗教的起源，同时又难以理解非基督宗教中明显与这样的画面不相符的其他特征。保罗在这整个部分想要申明的是全世界要在审判之下，这一点毫无疑问；1:22-27的具体细节表明了希罗社会的沉沦，这一点也让人深有所感。但是，这些特殊情况和普遍原则之间有什么关系呢？保罗只是在描述同时代异教社会的阴暗面是如何形成的吗？或者他是在描述所有非基督宗教的起源——可能甚至是宗教本身的起源吗？他是有意拒绝一种普世的原始一神论（universal primitive monotheism）吗？并且——不管这些问题的答案如何——那时候实际所看到的非基督宗教现象是怎么样与它相适应的呢？正是类似这些的问题，或这些问题所预设的答案，潜藏在由基督教福音宣

---

[9] 关于这个问题，参见K. Barth, *Kirchliche Dogmatik* 1/2, especially c. 17 (*Church Dogmatics I: The Doctrine of the Word of God*, part 2 [Edinburgh, 1956], pp. 280-361); A. Th. van Leeuwen, *Christianity in World History* (London, 1964).
[10] P. Beyerhaus, "Religionen und Evangelium, Kontinuität oder Diskontinuität?" *Evang. Missions Magazin* 3 (1967), pp. 118-135.
[11] 参见 B. Gärtner, *The Areopagus Speech and Natural Revelation* (Uppsala, 1955).

教而引起的诸多争论之中。

对早期基督教宣教思想家来讲,《罗马书》首章表达的不是基督徒和非基督教世界最重要的接触。对他们来说,异教徒的社会及其异教徒的民间宗教与保罗所知道的只是在很宽泛的意义上是相似的;他们中最自由的那群人并不想宣称与它有任何联系。游斯丁早已笃定,苏格拉底和其他人是按着**逻各斯**讲话的,因此,他们是基督之前的基督徒。[12] 游斯丁同时断定,那街角的神灵是魔鬼的滑稽模仿,是恶灵逼迫人的直接结果。[13] 这些思想家都非常注意维持与哲学传统的紧密关系,对他们来讲,哲学传统代表了他们所继承之基业的荣耀,哲学传统同他们一样竭力拒斥民间宗教;实际上,逻各斯在苏格拉底中运行的记号是,他抵制民间宗教,并且像基督徒一样,他被贴上了无神论者的标签。[14] 实际上,游斯丁所抵达的地方,正是许多其他宣教士在十八个世纪之后所要抵达的地方。他已总结道,不仅只有一种类型的非基督教传统。一种传统是可察觉的恶魔般的东西;另一种传统则与福音相称、并且竭力反对福音所反对的东西。

在很长的一段时间中,西欧几乎与非基督教世界隔绝,这意味着,除了犹太人之外,大多数基督徒,至少在那些成为新教国家里的基督徒所知道唯一非基督教的族群,是同一批希腊人和罗马人,因为他们藉着新的学问重获了生命。保罗所憎恶之物的名录从其他材料中可以被充分地记录下来 [ 加尔文说,"在那些可憎的事上,你和拉克坦修(Lactantius),优西比乌(Eusebius)和奥古斯丁(Augustine)是一致的" ]。[15] 其他材料也表明,一些异教徒远离这些可憎之物:毕竟加尔文第一部作品是关于塞内加(Seneca)的注释。但是,由于与有自我意识的非基督教社会没有常规真实的接触,改革宗基督徒像初期的护教士一样,轻易地将哲学的传统和古典异教的宗教传统分开。因此,《罗马书》1:18 及其以下的经文可以用来说明,"偶像崇拜"——

---

[12] *Apology* I.46.
[13] *Ibid.*, I.5.
[14] *Ibid.*, I.6.
[15]《罗马书》1:23.

也就是以色列和教会之外的所有宗教——如何开始它的起源。

## 三

在北美洲，在重新开始与非基督教的人接触的时候，几乎没有什么理由去质疑这样的判断。正如殖民者看待印第安人——常常渴望他们能够得到救赎[16]——他们看到，暗淡的心将不可朽坏之神的荣耀变成了一种图像，身体被淫欲和羞耻完全占据。[17] 那里甚至连一位塞内加都没有。古老和现代异教信仰的联系同样是明显的：

> 我们询问古代留下来的记录，我们参考所有时代的经验，我们就会发现，那些人没有向导，有的只是自然之光，没有教导者，有的只是独立的理性，他们在永久的不确定、黑暗和错误中彷徨。或者，让我们观察一下那些没有被福音启示的国家目前的状态；我们会看到，尽管有六千多年的进步，直到今天他们仍然被沉重的黑暗遮蔽，被抛弃在不道德和邪恶的行为中。[18]

尽管"神的事、人所不能见的"[19]有清楚的彰显，但古代的异教徒否定祂的存在，也有其他的人敬拜祂的造物，甚至敬拜"自然秩序中最可憎之存在"。

---

[16] R. Pierce Beaver, *Church, State and the American Indians* (St. Louis, 1966); "American Missionary Motivation Before the Revolution," *Church History* 31 (1962), pp. 216-26.

[17] Joseph Sewall, *Christ Victorious Over the Powers of Darkness...Preached...at the Ordination of the Reverend Mr. Stephen Parker* (Boston, 1733). 重印于 R. Pierce Beaver, *Pioneers in Mission: The Early Missionary Ordination Sermons, Charges, and Instructions* (Grand Rapids, 1966), pp. 41-64 (see p. 47).

[18] Ebenezer Pemberton, *A Sermon Preached in Newark, June 12, 1744, at the Ordination of Mr. David Brainerd*. 1822 年在纽黑文出版的版本重印于 R. Pierce Beaver, *Pioneers in Mission*, pp. 111-24 (see p. 113).

[19] 译注：此处采用吕振中译本的翻译。

> 当福音之光显现，驱散笼罩于地上的黑暗之时，这就是外邦民族的情况。虽未显明，这就是所有民族一直以来的情况，在他们当中，公义的日头尚未飞翔、施行医治。每一个新发现的国度展现了令人咋舌的无知和野蛮；也给人性的普遍腐败提供了新的证据。[20]

对按立宣教士时讲道的人来说，从外部去看美洲印第安人，毫无疑问，这就足够了。但是，那些更密切深入美洲当地社会的人，在毫不含糊地承认人之堕落的同时，也看到了其他的因素。最早，像约翰·艾略特（John Eliot）（1604-1690）那样的宣教士，一个人和印第安人毗邻而居，学习他们的语言；让他感到震惊的是，这群人虽是拜偶像的，也是道德败坏的，但他们确实相信神，尽管那是在表面上的；他们也相信灵魂不朽、永恒的幸福和痛苦——他们甚至有传统说有一个人真的曾见过神。艾略特和他的几个清教徒同事，得出了一个结论，当地美洲人是失落的以色列十个支派的遗民。这也可以用来解释他们的食物图腾和洁净仪式，以及他们大洪水的故事。经过许多年，一个惊人的观念在他里面萌生：难道只有美洲印第安人是与其余支派分开的一部分闪米特人吗？印度人、中国人、日本人难道不会是起源于十个支派吗？唉！那么，为什么他们都不讲希伯来语呢？艾略特只会讲当地的语言，但是至少它的语法结构应该比拉丁语或希腊语更接近于希伯来语。或许，中国、日本、印度的语言都是希伯来语的退化版本。或许重要得多的是，印第安人的归信——他的劳苦是其凭证——不过是一个记号，神要向东突围，争取以色列十个支派和两个支派的归信？[21]

取笑这位孤独宣教士的热情是容易的；但他正抓住的是一个经验事实的理性化。粗略一看《罗马书》1:18 及其以下的经文，美洲当地的宗教长久以来就应该是拜偶像的。但情况并非如此。其他因素的在

---

[20] Beaver, *Pioneers in Mission*, p. 114.
[21] 艾略特这方面的思想被记录在 S. H. Rooy, *The Theology of Missions in the Puritan Tradition* (Delft, 1965), pp. 230 ff.

场,可以被解释为犹太启示中一部分低级形式的幸存物。不仅如此,在世界其他地区——印度、中国、日本——同一个救赎性启示的痕迹可以被找到。这番考量之后,在严格意义上,《罗马书》首章作为一幅宗教图画,只有在非洲以及其他含米特族群(Hamitic peoples)中才得以适用。[22]

在之后一个时期,一个热心的宣教支持者约拿单·爱德华兹(Jonathan Edwards),他本人对印第安人并不陌生,再次发现了《罗马书》1:18 及其以下经文的真理,并且被他自己的观察所证实:

> 非洲、美洲以及中国的宗教状况,证实了保罗关于外邦人陷入无知愚昧的教导。时至今日,这些地方几乎没有获得朝着真正宗教所应当取得的进步,我们再也不能不知如何判断独立理性的不充分,而要去消除异教世界的偏见,打开他们的眼目直面宗教真理。[23]

那么,就像这些可能会有的"宗教真理"的近似物是从哪里来的呢?爱德华兹回答说,外来的。自从堕落开始,异教就已经是如此黑暗了,所以因罪而献祭的习俗是不会从那里开始的。它**一定**是起源于犹太人。在古老世界的异教中,柏拉图虽是比苏格拉底更小一点的哲学家,但柏拉图比他知道更多关于真宗教的事。因为和柏拉图不同,苏格拉底从未离开过希腊,因此他对外来的影响就更少地开放了。[24]

关于非基督宗教中那些因素的这种解释,它不能被归为是有意视而不见,这当然是那恶者的意思,为要使人尽可能与启示宗教的影响隔绝。爱德华兹论证到,实际上这种情况发生过:美洲是那恶者直接行动首先出现的地方。在基督教最初的三个世纪,福音得胜了,撒旦感到恐慌,牠对君士坦丁时代异教帝国的衰落感到了恐慌,害怕牠的

---

[22] 然而,艾略特并不是将他的宣教工作建立在这一理论的基础上,或宣称或实践向他所设想的"闪族人"传福音有任何限制。传扬基督的呼召要胜过关于他的国如何降临的所有猜想。Cf. Rooy, p. 235.
[23] Jonathan Edwards, *Works* (1817 ed.) VIII, p. 193.
[24] *Ibid*., pp. 188ff. Cf. Rooy, p. 299.

王国会被完全倾覆,撒旦带着印第安人到美洲去,以便牠能为自己留住他们。[25]

## 四

与此同时,在同时代的欧洲,即远离真正异教徒的地方,关于"自然神学"的君子之争正在进行。关于人类**共识**(consensus gentium)的论证有了新的意义。神学家说:"没有一个民族没有对神的信仰。"怀疑主义者作答:"你是如何知道的?"

耶稣会宣教士从中国得来的证据,成了一个吸引人的兴趣点。从表面上看,它代表了正统的一大胜利,代表了"自然"宗教在场的一大胜利;因为这里有一群人宣称说保留着关于神的知识,两千多年来持守着纯正的道德。我们鲜少提及莱布尼茨(Leibnitz)曾是宣教运动的一大先锋,他想让新教宣教士向过去如此有效保存自然宗教的中国人教导启示宗教。当然,最终,其他修会在解释中文文本的方面打败了耶稣会,针对自然神学这一特殊的证据来源(无论如何不恰当地证明过度了)就从视线中消失了——尽管非基督教社会的信仰在旅行家们的记录中常常获得关注。[26]

关于中国的争论,只有很小的一部分是与《罗马书》或任何其他使徒书卷有关系的;尽管莱布尼茨对新教宣教的请求十分恳切,但这样的请求尚未有任何付诸实施的想法。中国人,像后来的塔希提人(Tahitians)一样,被召唤去帮忙解决一个欧洲的难题。反之,那个世纪末开始形成的宣教机构中的成员和代理人,迫切地希望采取行动:他们到那些人那里,为了他们灵魂的得救而采取行动。结果,人们谈论非基督宗教的术语发生了改变。一方面,作为新运动基础

---

[25] Rooy, pp. 300f.
[26] 关于异教的观点,参见 F. E. Manuel, *The Eighteenth Century Confronts the Gods* (Cambridge, Mass., 1959);关于欧洲耶稣会的证据的争论,参见 E. L. Allen, "Missions and Theology in the Eighteenth Century," *HJ* 56 (1958), pp. 113-22.

的福音复兴运动（Evangelical Revival），带来一种更为激进的观点、也更为鲜明的罪性的含义；另一方面，热诚的人们传递着他们真实的所见所闻。

并且，他们所见到的不都是一群庄重、矜持、礼貌的人，这些人保存着几千年来关于神的知识和纯正的道德——18世纪更早时期争论中的术语——而是人祭、寡妇殉葬、阳具（lingam）和女阴（yonni）的印度画像、庙妓、嘉格纳特（Jagannath）神庙之车下被碾死的受害者。实际上，《罗马书》1:18及其以后的经文的画面再次浮现，这不是从一个宗教理论得来的，而是从观察的结果得来的；随着宣教士看到非基督徒百姓的宗教，《罗马书》1:18及之后经文的词语和词组一次又一次响起。[27] 而且，就像早期护教士和哲学传统都共同与民间宗教发起论战，印度的宣教士有了同盟军——拉姆·莫汉·罗伊（Rajah Ram Mohan Roy）那样的自由知识分子对宗教改革有着强烈的渴求，达夫（Duff）的一些像早期改教者那样愤怒的年轻人发起了对传统旧例的反抗。[28]

相似地，非洲也会让许多观察家回忆起《罗马书》的首章。大卫·约拿单·伊斯特（David Jonathan East）是1840年代一小群描写西非的作家中的一位，他（根据旅行家的故事集）记述了非洲的奴隶、酗酒、道德败坏、缺乏商业诚信，这些记述都让人印象深刻。在那之后，他引用了《罗马书》1:28-31。"关于圣经中这一动人部分所做的一

---

[27] 一些描述印度宗教的代表性著作收录在：William Ward, *An Account of the Writings, Religion and Manners of the Hindoos*, 4 vols. (Serampore, 1811), 2 vols. (London, 1817):"事实上，可能的是，没有一个异教国家只做一个偶像来尊崇'又真又活的神'，并且异教徒从未直接敬拜他"(I, p. xiv); Claudius Buchanan, *Christian Researches in Asia* (London, 1811) 和 *An Apology for promoting Christianity in India* (London, 1813); A. Duff, *India and Indian Missions, Including Sketches of the Gigantic System of Hinduism* (Edinburgh, 1839). 关于对偶像崇拜的攻击，参见 K. Ingham, *Reformers in India, 1793-1833* (Cambridge, 1956), pp. 33-54.

[28] George Smith, *The Life of Alexander Duff* (London, 1881), chapts. 5-6. For the view of Hinduism of an Indian convert, cf., e.g., K. M. Banerjee, *Dialogues on the Hindu Philosophy* (1861); Nehemiah Goreh, *Rational Refutation of the Hindu Philosophical Systems* (Calcutta, 1862; Madras, 1897).

个糟糕的评论，就是这些章节和之前的章节所记载的令人羞耻的事实。"[29] 然而，在另一个地方，伊斯特认识到，虽然非洲的异教应受谴责，但是它有一点不同于《罗马书》首章的记载。虽然非洲人有偶像，但他们并不造至高神的像：他们仅仅就是忽略祂，而选择低级的神灵和精灵。

> 清楚的是，如果他们并没有"将不朽之神的荣耀换成一个偶像，换成可朽坏的人、鸟、有四肢的动物和爬行的生物之类的东西"——在他们眼中，他们已经将祂排除在对祂的世界治理之外了，用他们所想像的野生生物代替了祂的位置，他们公开地将属物质的、时常极其荒谬的东西看作是灵性的存在。[30]

因此，非洲的异教证明了《罗马书》1:18及其以下经文的原则，但是在细节上并不相同。[31]

## 五

19世纪以降，这样的宣教观点和新的思维模式开始接触，有时出现冲突。那时产生了一种对东方宗教文献的新兴趣，这兴趣本身部分就是宣教运动的结果。[32] 那时产生了关于宗教演化的流行假说，这

---

[29] D. J. East, *Western Africa: Its Condition and Christianity the Means of Its Recovery* (London, 1844), p. 71. 这本著作是根据早期作品的整理而形成的。
[30] *Ibid.*, p. 148.
[31] 19世纪早期的观察家常常认识到非洲传统宗教中至高神观念的存在，祂被提起，但是通常不会被敬拜。参见J. Beecham, *Ashantee and the Gold Coast* (London, 1841), chapt. 7.
[32] 最伟大的名字当然就是弗里德里希·马克斯·缪勒，他并非是福音派正统的柱石或宣教热情的典型；但从1860年担任牛津梵语教授的莫尼尔·威廉姆斯爵士宣教运动有密切的关系，从1870年开始担任汉学教授的理雅各（James Legge）是一位伦敦宣道会在中国的宣教士。宣教报告、学习和研究无疑是帮助西方发现东方宗教文献的最主要因素。

种假设得到一种新发现的信仰的强有力支持。那时产生了人类学这一全新的学科，以演化作为其基础，《金枝》（*The Golden Bough*）则将它们联系在了一起。

那时有许多冲突点。宣教士关于至高神观念的宣称马上受到了质疑；因为泛灵论者们并没有达到相应的阶段，所以这样的观念可能只是宣教士的一种发明。这指控并不能得到很好的辩护，因为读一下最早的宣教士所拥有的《罗马书》首章，在任何非基督宗教中，没有任何必要去发明一位高高在上的神。他们发现在非洲宗教中就有那位至高的神，祂在那里，不是因为他们的神学要求祂在场。

随着进化论名声在外，与其竞争的原始一神论的学说也被更清楚地解释了，后一种学说认为，所有非圣经的宗教是从原始一神论来的，《罗马书》1:20及其以下的经文是这一学说的主要来源。莫尼尔·威廉姆斯爵士（Sir Monier Monier-Williams），是一位著名的梵语学者，也是敬虔的福音派基督徒，他论证道，因为所有宗教背后的原始一神论，人们就可以期待看到真理的碎片。[33] 再也不需要去设想借用犹太人的材料，去解释非基督宗教内每一个可以被接受的因素。他在有一点上走得更远，他宣称说，从起源上讲，基督教中一些根本的教义存在于所有的宗教中，只是等候着基督教将之发展和完全。[34]

然而，不需要得出所有这些结论而去证实原始一神论，这是有可能的。穆尔（Moule）校长（后来的主教）对在1880年代出现的大量新型宣教士有着深厚的影响，他为这样的观念提供了释经学上的支持。[35] 伟大的约翰纳斯·华乃克（Johannes Warneck）和其他一些人在

---

[33] M. Monier Williams, *Indian Wisdom, or Examples of the Religious, Philosophical and Ethical Doctrines of the Hindus* (London, 1875), pp. 143f. (4th ed., p. 132 n.).

[34] M. Monier Williams, *Modern India and the Indians* (London, 1887), p. 234. 威廉姆斯最终拒绝了这个立场，参见 E. J. Sharpe, *Not to Destroy but to Fulfil* (Uppsala, 1965), pp. 50 ff.

[35] "相信圣经的人会接受这样一种有神论远古历史的观点，将其视为神关于它记述的真实报告。记住，它涉及到的是人类属灵历史中不为人知的时刻，他不会对从下游而来的反对它所宣称的证据而被影响。"(H. C. G. Moule, *The Epistle of Paul to the Romans*, Expositor's Bible [London, 1893], p. 45). 也参见

异教中观察到零星的、不可理解的关于古老启示的记忆：

> 关于异教之客观的研究证实了保罗的观点，异教是从对神的一种较好的认识中的堕落。

在最初的日子里，人类有着更伟大的灵性宝藏，但忽视了关于它的知识，抛弃了它所有的依靠，直到所剩无几，只保留了一种很微弱的预感。[36] 不是所有人都将任何东西认定作《罗马书》首章中的一种原始一神论。加威（A. E. Garvie）对 20 世纪几个重要的宣教作家有着深远的影响；他提到，保罗论证的本质与诸宗教的起源完全没有关系，而只是与"关于神错谬的认识和错误的责任标准之间的紧密联系"有关，而且众所周知的是，保罗主要谈到的罗马社会在那之前就已经衰落了。[37]

事实上，宣教运动中至少有一支开始发展莫尼尔·威廉姆斯所指出的论证思路，尽管这思路后来被他否定了。多年东方宗教经典的研究表明，实际上基督教是对它们的实现——"冠冕"，用这个学派的首推者约翰·尼克尔·法科尔（John Nicol Farquhar）的用语讲。[38] 从达夫对印度教的描述过渡到法科尔的描述，是进入到一个不同的世界。然而，每一种都确实是在描述他所看到的。当然，时间带来了改变——达夫所看到的一些早已一去不复返了。但是主要的不同在于，法科尔遇到了塞内加。

法科尔的"宗教探寻"（The Religious Quest）（这里的单数很

---

他的剑桥圣经注释（1879年）中关于《罗马书》1:21一条。

[36] 引用自 S. M. Zwemer, *The Influence of Animism on Islam* (London, 1920). Cf. J. Warneck, *The Living Forces of the Gospel* (E.T. Edinburgh, n.d.), p. 98: "异教徒的心就像重写的羊皮纸，最初在上面写的被盖过去了，变得看不到。没有人会知道任何被覆盖的那些智慧话语。" 安德鲁·朗格（Andrew Lang）高等神（High Gods）的理论源于宣教的报告和其他的报告，主要针对的是自然神秘学派（nature-myth school）。参看 W. Schmidt, *The Origin and Growth of Religion* (E.T. London, 1935), pp. 172ff.

[37] A. E. Garvie, *Romans*, Century Bible, *ad loc*.

[38] J. N. Farquhar, *The Crown of Hinduism* (Oxford, 1913). 参看 E. J. Sharpe, *Not to Destroy, passim*.

重要）系列揭示了改变的源头。西德尼·卡维（Sydney Cave）是贡献者中十足的代表；他宣称，第一批宣教士无法看到非基督教世界中最好的，因为神圣的书籍对他们是封闭的。举例来说，当一个人看到坦焦尔（Tanjore）的湿婆神庙时，他就能够理解先驱者们的强烈反应；但我们现在（1919年）所面对的印度教，与一个世纪前的非常不同。"我们更关心的是'高派的印度教'。偶像崇拜注定要走向灭亡。"[39]

关于印度教的这些判断和这些的观念是对其文学进行研究的结果。因此，不让人意外的是，当1910年世界宣教大会谈论这些宗教中的"相交点"（points of contact）和"对基督教的预备"（preparation for Christianity）的时候，因为没有"泛灵论"方面文献，这方面就成了最困扰人的。[40]

正如我们所看到的，莫尼尔·威廉姆斯最终收回了诸宗教之发展、而基督教是作为冠冕的观点；他最后的立场强调，有一条鸿沟——"不是一条基督徒和非基督徒可以越过进而彼此握手言和的裂缝，不是一条可以越过进而互相交换关于诸种终极真理之相似观点的裂缝"——横亘在圣经和"所谓的东方圣典"之间。

> 要有公平、要有仁慈、要像基督一样，但是不要让任何错误存在。需要完全弄清楚的是，基督教不能、绝不能被削弱，以符合无论是印度教徒、帕西人（Parse）、儒教徒、佛教徒或是伊斯兰教徒的口味，无论谁想要从错谬的宗教到真正的宗教中去，他绝不能期待藉着那些不

---

[39] S. Cave, *Redemption, Hindu and Christian* (Oxford, 1919).
[40] *World Missionary Conference, Edinburgh 1910: Report of Commission IV. The Missionary Message in Relation to Non-Christian Religions.* 特别参看第二章："一些人否认在泛灵论任何信仰和仪式中有任何的相交点或为基督教的预备……"参见 Warneck, *Living Forces*, pp. 85ff. 另一方面，在1900年一位非洲基督徒詹姆斯·约翰森牧师（James Johnson）（后来的主教）告诉有宣教心志的学生，非洲"意识到神的存在，相信神的显现，相信每个善良和完美的恩赐都是从上而来，从袘万有之父而来……非洲渴望并想要敬拜袘，但是她不知道怎么做。"(*SMP* [London, 1900], pp. 74f.).

稳固的妥协之木……[41]

他谈到了很深的地方。对许多宣教士来讲，对诸宗教表达一种态度的可行方式是，尽管某些因素保持良好，但是其**系统**必须接受谴责。

# 六

在这里，把故事带到坦巴拉姆（Tambaram）及其之外的地方去，或许是不适合的，虽然《罗马书》常常作为某种背景，偶尔像关于1:20的争论一般处于正前方。毫无疑问，连续的传统和不连续的传统在宣教的辩论中将继续角力下去，《罗马书》会继续挑战、刺激和鞭策那些想要宣称神之义的人。一个人审视这首章在宣教运动思想中的地位时，一些特征会突显出来，这些特征表明了它持续的相关性。

基督教福音宣教士已经发现，他们言语之对象是在不同社会中的人，这些社会拥有着各种连贯的思维模式——即在各种信念和行动系统中。提供类似"佛教"和"印度教"这样的名称去囊括许许多多的系统是便利的。这一过程的有效性并非这里讨论的重点；但我们至少应该不要如此谈论，就好像保罗自己使用它们。或许太多有关连续性和非连续性的讨论与不同的系统是有关系的。结果，我们有了一些人，每个人都真诚地描述他们所见的，提出像达夫和法科尔那样关于"印度教"不同的解释。当这被引进《罗马书》首章的处境中时，我们就有一方去邀请所有人去认识到，这些非基督宗教因着他们显明的行为明明地处在神的愤怒下；另一方则指向具体的个人、书籍、学说，按事实说话 [ 就像莱尔主教（Bishop Ryle）提到，浸礼（baptism by immersion）对爱斯基摩人（Eskimos）是必要的 ]，让那些相信它的人能够这么做。

哪一个关于"印度教"的描绘是正确的，或是更正确的，这样的论证就《罗马书》1:18以下的经文来看是无关紧要的，因为保罗在这

---

[41] E. Stock, *History of the Church Missionary Society* III (London, 1899), p. 304.

里所关心的完全不是系统，而是人。是**人**阻止不义的真理，是人不荣耀神，是人被弃之于羞耻的苦情中。正是对着人，就是行亵渎神、邪恶之事的人，神的愤怒被彰显出来。

就像在解释《罗马书》的时候，不同的系统，最终是我们称呼世界宗教时对各个系统所加的集体标签，已经悄悄溜进不敬畏神之人的地方；基督教，也被认为是一个系统，有时悄悄溜进了神之义的地方。真系统是与那受谴责的假系统对立的。人们有时会、但并不总是会意识到下面几点："基督教"作为一个术语，在形式上与其他的标签是一样的；就像它们中的大多数一样，它当然涵盖了广泛的现象；如果不同执政的和掌权的在不同的人类系统中工作，他们能够并且确实在这一种系统中工作。基督教中的人处在神的愤怒之下，就如同印度教中的人因着相同的原因处在神的愤怒之下。对这一点的意识，使得现代宣教运动中最初几代的宣教士免于一种恶劣的父权制。人性在任何地方都是邪恶的，不仅是在锡兰（Ceylon）。基督教的传道人向非基督教世界讲着同样**悔改**和信心的信息，就像他过去在基督教世界所宣讲的一样；[42] 因为不是基督教，而是基督施行拯救。

这一点反过来联系到另一点：《罗马书》第二章和第一章的密切联系。《罗马书》第一章和第二章的"抨击"风格常常被注意到，在语言方面，这要归功于智慧书第 13 到第 14 章，并且它接近于通常被接受的反偶像崇拜的犹太辩论文。[43]《罗马书》首章的重点在于《罗马书》第二章；讲的不是异教的起源，而是对道德的无望。在继续讲不同的人藉着在基督里的信心白白得到接纳之前，保罗(《罗马书》2:17 及其以下的经文）对流散犹太教所理解的宣教进行了挖苦性的评论。这是一群忙碌的、布道宣教的人：是给瞎子领路的，是黑暗中人的光，是蠢笨人的师傅，是小孩子的先生——《箴言》开篇篇章中的智慧和

---

[42] 参见，例如 Sewall's sermon in Beaver, *Pioneers in Mission*, pp. 41-64. 宣教士传道人的职责与教会牧者的职责相同。

[43] 参见 Bruce, *Romans*, on 21:16: "我们几乎可以设想他正在给德丢（Tertius）写信，他突然提到那洋洋自得的人，喜爱暴露在这些"他没有意识到的"罪恶中，并且保罗告诉他，他并不比任何人要好。" (p. 86)

《以赛亚书》第 42 章中的仆人合而为———他们高举十诫，却偷盗、犯奸淫、亵渎神，正如圣经讲更早时候的犹太人那样，他们让异教徒亵渎神的名字，因着他们 [ 异教徒 ] 在祂的百姓中所亲眼目睹的。一些尖锐剧烈的事一次又一次对着宣教士宣讲。它们中有一些是在新约之中。

# 第6章 旧北方与新南方基督教的起源[1]

基督教历史已经见证了基督教世界重心的多次变化。其中有三次是关键性的，因为它们中每一次都引发了基督教表达的转变。第一次始于一群不知名的安提阿犹太基督徒，他们将以色列的弥赛亚（Messiah）称作希腊人的主（Lord）（《使徒行传》11:20）；这标志了在希腊化文明中孕育的人开始敬拜以色列之神的一场大规模运动。第二次的到来是伴随着北方和西方的族群来到基督信仰之中并且将传统的诸神（pantheons）换成基督徒的神，他们就是希腊化的基督徒眼中基督教文明的野蛮破坏者。第三次在我们这个世纪达到了高潮，反映了一个持续相当长的过程；它是在所有南方大陆（southern continents）发生的面向基督信仰的大规模运动——撒哈拉以南的非洲、拉丁美洲、亚洲的部分地区、太平洋诸岛——这意味着现今在南方大陆宣称相信基督的人数超过了北方。[2]

这三次基督徒人数的巨大增长所共有的突出特征是，每一次都有大量原生宗教（primal religion）的信奉者；相比较下，从其他宗教传统来的归信者只占少数。不过，还有其他一些相似的特征。第二次和

---

[1] 最初发表在Hans Kasdorf and W. Müller, eds., *Bilanz und Plan: Mission an der Schwalle zum dritten Jahrtausend* (Bad Liebezell: Verlag der Liebezeller Mission, 1988).

[2] 参看 David B. Barrett, ed., *World Christian Encyclopedia* (Nairobi: Oxford University Press, 1982), pp. 3ff., and Table 2 on the significance. Cf. A. F. Walls, "The Christian Tradition in Today's World," in Frank B. Whaling, ed., *Religion in Today's World* (Edinburgh: T&T Clark, 1987).

第三次需要被放在一种文明对另一种文明造成巨大文化影响的语境下看待。对基督教的接纳通常伴随着深刻的社会变迁，而且通常作为适应社会变迁机制的一部分。

侵入者文化的在场引起了社会的变迁，在社会变迁的影响下，原生社会（primal societies）在以下三个方面尤其脆弱：价值观念（values）、领导的等级秩序（hierarchy of leadership）和本地的参照点（local point of reference）。基督教在更早的几个世纪先是被北方和西方的族群接纳，后来被南方大陆的原生族群接纳，对基督教的接纳为这种带着创伤的社会和精神干扰提供了应对的途径。比如，它提供了一套新的价值观以取代旧的价值观（虽然这种取代少有是明确的，在北方和南方，大部分的人都有着双重或多重的价值体系）。它常常提供或合法化另一种等级秩序，以代替过时的或失信的等级秩序。它提供了一个普世的参照点，将传统上以本地和亲族纽带为核心的社会联系到一种普世秩序中去。

在北方的欧洲，一个族群的人成为基督徒对他们来讲就是成为基督教国度（Christendom）的一员，就成了效忠基督的各族群之团契的一部分。在西方，这种效忠具体来讲是通过承认西方唯一的使徒圣座（apostolic see）。进入基督教国度也就是进入被教会保存和通过教会保存的文学文化之中。它是一种以拉丁语为基础的文学文化；拉丁语是圣典和礼仪的语言，是北方和西方的族群过去集体摧毁的西罗马帝国文学传统的语言。

在现代，在南方大陆，基督教被原生族群接受了，这样的接受再次伴随着进入一种文学文化的过程，也通常伴随着一种国际语言，以符合被扩展了的视野。但是始终都存在着一种巨大的不同。

在古代，南方和东方的基督教发展了本地语言（vernacular）的基督教文献，比如科普特语（Coptic）和斯拉夫语（Slavonic）；大部分北方的基督教则没有。礼仪和圣经保留在拉丁语中。一种普世的、互相联系的基督教肢体的概念就因此得到强化，然而这存在着神圣语言变成一种外来语的风险。凯尔特人（Celt）和撒克逊人（Saxon）同样使用拉丁语，这个情况可能会帮助弥合撒克逊人和凯尔特基督徒之间的裂痕，撒克逊人接受从罗马来的宣教，而接受宣教的撒克逊人的祖先曾经压迫过凯尔特基督徒。基督教化就是拉丁化，就是将人们带到经典文化的范围之内。

在现代，在南方大陆，前文字社会（preliterate societies）基督教化的过程，同样将受众带到文学和国际性交流的范围中。但无论如何，它在总体上鼓励了**本地语言**文献的成长。拉丁语或某些西方语言为着最为重要的神圣目的而服务的最初想法，让位给了一种认知，就是圣经和礼仪属于本地语言，而最适合用来祷告的语言是家的语言。这里的文化影响是显著的，本地语言写作的成长带来了各种各样的文化复兴。[3] 基督教所特有的本地语言的"神圣"使用，使得一些原生文化恢复了活力，以反抗巨变产生的身份丧失溶剂，并且在产生一种更广大认同的同时，使得保护部分本地的关注点成了可能。同时在神学方面还有意外的效果。在和其他本地语言的使用者对话中，用一个人自己的本地语言解释和阐明基督信仰，与用一种习得的外来语言对其进行重述，是完全不同的事情，无论这种外来语学得多好。

旧北方基督教和新南方基督教的诞生过程有其它更为关键的巨大不同点。在基督教早期的宣讲中，宣教士宣告，神胜过了诸神，一胜过了多，新的基督胜过了旧的索尔（Thor）。这延续了从希罗世界原生宗教中吸纳基督徒的宣讲方法。没有人会以为宙斯/朱庇特（Zeus/Jupiter）是神和我们主耶稣基督的父；并且宣教士接受，在基督教之前的宗教中有一种福音的预备（praeparatio evangelica），他们是在哲学家的神和抽象之善的准则中发现了它，而不是在任何神话或异教仪式中。信仰来到北方时，在它所取代的诸信仰中，并没有发现自身的身影。奥丁（Odin）不是神，索尔不是神，弗雷（Frey）也不是神。实际上，北方旧宗教看起来并没有一位至高之神的位置。因此，基督教的宣讲强制在旧的和新的之间做一种选择，在神和诸神灵之

---

[3] 参看 Lamin Sanneh, "Mission and the Modern Imperative, Retrospect and Prospect," in Joel Carpenter and Wilbert R. Shenk, eds., *Earthen Vessels: Evangelicals, Culture and the American Missions Enterprise in the Last Century* (Grand Rapids: Eerdmans, 1988), pp. 301-16.

间，⁴ 在基督和索尔之间。北欧的坟墓述说着他们自己的故事。在一些坟墓中，在金属的碎片上发现刻有基督十字架，在其他的坟墓中，发现有像索尔之锤的东西。一些人显然对这两种方式保持谨慎；有的坟墓包含了十字架和锤子，一处或两处有锤子状的十字架。⁵ 在冰岛，我们听说，赫尔基（Helgi）是半个基督徒，他在陆地上崇拜基督，但他觉得在海上和索尔在一起会更安全；在挪威，义者欧拉夫王（King Olaf）在用餐前经常会做敬虔的手势，那手势被观察者赋予了不同的解释。这种半吊子的状态是不会持续太久的；当白色之基督在北方建立祂的王国，抵制任何对手，不与任何一位分享祂宝座的时候，黑色之索尔和其他的旧神灵就被判了死刑，或者被赶到灵性的幻影世界中去了。

总体来讲，南方基督教的故事是不同的。在原生社会中，在世界相当多元的部分，基督教的布道家发现那里早就有神，而且被冠以本地语言的名字。通常与天联系在一起，大地的创造者和人类的道德主宰，没有祭坛或祭司，并且可能没有常规的崇拜，一些被命名为"存有"（"being"），在整个现象世界和超验世界秩序背后可以被发现。在圣经翻译、礼仪和讲道中，那个名字经常被用来等同于以色列和教会的神的名字。在这些事所发生的地方，基督教的到来并不是——像是在北方基督徒的经验中——把神带给人，就像是使祂接近人。关于原生社会的宗教和生活，无论基督教的审判会多么严厉，神的名字在这么多的例子中被保留了下来，这一事实对基督教神学的未来面貌有着极其重要的影响。⁶ 神"也是外邦人的神"，⁷ 这种方式超出了西方基督徒的经验。

---

⁴ 关于11世纪古代北欧古字（runic）碑文，参见 E. Segelberg, "God Help His Soul," in *Ex orbe religionum. Studia Geo Widengren II* (Leiden: Brill, 1972), pp. 161-76.

⁵ 参看 E. G. Turville-Petre, *Myth and Religion of the North: The Religion of Ancient Scandinavia* (London: Weidenfeld and Nicolson, 1964)中的照像底片。

⁶ 关于这一点的重要谈论参看 Kwame Bediako, *Theology and Identity: The Impact of Culture upon Christian Thought in the Second Century and Modern Africa* (Oxford: Regnum Books).

⁷ 参见《罗马书》3:29。

回到北方基督教的早期经验，并且反思一下归信的过程持续了多久，这是有价值的。直到 12 世纪，原生宗教在瑞典的大部分地区仍占主导地位，在芬兰，时间会更长一些。许多地方承认基督教只是为了恢复和重启。《奥克尼伯爵史诗》（*Orkneyinga Saga*）的作者为我们讲述了奥克尼群岛（the Orkney Islands）第一次归信的过程，以这种方式澄清了为何第二次归信是有必要的：

> 欧拉夫·特里格瓦松（Olaf Tryggvason）花了四年时间，在大不列颠岛屿洗劫一番。之后，他在锡利群岛（Scillies）受了洗，从那里乘船到英格兰去，在那里他与吉达（Gyda）结婚，吉达就是爱尔兰格瓦拉王（King Kvaran）的妹妹……
>
> 欧拉夫同五艘船一起向东航行……一直到奥克尼。在奥斯曼德斯瓦（Osmundswald）遇到西格德伯爵（Earl Sigurd）[奥克尼的领主]，他正带着三艘船，正要出发开始一场维京远征（Viking expedition）。欧拉夫派了一名使者到他那里去，叫西格德到他的船上去，因为有话要跟他讲。
>
> "我想让你和你所有的部下都受洗。" 他们见面的时候，他这样说道，"如果你拒绝，我就当场处死你，并且我发誓，我会以火和剑掠夺每一个岛。"
>
> 伯爵眼见自己身处险境，就顺服了欧拉夫。他受了洗，欧拉夫将他的儿子赫维尔或亨迪（Hvelp or Hundi）作为人质，也让他以赫洛迪维尔（Hlodvir）的名字受洗。在那之后，所有的奥克尼人都接纳了信仰。欧拉夫带着赫洛迪维尔往东航行到挪威，但赫洛迪维尔过不久就死了，在他死后，西格德就拒绝臣服于欧拉夫王。[8]

---

[8] Orkneyinga Saga 12, trans. H. Pålsson and P. Edwards, *The History of the Earls*

欧拉夫·特里格瓦松是挪威王，史诗作者给他基督教化的方法一个相当公允的说明。在他们当中，这些方法可能并没有引起任何特别的冒犯；古代挪威人是靠着强大右手的力量存活的，谁拥有最强大的右手就可以获得他想要的，只要它一直是最强大的。欧拉夫对他所明白的东西可能是十分真诚的——透过他精明、执拗和浸染鲜血的心思——就是关于他新的信仰的理解；它赐下了祝福，它赋予了脱离危险以获拯救的希望。他很可能会相信，通过强制他的部下接受新的宗教，他正给他们带去最高的利益。但是，他也建立了君主的权力，超过他之前所有的挪威国王；毫无疑问的是，对他热情推动的普世信仰的广泛持守，有助于中央集权的过程。当他跟奥克尼伯爵传达他关于洗礼的最后通牒时，他所含蓄表达的是，作为国王他是伯爵的领主。伯爵看到了这些，向着压倒性的力量（force majeure）低头。但是，当伯爵的儿子、国王的人质死了之后，再也没有什么可以失去了。国王距离遥远，正如史诗作者所述，他"拒绝臣服于欧拉夫王"。作者并没有想提到一个同样真实的东西，就是再也不需要跟从欧拉夫国王的宗教了。奥克尼群岛的人们放弃了信仰，足足有一代之久。

但全部的故事仅仅只是表明，刀剑之下的归信对基督教来讲并非是决定性的。在北方百姓的归信中，强力常常被使用，这是无法否认的，强力加以凶残和暴力被使用，超过了西班牙征服者（conquistadores）在美洲所做的一切事，并且远远超过了作为帝国与基督教联合的结果所发生在现代非洲或亚洲的一切事。但是，就像在奥克尼，强大的右手可能会适得其反。恰恰是因为基督教是对挪威欧拉夫效忠的表达，在他们获得安全的时候，奥克尼群岛的人就马上拒绝了它，直等到他们有了他们自己的理由，而不是别人的什么原因，开始准备接受它。

到了索芬伯爵（Earl Thorfinn）的时候，他统治了很长的一段时间，死于1064年。《奥克尼伯爵史诗》在这里这样写道：

> 索芬伯爵如今是奥克尼和他所获得的其余领土的唯一统

---

*of Orkney* (London: Hogarth Press, 1978).

治者……伯爵时常会向苏格兰西部以及爱尔兰进行维京远征，他也会作为国王的护卫在英格兰待一段时间。

当索芬听到马格纳斯王（King Magnus）死了，他就派使者向东，给哈拉尔王（King Harald）送去友好的消息，说他想与国王交好。国王给这条消息的答复是肯定的，答应与索芬交好。

从那里出发，索芬靠着海岸往南航行，一直到丹麦，在一段陆地旅行后，他在奥尔堡（Aalborg）遇到了斯韦恩王（King Svein）。国王邀请索芬同住，设下很大的宴席款待他。之后，索芬表达了他要探访罗马的意愿。在萨克森（Saxony），他遇到了亨利王（King Henry），亨利王很热情地欢迎他，并给了他许多上好的礼物，其中包括大量的马匹。

伯爵开始了往罗马去的朝圣之旅，他在那里受到教宗的接见，他犯过所有的罪，都从教宗那里获得了赦免。在那之后，索芬回家，平安抵达，在他自己的伯爵封地平安度日。

那时，他结束了海盗的行为，全时间投入到他百姓和国家的治理之中，而且还制定了法律。他在柏塞（Birsay）定居，他在那里建了奥克尼第一个主教座堂，将这个上好的牧职之所献给了基督。[9]

这里提供给我们的是一幅索芬伯爵作为年轻首领的肖像画，他通过长期掠夺基督教爱尔兰，保证了他的收入（这对分享战利品的勇猛的挪威勇士来说是合适的行当）。一些片段后，我们看到了一位作为资深政治家的索芬伯爵。他完成了去往罗马的漫长朝圣之旅，并且教

---

[9] Orkneyinga Saga 31.

宗本人亲自赦免了他的罪,在阴冷的北大西洋的岛屿上、临近他部族城堡的地方建了一座主教座堂,他还被称颂为立法者,一个为了公共利益订立法律的人。

索芬的转变是他族群的转变。在他统治奥克尼半个世纪的关键历史中,不单是他,而且是他的百姓"放弃了海盗的生涯";实际上,随着侵入更富有、安定、绝大多数是基督教的土地,他们认识到,维京人的生存方式只是一种海盗行为。当然这与奥克尼人成为基督徒的过程有关,但是这种联系并不是简单和直接的。举例来说,它不是作为归信结果的一种简单的道德改革,尽管在许多个体案例中,这有可能是真的。维京人的岁月必须终结。掠夺在其本质上是服从于报酬递减的法则,并且掠夺的生活与其他重要的活动是不相容的。在其他方面之余,基督教提供了一种从掠夺到农耕转化的途径。奥丁崇拜与勇武情况之外的事没有什么关系。在奥丁的瓦尔哈拉殿堂(Valhalla),人们日日夜夜不是搏斗就是饮酒作乐。农夫若是那样做,他就永远不可能获得他一年的收成。索尔的能力,或者旧有掌管丰产的夫妇弗雷/弗蕾亚(Frey/Freya),或许会帮到他(实际上,黑色之索尔是白色之基督在北方最后的对手)。但更好的是,那些安安稳稳为他们生计劳碌的人,从敬拜独一的神那里获得了帮助,就是造了地和诸天的那一位。

北欧族群仅仅只是许多跟随同样路径的族群中最晚的一支。经过几个世纪,其他日耳曼部落在勇士队伍的带领下往西迁徙,他们因广大的、可耕种的土地而感到兴奋。但是,这个时候所需要的,与其说是征服和防卫这些土地,不如说是耕种和维护它们;生活方式的改变得益于信仰和崇拜的改变。它不是一个稳定的或者常规的运动。比德(Bede)告诉了我们东撒克逊一个基督徒国王的事,他因宽恕他的敌人而被杀害。[10] 这个例子看起来像是年轻的勇士对他们主人归信之彻底感到愤愤不平,因为这导致了他不愿意参与战争。他们的生计确实是要依靠战争,通过战争他们得以获得战利品。和平欺骗了他们,

---

[10] Bede, *Historia Ecclesiastica* 3:22.

使得他们的正当期待都没有了。于是他们杀了他们的基督徒国王。

如果归信促进了生活方式的改变,那么它也促进了与其他族群的人民之间稳定的关系——不同基督教国家的一种话语体系。史诗作者并非无的放矢地写了欧拉夫归信和索芬转变的故事,他将这些都设定在他们旅行、姻亲联合和朋友关系的处境中。但是,基督教被北方的领主和农耕者接受之后,这种接受将各种处境、重点、焦虑和探寻都强加在它的身上,而这些东西是基督教在几个世纪稳步的希腊化-罗马文明框架的渗透中不曾知道的。从宣教士来的一些令人感到费解的书信得以幸存:英格兰人中坎特伯雷的奥古斯丁(Augustine of Canterbury)、1 世纪后的法里孙人(Friesians)中的博尼费斯(一个英格兰人),都向他们各自的教宗提出他们宣教事工中所产生的问题。[11] 许多的问题是关于婚姻的,关于这样的主题,宣教士从标准的神学和实践来讲无疑是通晓的。

然而,新的基督徒在之前是靠着一套完全不同的规则生活,**所有**这些传统的规则究竟需要在何种程度上做出改变,却是不清楚的。(两个兄弟可以和两个姐妹结婚吗?)而且,有些在传统北方法典中得到处理的问题,从来没有成为基督教神学的一部分。一个女人在生产之后需要多久可以进入教会呢?一个麻风病人可以领受圣餐吗?一个夜间遗精的男人需要远离崇拜吗?这样的问题在罗马的法典中并未体现;宣称说这些问题是不重要的,说它们和信仰的实质是没有什么关系的,是没用的。对新的基督徒来讲,它们是关键时刻的问题,是不可避免的问题。因为整个世界翻转了;神圣的地点、神圣的时间以及礼仪行为构成了一个世界,一种安全的形式随着它一起消失了。为了使人们在他们新的信仰中感到安全,针对旧的信仰所留下来的问题,他们必须获得满意的答复。从这个例子的本质上看,与当初宣教士所教导的信仰表达相比,最终结果相去甚远。

那些宣教士和他们的导师身处在意大利和高卢有修养、有良好组织的古老基督教中心,他们必须用心去探寻找关于他们"蛮族"同事

---

[11] *Ibid.*, 1:27; Gregory to Boniface in Migne, *PL* 89; trans. in C. H. Talbot, *The Anglo-Saxon Missionaries in Germany* (London, 1954), letter 14.

的事。帕特里克跌宕起伏的生涯以及现存文献中他不同类型的辩护文，就是一个典型的例子。这个例子之所以典型，不是因为他写的一手差劲的拉丁文；那在殖民的环境下是可以被谅解的。他在年轻时犯了一个大罪，这件事无疑会加强那种观念，就是在把教会的领导权托付给"当地人"之前，小心谨慎是必须的。但是，他更精明的同事和介绍人是如何理解，帕特里克将梦视为神带领的渠道，以及那恶者像石头一样落在他的胸上，他被那恶者刺穿的生动描述呢？[12]

在公元 5 世纪的帕特里克身上，我们可以看到与北非书写文明中的基督教相比，新北方的前原生族群的基督教采取了相当不同的形式。它所持续的时间也更长一些；一千五百年之后，从帕特里克的土地来的宣教士，对非洲和太平洋地区基督教所产生出来的东西表达了怀疑；这与当时那些带领有方的修道院，对帕特里克和与他相像的人所怀的态度没有什么差别。

为了去理解当前新南方基督教的形成，重新研究促使北方基督教形成的归信过程是有价值的。实际上，在某些点上，针对 20 世纪非洲、亚洲或太平洋地区原生社会中基督教的在场进行观察，会对我们理解图尔的格列高利（Gregory of Tours）、比德和斯诺里（Snorri）的一些篇章带来启发。相似点不应该让我们对差异点视而不见，相似点也不应该蒙蔽我们去认识，旧北方基督教经验之外的影响，或者不受限制之本地语言的基督教表达的经验之外的影响；本地语言的基督教表达被视为，神通过祂本地语言中的名字，进入了一个族群的过去。

但是，我们对以下的事实也应该保持警醒：当一个社会的精神和道德结构被撕裂时；或者当人们必须同时生活在不同话语体系的世界中时；或者当他们面对属于不同秩序下道德和社会的义务，而这些义务之间又相互冲突时；或者他们相信（至少半信半疑）不同宇宙力量的时候，简单地将文化上新的东西代替文化上旧的东西，既是不充分、也是不可能的。如果要没有创伤，如果人们要清楚道德的选择并且在基督信仰中做道德的选择，他们就必须要整合他们不同的世界，要将新的和旧的编织在一起。

---

[12] 所有都在 Patrick's brief *Confession* 中提及。

# 第二卷
## 基督教历史中非洲的地位

# 第7章 福音复兴、宣教运动和非洲[1]

## 福音主义和宣教运动

现代宣教运动是福音复兴运动（Evangelical Revival）的秋天之子。在北美北安普敦（Northampton）和苏格兰坎伯斯朗（Cambuslang）发生的重大事件与自愿社团（voluntary societies）最初的成立相隔了五十多年，这些自愿社团的成立是为了推进基督教在非基督教世界的活动；然而，没有这场复兴运动的话，这些社团是不能想象的。复兴运动为这样的活动提供了根本的理由，即通过传达一种认知：一个找乐子的公爵夫人（虽然受洗并且追随在上流和中产阶层中流行的宗教系统）的属灵状态和一个南海岛主的属灵状态没有什么区别。不求悔改的基督教世界和海外的异教世界在灵性上是平等的，这对宣教有着重大的影响。亨廷顿夫人（Lady Huntingdon）有头有脸的朋友不想和她的马车夫以同样的方式进入天国，而她对她朋友的劝诫犹如带着一把短斧，劈向一些自以为是的优越感。人类集体堕落的一致观点，使第一个宣教世代避开了种族主义中一些最为恶劣的因素。

复兴运动也提供了物流的网络——区域、国际和宗派间的——这对运动提供了支持。那链条促使威廉·克里（William Carey）1792

---

[1] 首次发表于M. A. Noll, D. W. Bebbington, and G. A. Rawlyk, eds., *Evangelicalism: Comparative Studies of Popular Protestantism in North America, the British Isles, and Beyond, 1700-1990* (New York: Oxford University Press, 1994), pp. 310-30.

年开创性的宣教动议得以产生，那链条的铸造源于一位苏格兰长老会的会友送给一位英格兰浸信会会友的一份礼物，那份礼物是一位新英格兰公理会会友（New England Congregationalist）所写的一本书。[2] 另一位新英格兰人大卫·布莱纳（David Brainerd）成了早期英国宣教重要的属灵模范；他自己的作品就得到了苏格兰基督教知识促进会（Society in Scotland for Promoting Christian Knowledge）的支持。[3] 横贯大西洋两岸的一条持久的通信管道表明，非裔美洲人（African-Americans）和西非裔印第安人（Afro-West Indians）作为宣教的一个因素是多么的重要。[4] 英国海外传道会通过一位伦敦德国人堂点的牧师，与柏林一间神学院取得联系，才使他们脱离了窘境。[5] 两大洲杂志汇聚一处并传播着"宣教士的智慧"，不论宗派，不论来自何处。[6]

最重要的是，复兴运动提供了宣教士。在那之前，其实早已存在各种不同的宣教计划，但无一付诸实施，只是纸上谈兵，因为没有人愿意去实行那些计划。[7] 第一代新教宣教机构的诞生实际上是一个

---

[2] A. Fawcett, *The Cambuslang Revival: The Scottish Evangelical Revival of the Eighteenth Century* (London: Banner of Truth, 1971), pp. 223-36.

[3] J. van den Berg, *Constrained by Jesus' Love: An Enquiry into the Motives of the Missionary Awakening in Great Britain in the Period between 1698 and 1815* (Kampen: Kok, 1956), pp. 57-58, 91-92; S. H. Rooy, *The Theology of Missions in the Puritan Tradition: A Study of Representative Puritans* (Grand Rapids: Eerdmans, 1965), pp. 289-93. 在1816年，源于圣公会福音派的《宣教记录》（*Missionary Register*）连载了约拿单·爱德华兹关于布莱纳的故事。

[4] 参见 A. J. Raboteau and D. W. Wills, "Rethinking American Religious History," *Council of Societies for the Study of Religion Bulletin* 20 (1991): 57-61.

[5] E. Stock, *History of the Church Missionary Society*, Vol. 1 (London: CMS, 1899), pp. 82-83; Charles Hole, *The Early History of the Church Missionary Society to the End of 1814* (London: CMS, 1896), pp. 81-85.

[6] 早期最为出名的例子就是在伦敦出版的《宣教记录》（*Missionary Register*）；类似地，《苏格兰宣教记录》（*Scottish Missionary Register*）在1820年开始出版。

[7] 一些例子出现在 van den Berg, *Constrained by Jesus' Love*, pp. 15-28. 贾斯汀·韦尔兹（Justinian Welz）的悲伤故事，参看 J. A. Scherer, *Justinian Welz: Essays by an Early Prophet of Mission* (Grand Rapids: Eerdmans, 1969). 值得注意的是，虽然18世纪的特兰奎巴（Tranquebar）宣教在国家（它正式的发起者

福音派的承诺。简·奥斯汀（Jane Austen）描写到，那位光鲜的交际花对热心的年轻神职人员说："当我下次再听到关于你的事，可能就是关于某个伟大的卫理公会社团中一位杰出布道家，或是一位奔赴国外的宣教士了。"[8] 卫理公会布道家或外国宣教士——热情到此为止。到 1813 年，宣教活动在某种程度上得到了官方的承认，东印度公司（East India Company）的章程（修订后的新版本）说明了这一点，到了 1830 年代，凡是认真的基督徒都会同意宣教是一件好事；直到那个世纪的中叶，在众多投身于宣教运动的基督徒中，福音派占了绝大多数。所以，或许有价值的是，回顾一下哪些影响塑造了早期宣教士们自身的宗教。

## 福音派的宗教和基督教国度

历史上的福音主义（evangelicalism）是反抗不够基督教的基督教社会的一种宗教。卫斯理有一首关于"瞎眼"教士的赞美诗，在这首诗中，这一点被强烈地表达出来了：

> 主啊！祢将罪显明，
> 使他们的喜笑变为忧伤：
> 那世界，那基督教世界，所信的是
> 使人定罪的不信。[9]

福音派的布道主要针对的是一个既是基督教的又是不信的世界。去教会在这个世界中被人接受，却不总是有热情的；回到简·奥斯

---

是丹麦国王）和教会（它的资金由基督教知识促进会管理）的上层得到了支持，但是它主要依靠的是奥古斯特·赫尔曼·富朗开（A. H. Francke）在哈勒建立的敬虔派的机构中的成员。

[8] Jane Austen, *Mansfield Park* (1814), Vol. 3, Chapt. 16 (Chapt. 47 in most modern editions).

[9] *Collection of Hymns for the Use of People Called Methodists* (London, 1780), No. 94.

汀的《曼斯菲尔德庄园》（*Mansfield Park*），克拉福德一家（the Crawfords）所代表的上流人士都很经常地在教会，那恶棍亨利"从不在意严肃的话题"，尽管如此，他都会知道应当如何诵读一些特定的礼仪篇章。[10] 我们在这个世界中会发现经常、甚至繁密的宗教崇拜，它就像福音派归信记录一样清晰；这些记录通常会以父母辈的敬虔为主要内容，或者描绘一个包含几个敬虔时期的生平。再者，即便有几次虚夸性的警告，公开地拒绝基督教教义大体上也是含糊不清的。威伯福斯（Wilberforce）把"怀疑论者和唯一神教派（unitarians）的信徒"看作是社会的边缘——虽然他害怕这个边缘在扩大。[11] 比起宣称不信，让福音派头疼的是宣称相信基督教而没有"鲜明的福音原则"。

总而言之，福音派基督教假定了基督信仰的地域概念，即基督教国度，这个概念使得王座和祭坛发生了整合，而这种整合是以北方和西方蛮族人的归信作为开端。或许我们还没有充分看待所有之后的西方基督教受其环境影响的程度，正是在这些环境中北欧的百姓开始进到基督信仰之中——不是作为个体、家庭或小组，而是所有的社会，包括在各个社会中运行着的、以他们的统治者为中心整合而成的政治和社会体系。**个体**选择几乎不存在，甚至在概念上也几乎不存在。理想的结果可以被描绘成以基督教的诸侯和他们的百姓所构成的集合体，所有臣民顺从万王之王；它不可避免地带来基督教国度（Christian nation）的概念，在其中每一位国度的成员都在教会之中。基督教国度的原则与它在实践中的落实之间所存在的张力，就是西方基督教的历史。可能会被注意到的是，我们将基督教国度北部的本地语言运动（vernacular movement）称为新教的宗教改革，它未曾动摇过领地的原则，而张力也没有得到解决。

在宣教运动诞生的时期，主流的福音主义接受基督教国度的观念。举例来讲，这在威廉·威伯福斯（William Wilberforce）的《实际

---

[10] Austen, Vol. 3, Chapt. 3 (Chapt. 34 of modern editions).
[11] William Wilberforce, *Practical View of the Prevailing Religious System of Professed Christians in the Higher and Middle Classes of This Country Contrasted with Real Christianity* (London, 1797; many editions).

观点》(*Practical View*)(1797年)一书中是关键的概念。这本书不是一位恰巧作为福音派基督徒的公众人物的一个业余副业;威伯福斯写道,正**因为**他是一位公众人物。他指出,只有宗教的复兴才能解救基督教国度,以及它最突出的象征,即国家教会(the established church)。"除非在我们社会公众中重新注入使我们的教会系统得以焕发生机的类似原则的东西,否则盼望这个基础长久存在就是枉然的。但是,充满活力的基督教相应地复苏起来,教会的基础也会得到增强。"[12]

这位福音派立法者关心的是,将现实中的国家带到已经存在于原则中的东西中去,正如他所信的,这个过程也是藉着历史。因此,威伯福斯将他的精力同样花在国家正义(奴隶贸易)、社会正义(斗殴,以及恶习抑制社)(Society for the Suppression of Vice)和个人圣洁等问题上。"真正的基督教"可以在一个国家教会中和通过一个国家教会得以表达,国家教会的洗礼是在这个国家出生的每个人与生俱来的权利。

威伯福斯所写的书全名是《有关本国中上层社会挂名基督徒中盛行的宗教系统和真正基督教对比的实际观点》(*Practical View of the Prevailing Religious System of Professed Christians in the Higher and Middle Classes of This Country Contrasted with Real Christianity*)。福音派宗教的标志是真正的基督教,以对抗它的众多替代物。因此约翰·卫斯理(John Wesley)"根据**真正**基督教的经验"编排了他1780年诗歌本,在题名为"劝告罪人回转向神"的部分中加入了"描述形式宗教"的小节,以免回转的罪人在形式的宗教中止步而不再前进了。一个"描述内在宗教"的部分紧随其后。福音派信仰是与形式宗教区别开来的内在宗教,是与名义上的基督教区别开来的真正基督教。换句话说,这个时期的福音主义在对抗中取得了它的身份,从名义上的基督教那里取得了它的身份。福音派宗教是以基督教国度、基督教公民社会作为前提。

---

[12] *Ibid.*

就"福音的典型教义"来讲，或者正如威伯福斯所称的"基督教的独特教义"，那个社会在总体上是有缺陷的。他认为有三点：原罪及其引发的人类堕落；基督的救赎；在信徒生命中属灵的圣洁化力量。将福音派识别出来的教义是人论和救赎论的。这些教义在当时福音派文献中有着各种各样的措辞。[13] 举例来说，在查尔斯·西缅（Charles Simeon）关于传道目标的总结中，它们表达为：使罪人谦卑，使救主高举和促进圣洁。[14]

"名义上的基督徒中盛行的宗教系统"不明白根本的罪性。其结果是，它不能理解教会（和祷告书）所宣认的救赎本质；在它当中没有圣洁生活的位置。相反，福音派的归信模式始于个人对罪的认识，进而个人相信基督所完成的工作，以致活出敬虔的个人生活。

福音派宗教屹立于一个很长的抵抗运动的传统，即反对肤浅的基督教宣告；它至少追溯到4世纪，沙漠教父（desert fathers）拒绝吸引人的、那时第一次普遍流通的商品——基督教与纵欲绑在一起。[正如霍米雅科夫（Khomiakov）所说，如果教宗是第一位新教徒的话，那么科普特人圣安东尼（Saint Antony）就是第一位福音派基督徒。]但是，福音复兴运动不仅仅是一场抗议运动；它代表了一种文化的发展，向它所处的时空宣讲基督的信息，就像安东尼曾经向他的时空宣讲一样，令人信服并且恰如其分。

基督教国度这个概念已经出现了好几个世纪，它不再适用，它的使用越来越模棱两可。不再有从爱尔兰到喀尔巴阡山脉（the Carpathians）单一的基督教领土，不再有一种单一的神圣语言，不再接受由单一教宗之单一教会阐明下的基督的统治。不同于当权者和教会人士

---

[13] *Hymns for the People called Methodists*, preface. 诗歌本第一部分的编排表明了"真实的"基督徒经验的逻辑的、不必然是按年代顺序的过程：第一部分：告诫罪人转向神——描述（1）宗教的愉悦；（2）神的良善；（3）死；（4）审判；（5）天堂；（6）地域；（7）为祝福祈祷。第二部分：描述形式的宗教；描述内在的宗教。第三部分：为悔改祷告；为认罪的哀哭者祷告；为跌倒的人祷告；为跌倒的人恢复祷告。第四部分处理"信徒"的生命和活动，第五部分处理卫理公会的活动。

[14] W. Carus, *Memoirs of the Life of the Rev. Charles Simeon...With a Selection of His Writings and Correspondence* (London: Hatchard, 1847), p. 188.

的第一直觉，国家在宗教上采取妥协的态度，勉强承认少数的族群。（宗教宽容不是慈善的结果，而是政治现实主义的结果。）

然而，宗教多元主义只是指向宗教私人化的一个因素，宗教私人化就是宗教逐渐进入个人判断和个人决定领域的过程。智识和社会的发展指向了同一个方向。一种不断加强的意识个体化（在这里"我思，故我在"会是一句格言），以及从契约协议的角度去理解社会，这些都逐渐瓦解基督教领土的原则；这一原则从蛮族人归信以来就作为西方基督教（甚至在其新教的形式中）的基础。

因此，西方基督教面临一场文化的危机——它在西方文化中的基础在削弱，伴随着制度性教会的约束衰弱，集权国家的效率不断提高，以及宗教降级到私人领域中去。福音复兴运动或许是基督教在变动的西方文化处境中最为成功的一次重组。当然，这不是空穴来风。在更早的基督教历史中，作完全之门徒的呼召常常被听到，除了恢复这一点之外，福音复兴运动留有中世纪对赎罪的关注（这一点深植在欧洲的精神中）。它也扩展并厘清了宗教改革中的观念，就是在世俗世界和家庭中过神圣顺服的生命（这一点特别像英格兰清教徒发展出来的）。最重要的是，它将基督教国家的传统框架及其国家教会（是否有或没有一种正式建立的**原则**事实上是地方性的事务）与对个人自主和个体自决的深刻认识结合起来。那种协调在基督徒自我认同的文化鸿沟中架起了一座桥梁。它使得福音派宗教成为西方社会中一股关键的力量，一种最真实、也是本地的基督教版本。用目前骇人听闻的宣教学的行话来说，福音复兴运动使得针对北方基督新教世界的福音处境化了。

## 超越基督教国度：宣教运动的核心

当然，在所有本土化的成功背后都潜藏着危险。福音在一个地方越让人有宾至如归的感觉，让他人无地容身的危险就会越大。宣教运动对个人的宗教已经与西方文化保持一致的人提出要求，要求他们在非西方的处境中传递基督教的信息，原先塑造了他们的宗教的种种假设无法落实到其中。在早期，宣教地区不包含基督教世界，没有基督教化的社会。没有名义上的基督教作为宣讲的对照组——就是作为目标对象。在很多或大多数新成立的宣教机构中，如果不考虑亲族网络的话，观众是没有能力做个人选择的。实际上，在福音派宣教士和他们支持者的认知中，比起更常有的失败、心碎和灾难的经历，早期宣教的振奋或成功更会让人感到不解。有些事件，宣教士只能将其交在神的手中。一个人如何去解释整个岛屿上的百姓都弃绝了他们传统的崇拜并承认基督这样的事呢？这样事情可以发生，没有福音派长久以来确立的归信模式的任何特征。塔希提岛（Tahiti）上的宣教士——在那岛屿上的公理会宣教士——停止记录归信者的名字，这是因为"那认信成为整个民族的了"，[15] 这是"归信"一词的意思得以扩展的一个标志。它现在可能表示的是，宗教认信转变的一种全心全意的认同；认罪和渴求圣洁可能随之其后。宣教士们一再注意到，表面上热诚宣告的信仰缺少这些特征。一位美国宣教士在解释时如此说道："我发现，当异教徒开始归信基督教的时候，深刻且强烈的认信在他们当中是找不到的。'对罪的认识是藉着律法来的'；但这理解还不完全。它还没有来得及在人心里动工。"[16]

尽管如此，从整体来看，无论是天主教还是新教方面，宣教运动已经改变了基督教的面貌。它已经转变了教会中人口和文化的构成，这对未来的生命、领导力、神学和崇拜所带来的影响不可估量。这种转变最为显著的特征是在非洲大陆，在宣教运动开始的时候，认信基督教的人很少；但如今，当西方绝大部分处于后基督教时期的时候，情况已经变成，非洲大陆认信的基督徒可能比任何其他大陆都来得

---

[15] 参见 R. Lovett, *The History of the London Missionary Society, 1795-1895* (London: Henry Frowde, 1899), pp. 184-237. J. Garrett, *To Live among the Stars: Christian Origins in Oceania* (Geneva: World Council of Churches; Suva: University of the South Pacific, 1982), pp. 13-31.

[16] 公理会宣教士在塔希提岛为国王膏抹和加冕，并且在不同的岛屿起草了国家的法典。

多。¹⁷ 后面的例子说明了福音派基督教与非洲的相遇；每一次事件与福音派宣教的努力都有着一种历史上的联系。使它们与众不同的东西来源于福音派的主题与在非洲起作用的因素之间的互动。

## 基督教和非洲人的倡议

认信基督教的社群规模之庞大是需要慎重对待非洲的一个重要理由。但是，基督教宣教不只与教会的增长有关；它是要使万国万民成为门徒。基督教宣教是藉着关乎基督的话语对文化和思想方式进行渗透。它是关乎翻译——一个人可能会说是道成肉身之翻译，因为它的起始点就是肉身化，让圣子生活在犹太巴勒斯坦的具体文化处境中。¹⁸ 它是关于圣经进入到思维和行动中的翻译，就像是关乎基督的话语对每个文化中的参照点带来影响，人们通过这些作为参照点的东西认识他们自己，辨认他们所属何处。我们尝试对影响进行评估，必须考虑到翻译及其增加的过程；如果到目前为止的论证是正确的话，那么福音复兴运动本身就是作为翻译的一个例子。

现代非洲基督教不只是非洲人诸多运动的结果，而且它主要依靠非洲人得以持续下去，更让人惊讶的是，它还是非洲人倡议的结果。甚至宣教的因素必须从这个角度出发。

热带非洲在现代的第一个教会根本不是宣教士的创立，这一事实中有些象征性的东西。它是早有预备，一群出生于非洲的人或非洲的

---

[17] 数据的分析参看 D. B. Barrett, *World Christian Encyclopedia* (Nairobi: Oxford University Press, 1982); see also earlier pointers in D. B. Barrett, "A.D. 2000: 350 Million Christians in Africa," *International Review of Mission* 59 (1970): 39-54; and Roland Oliver, *How Christian Is Africa?* (London: Highway Press, 1956). 参见 A. F. Walls, "Towards Understanding Africa's Place in Christian History," in *Religion in a Pluralistic Society: Essays Presented to Professor C. G. Baeta*, ed. J. S. Pobee (Leiden: Brill, 1976), pp. 180-89.

[18] 参见 A. F. Walls, "The Translation Principle in Christian History," in *Bible Translation and the Spread of the Church in the Last Two Hundred Years*, ed. P.C. Stine (Leiden: Brill, 1990), pp. 24-39. Reprinted in this volume as chapt. 3.

后裔，在作种植园奴隶、或在美国独立战争时期作大不列颠军队的士兵、或是后来在新斯科舍（Nova Scotia）作农夫或游民的时候，就接触了基督信仰。[19] 他们有一千一百人；在1792年，他们来到塞拉利昂（Sierra Leone），来到这个克拉罕（Clapham）慈善家买来作为自由之省的地带。（据说）他们在靠近海岸时候，唱着以撒·华兹（Isaac Watts）的诗歌："醒来吧，来唱摩西和羔羊的歌。"他们选的诗歌意义甚大。他们离开奴役之家，穿过红海，如今他们正要进入应许之地。他们带来了他们自己的传道人；当第一个宣教士抵达那里的时候，他们的教会已经在塞拉利昂运转了将近二十年的时间。（实际上，他们驱逐了第二个宣教士，说他"身为卫理公会的传道人太过骄傲了"，或者，就像是他所想的那样，是因为他们"美式共和的气质"。）[20] 塞拉利昂——19世纪一个微小的国家，与现代的共和国有不同的边界——为西非其他地方提供了大量的非洲宣教士，甚至可以为其他的地方留下一个或两个宣教士。（在1880年代，塞拉利昂的宣教士被差派到肯尼亚去。）[21] 六十多年时间里，单单为英国海外传道会，塞拉利昂培养出来的人中有一百个被按立，除此之外还有不计其数的传道人、教师和其他宣教工人——他们都来自仅仅五万的人口。[22]

在大陆的另一端，路易斯·皮鲁埃（Louise Pirouet）已将注意力转向在如今是乌干达国家的那片地区，关注着基督教扩张的过程。正是乌干达的福音宣教士担当了这份工作，他们在远离家乡的地方工

---

[19] 关于塞拉利昂的新斯科舍定居者，参看 Christopher Fyfe, *A History of Sierra Leone* (Oxford: Oxford University Press, 1962); and idem, *"Our Children Free and Happy": Letters from Black Settlers in Africa in the 1790s* (Edinburgh: Edinburgh University Press, 1991).

[20] A. F. Walls, "A Christian Experiment: The Early Sierra Leone Colony," in *The Mission of the Church and the*, Studies in Church History 6, ed. G. J. Cuming (Cambridge: Cambridge *Propagation of the Faith* University Press, 1970), pp. 107-30.

[21] T. A. Beetham, "A Sierra Leone Missionary to Kenya," *Sierra Leone Bulletin of Religion* 1, no. 2 (1959): 56-57.

[22] P. E. H. Hair, "The CMS 'Native Clergy' in West Africa to 1900," *Sierra Leone Bulletin of Religion* 4 (1962):71-72; cf. idem, "Freetown Christianity and Africa," *Sierra Leone Bulletin of Religion* 6 (1964): 13-21.

作；这些地区在语言、传统、饮食方面都与他们自己的有很大的不同，他们就像欧洲"外国宣教士"一样。[23] 这是一种提醒，提醒我们福音宣教士和传道人在非洲基督教历史中有着至关重要的影响——这样的人没有受过多少西方的意义上的教育；英语不流利，可能都不会书写；但正是通过这样末端的联结，基督信仰得以传进非洲的乡村社会。但是，福音宣教士-传道人只是故事的一部分。我想起了一个研究，它讲的是尼日利亚一个人口稠密地区中许许多多的教会集会是如何形成的。开创性的人物是一个作为基督徒的法庭书记员，或是一个新建铁路上的工人，或是一位正在他脑袋里运转着缝纫机的裁缝，或是某个商贩。像这样的某个陌生人，或者一群陌生人，到了那里，开始家庭的祷告，在礼拜天用唱诗歌代替工作，一些当地的人便开始感兴趣。或许最开始的推动力是来自那个村子里的人，他们去了别的地方——去学习、去工作、去赶集市，也许被抓去坐牢，这不只发生一次——后来回到家，开始寻求一些在他们旅途中所发现的事物。那个研究呈现的例子中，没有一个聚会是一个宣教士创立的，也几乎没有一个是任何教会的官方代表创立的。在大多数的情况中，宣教的角色是要回应——有时延迟并低限度地透过贫乏的资源——那个社群中的一个倡议。

基督教在非洲的扩张中的另外一个因素就是活跃的人物的出现，他们与教会宣教没有任何直接的联系，跟教会的差派也没有什么关系。在第一次世界大战和经济大萧条时期之间，这些人物在西非十分重要。这些人物中最为杰出的一位是利比里亚（Liberian）的先知威廉·韦德·哈里斯（William Wadé Harris），迄今为止他在象牙海岸的基督教历史中都是最为重要的一位。在一个重要的研究中，尚克（D. A. Shank）把哈里斯称作是现代的先知。[24] 当然，哈里斯自己相信他

---

[23] M. L. Pirouet, *Black Evangelists: The Spread of Christianity in Uganda, 1891-1914* (London: Collings, 1978).

[24] D. A. Shank, "William Wadé Harris: A Prophet of Modern Times." Ph.D. dissertation (University of Aberdeen, 1980). See also idem, "The Legacy of William Wadé Harris," *International Bulletin of Missionary Research* 10 (1986): 170-76.

先知的呼召，他很深入地思想圣经经文，正如尚克提到的，他以不同于宣教士的方式去阅读圣经，但是在他自己的参照框架中却是非常理智的方式。他呼召人悔改；他说服成千上万的人放弃非洲传统中的宗教实践；他向他们指明圣经中的那位神，尽管他们还不能阅读圣经，有时候只是把英王钦定本圣经（King James Bibles）看作是所跟从教导的来源的一个记号；他用水施洗，藉着祷告和赶鬼胜过诸灵。无论宣教代表们会如何遗憾地在他的教导中发现种种疏漏，或者公开谴责其中某些特征，他们仍然争取获得哈里斯的认可，以便在事工中成为他的继任者。然而，哈里斯开启那项事工是为了回应他所相信之神的呼召，没有任何宣教团体的认可。

加纳阿善堤（Ashanti, Ghana）的卫理公会对一个富有领导气质、名为桑普森·奥彭（Sampson Oppong）的囚犯亏欠得太多。[25] 奥彭常常宣称在他被呼召成为布道家之前，他对基督教没有什么知识。他进入他的呼召是因着一些戏剧性的事件，那些戏剧性的事件包括一个预言性的梦，并且这个梦在第二天就实现了；他要毒死一个基督徒的企图破败，是因为那个要被加害的人在称谢后吞下了毒物；奥彭因酒精而神智不清时，他偷的羊惩罚性地踢了他一脚。卫理公会的差会估计，在五、六年间，有两万的人在他们底下寻求牧养关怀，这都是这个人布道的结果。在尼日利亚，有两个主要的宗教团体，使徒教会（Apostolic Church）和基督使徒教会（Christ Apostolic Church），都是源于一名压路机司机约瑟夫·巴巴罗拉（Joseph Babalola）的事工；在他的引擎坏掉之后，他发现了来自神的命令，于是他成了在大萧条时代搅动约鲁巴兰（Yorubaland）一场群众运动的关键性人物。[26] 这样的现象不只局限在西非。比如，在莱索托（Lesotho），大概在相同的时间，巴黎宣教会（Paris Mission）意识到，一群又一群的人进教会，是因为听了一个叫瓦尔特·马提他（Walter Mattita）的年轻平

---

[25] G. M. Haliburton, "The Calling of a Prophet: Sampson Oppong," *Bulletin of the Society for African Church History* 2, No. 1 (1965): 84-96.

[26] 参见 H. W. Turner, *History of an African Independent Church: The Church of the Lord (Aladura)* (Oxford: Clarendon Press, 1967), pp. 16-32.

信徒的布道；而在不久之前，他最多只是一个任性、懒散的教会参加者。[27]

这些人中没有一个与差会的事工及其领导架构相称，然而正是这些差会认识到了他们的成效。每一个人都宣称受神直接的差派，首先是藉着梦或异象，在后来的记号中得到确证。每一个人的事工都导致了各个已经存在的教会（除了巴巴罗拉的例子，是宣教团体主导的教会）的大规模扩张。我们可以看到另外一组在宣教梯队中处在较低层级的人物，他们在宣教领域之外发起了相当规模的基督教运动。比如说有加里克·布雷德（Garrick Braide），也称作是以利亚二世（Elijah II），他是尼日尔三角洲（Niger delta）的圣公会传道人，医治教会基督军团（Christ Army）的创立者。[28] 其中最为引人注目的是浸信会传道人西蒙·金邦古（Simon Kimbangu）所留下来的遗产，在短短几个月的布道和医治事工之后，他在刚果的比利时政府下于1917年因颠覆罪的指控被捕。他在监狱中度过了余生。他所发起的运动被禁止，走入地下，赋予了独立运动一种基督教式的表达；在殖民统治瓦解之后，在金邦古一个儿子的带领下，运动再次以先知西蒙·金邦古地上所建之耶稣基督的教会（L'Eglise de Jésus-Christ sur la terre par le Prophète Simon Kimbangu）的名义出现，声称说有超过五百万的会众。[29]

## 处境中的归信

非洲人成为基督徒的非洲原因是多重的。在当前的历史学中，宣

---

[27] S. N. Mohlomi, *Kereke ea Moshoeshoe: Lesotho's First New Religious Movement*. M. Litt. Dissertation (Edinburgh: Centre for the Study of Chistianity in the Non-Western World, 1977).

[28] G. O. M. Tasie, "The Prophetic Calling: Garrick Sokari Braide of Bakana," in *Varieties of Christian Experience in Nigeria*, ed. E. Isichei (London: Macmillan, 1982), pp. 99-115.

[29] 在一大批关于金邦古及其从他的工作发展出来的运动和教会方面的著作，参看 M. L. Martin, *Kimbangu: An African Prophet and His Church* (Oxford: Blackwell, 1975); and Werner Ustorf, *Africanische Initiative: Das aktive Leiden des Propheten Simon Kimbangu* (Bern: Lang, 1975).

称说那些原因是世俗的和隐藏的，是通常的做法——一种得以接近欧洲人拥有力量的途径，或者获得从那源头而来的值得拥有之物的途径。奥克洛卡（C. C. Okorocha）最近的一部著作提到，在伊博地区（Igboland），对基督教的回应特别迅速，称这些原因为世俗的，是错误的。[30] 宗教在伊博地区总是指向力量的索取；神灵被追随，是因为它们提供力量。因此，联合军事行动被不列颠人挫败，值得拥有的物品和能力受白人的控制，所有这些与那本书赋予他们的能力有关，以上这些都表明了传统宗教渠道的缺陷。有着种种**宗教的**理由去放弃它们。然而，放弃传统的宗教渠道不是要求彻底重新绘制一张属灵世界的地图。伊博人过去常常承认一位至高的存在——朱格乌（Chukwu 或 Chineke）。基督教的宣讲似乎提供了直接接近朱格乌的渠道；它所吩咐的是一次宗教的转向，要求离开如今已经不值得信任的次级神灵。奥克洛卡指出，这纯粹是一种宗教性的回应，一种与超越者关系的秩序重整。它涉及到的是一次抉择，一次与过往的部分的中断，紧随之其后的则是一种新的崇拜模式，应该做和不应该做之事的准则，这准则与传统的准则是足够接近、可识别的（或许除了对男人来讲，多一个妻子是很重要的事）。它提供了与那本书和它所传递的力量产生联系的直接渠道。

奥克洛卡关于伊博故事的记录，让人想起比德关于英格兰诺森比亚王国（Kingdom of Northumbria）的归信记录。国王埃德温（Edwin）对基督教颇有好感，于是召集了一次公会议去检验这样的共识。第一个讲话者是旧神灵的祭司，他对基督教投了赞成票。他的论证是：没有一个人侍奉神灵会比我更敬虔，然而我看到许多人对皇室青睐的喜爱却比我更甚。因此，我最终发现，从它们的宗教礼仪中将一无所获。在那一票投下之后，祭司是第一个除去众神之神龛的人，正是这些神灵使虔诚的敬拜者感到失望。[31] 虽然没有完全整合在他的作品中，奥克洛卡觉察到伊博基督教中存在的一种双重的运动。对旧有神灵最初

---

[30] C. C. Okorocha, *The Meaning of Religious Conversion in Africa: The Case of The Igbo of Nigeria* (Aldershot: Avebury Gower, 1987).
[31] Bede, *Ecclesiatical History* 2.13.

弃绝的显著特征是，对基督教崇拜和对所谓申命神学（Deuteronomic theology）的热情坚守：荣耀神，祂就使你得荣耀。后来的世代明白其中潜藏的情感，就是在古道中可能存在着某些东西，但是基督教包含了一种新的对十字架和背起十字架的强调。奥克洛卡提出了问题，就是在尼日利亚内战中，那个地区遭受的可怕苦难在这一轨迹中所扮演的角色问题。[32]

在伊博地区和诺森比亚，基督教最开始是从一种传统世界观的角度被接受的，并且与传统的目标联系在一起。我们中任何人在完全摒弃我们已有的观念条件下而去接受一种新观念，这是不可能的。但是，在伊博地区和诺森比亚，被吸收进信仰体系中的新元素，有其自身的动力，那动力深入到传统的系统中，与之产生互动。

西方世界给非洲带来的外在影响，促使在传统的思维框架中产生一系列的理由，以寻求激进的宗教调适和转变。一座河坝，在水之精灵的居所上建一座混凝土建筑物，年轻人工作挣钱后大规模离去，从侵入者身上感染、当地社会对其却没有免疫力的病毒，这些事物都有着宗教的影响——比起对一个稳定且安逸的社会进行多年的布道，这些事物潜在地在宗教上对人的打击更大。在稳定的原生社会中，长老的传统——几个世纪中建立起来的知识、智慧和解释的有机体——提供了应对每种可预料情况的途径。但是，当传统对所发生的情况没有任何答案的时候，社会就可能处在一种分崩离析的危险中，除非它能发现一种容纳侵入元素的途径或者一种新的生活法则，以此来作为替代或补充的传统。没有这样一把行动的钥匙，关系、等级制度和社会的价值观都会被干扰。人们会陷入混乱——他们面临相互冲突的义务，在恰当行为的路径上就充斥着各种模棱两可。在非洲，接纳基督教通常都是适应难以承受、有潜在危险的环境的一种方式。寻找生活的新钥匙，就是渴望能够带着善意做出有把握的选择，这肯定是一个彻底的宗教动机，即便这不是宣教的布道主要说明的一点。

寻找行动的钥匙可能藏在显明的律法主义（legalism）背后，律

---

[32] C. C. Okorocha, "Salvation in Igbo Religious Experience: Its Influence on Igbo Christianity." Ph.D. dissertation (University of Aberdeen, 1982).

法主义经常在福音派布道之后接踵而来。受哈里斯或其他非洲福音宣教士的影响而脱离旧有方式的人，有时候会问那些新来的差会代表，是否有什么特殊的食物是基督徒应该吃的，或者基督徒是否要像欧洲人一样睡在地平线以上的地方。这些不是细枝末节的问题。一个人放弃了一个传统中的规则，他必须要知道取代它那个传统的所有要求。[33]

显然，那位英格兰肯特王国（Kingdom of Kent）的罗马宣教士奥古斯丁遇到了相似的情况。比德告诉我们，从第一批英格兰基督教归信者和慕道者中冒出来的那些问题就是类似以下的这些话题：两个兄弟是否可以和两个姐妹结婚，或怀孕期间或经期或性交之后是否可以参加礼拜。[34] 毫无疑问，关于这些事情，基督教之前的宗教礼仪是有规则加以限定的。如果对这些禁令进行制裁的神灵被弃绝了，那么去了解新的神在这些事情上是如何要求的，这是有必要的。没有答案则会让人陷入混乱，会害怕毁坏危险的图腾。值得注意的是，就这些问题，许多非洲的独立教会有着清楚的规定。就像奥古斯丁向教宗格列高利指出了他的问题，他们注意到，它们中有一些在《利未记》的圣洁法典中就已经得到处理。因此，他们就能援引圣书，建立起新利未团体的生活方式。他们不正是祭司的国度吗？

## 非洲基督教的一些倡议

西非人生活一个的著名特征就是先知医治教会 [ 在西非，它常常

---

[33] 所关切事物中的一个例子，参见 G. M. Haliburton, *The Prophet Harris: A Study of an African Prophet and His Mass Movement in the Ivory Coast and the Gold Coast, 1913-1915* (New York: Oxford University Press, 1973), p. 222. 基督教行程中律法的地位，参看 D. A. Shank, "African Christian Religious Itinerary: Toward an Understanding of the Religious Itinerary from the Faith of African Traditional Religion(s) to That of the New Testament," in *Exploring New Religious Movements: Essays in Honor of H. W. Turner*, ed. A. F. Walls and W. R. Shenk (Elkhart, IN: Mission Focus, 1990), pp. 143-62.

[34] Bede, *Eccesiastical History* 1.27.

被称作阿拉杜拉（aladura），一个约鲁巴词汇，意思是"祷告的人"]。[35] 这些教会被建立在一个与西方相当不同的教会模型上，这种模型源于对圣经的一种本地解读以及对许多焦虑之人的优先事项予以一种积极的理解。预言、医治、占卜和启示在他们的生活中十分显著。教会的秩序常常是复杂而精致的，成员之间有相互区别的、带着不同象征图案的制服，他们被委以不同的头衔和职能。可能会有一位魅力型的领袖，也一定会有大量的会众参加。也可能会有规章、劝诫、禁律以及包含禁食和祷告的严格属灵操练所构成的一部详尽的法典。大部分是用来抵制巫术和法术；一些是用来鉴别巫师的；更惊人的是，一些是要对巫师的邪恶能力进行医治。

值得记住的是，许多这些运动是从一场运动产生的，这场运动始于圣公会福音派中成熟的平信徒。他们最初是作为奋兴祷告小组聚集的；他们作为基督徒，寻求神的力量在人类灾难（一战后的大规模流感）和属灵低潮中彰显。[36]

直到最近，这些先知医治教会可以被视为最有影响力、增长最快的本地教会。这是确凿无疑的。单单提及尼日利亚和加纳两个国家，这两个国家正在见证另外一种类型的独立教会的增长。[37] 像许多先知医治教会一样，它们常常是从旧有的教会中的祷告和奋兴小组发起的。像先知医治教会一样，他们宣称神圣救赎的能力，这能力将人从疾病和魔鬼的折磨中拯救出来，但这种类型的宣告更像是美国安息日

---

[35] 关于阿拉杜拉运动的起源，参看 Turner, *History*; and J. D. Y. Peel, *Aladura: A Religious Movement among the Yoruba* (London: Oxford University Press for International African Institute, 1968). 特纳的姐妹篇，Turner, *African Independent Church: The Life and Faith of the Church of the Lord (Aladura)* (Oxford: Clarendon Press, 1967), 给出了关于先知医治教会最完整的记录。

[36] Turner, *History*, pp. 9-13.

[37] 该运动现在开始在文献中得到重视。关于它的影响，见于 Rosalind Hackett, "Enigma Variations: The New Religious Movements in Nigeria Today," in *Exploring New Religious Movements*, ed. Walls and Shenk, pp. 131-42. 一个代表性运动的研究，参见 Matthews Ojo, "Deeper Christian Life Ministry: A Case Study of the Charismatic Movements in Western Nigeria," *Journal of Religion in Africa* 18 (1988): 141-62.

会和灵恩派布道中所宣告的。非洲鼓和阿拉杜拉的白色制服消失了；拜访者更有可能听到的是电子键盘和扩音吉他的声音，看到讲道的人身穿西非长袍（agabada）或干练的商务西装，唱诗班戴着蝴蝶领结。然而，这些激进的灵恩运动在起源、领袖人物、经济上都是非洲的。他们极具企业家的精神，活跃在电台、电视和磁带等事工中，也在各种抗议和聚会中。另一种教会是在激进的基督徒学生小组中出现的，比如圣经联盟（Scripture Union），他们追求的是在建制良好的教会中彻底的门徒化，在他们眼中，这些教会过于自满、妥协且没有生气。一种新兴的非洲基督教禁欲主义在这里是明显的，它强调祷告、禁食和预备受苦。所有新兴的运动与先知医治教会都有共同的特征，它们寻求圣灵明显的同在，寻求直接的方法解决现代非洲城市生活的问题和挫折。

## 福音派的延续

毫无疑问，宣教运动先驱们所期待的是，基督教可以让非洲人融入欧洲人的生活方式中。他们的辩护是针对他们同时代的人，那些人认为这是不可能的，因为非洲人不具有以同等条件参与"文明"（"civilization"）的精神能力；所谓"文明"就是欧洲人生活方式的论述。早期宣教的努力主要是为了证明，当非洲人被予以相同机会的时候，他们和欧洲人所做的相差无几。直到 19 世纪中叶，他们似乎达到了他们的目的，至少塞拉利昂作为非洲的一个部分，那时已经产生了一个基督教社群，那个社群有着文明化生活的所有特征。人们去教会穿着欧洲人的衣服。他们用英语唱他们的诗歌和诗篇。他们的小孩会去学校，在学校中最聪明的学生会学习拉丁文。识字率要高于大部分欧洲国家，那里甚至有女子语法学校。直到那个世纪中叶，英格兰不过少数的城镇才有这样的学校。如此看起来，一个非洲的基督教国家在每个方面都与英格兰相像——甚至更好。[38] 撒母耳·克劳瑟（Samuel

---

[38] 图片参见 Henry Venn, Secretary of the Church Missionary Society, in *West Af-*

Crowther）牧师，后来成了主教，当他来到伦敦的时候，人们看到了，这位庄重谦和的黑人牧师用出色的英语在公开会议中发表演说；当访问皇家宫殿的时候，他回答阿尔伯特亲王（Prince Albert）所提的关于非洲贸易的一个聪明的问题；宣教的工作获得了最终的肯定和辩护。因此，宣教的目标是要产生更多相同的。一位非洲牧师和一位英格兰牧师除了肤色不同之外，在其他所有方面都是相同的。[39]

但塞拉利昂是一个特别的例子。它主要人口的祖先是在他们跨越大西洋之前从奴隶贸易的船只上解救下来的百姓——这些百姓操着上百种语言，他们背井离乡，没有希望再看到自己的家乡。他们失去了他们旧有的身份，而且因为他们太过多元，所以旧的身份难以重新建立起来。可替代的方法就是新的身份：基督徒，并且基本上是不列颠的那种。当然，克利奥人（Krio）的身份要比所有人们意识到的更深地扎根在非洲的土壤中；那种发现是后来的事。一个更快的发现是，那些没有尝过背井离乡滋味的非洲人，通常不想变成黑色的欧洲人。他们可能会从欧洲人的行囊中取走一些东西；他们或许会成为基督徒，但他们不会去复制基督教宣教的第一个模型，塞拉利昂。[40]

随着不同的新模型被建立起来，这些模型中所共享的一些经验不是西方基督教经验的一部分。非洲基督徒所面临的局面是，正直诚实要求他们以基督教的方式找到一种解决办法——那就是，将关于基督和圣经的话语加以落实——面对这些局面，西方基督教，就是那基督教传统的源头，没有任何的答案，因为它并没有相似的经验。藉着相同的关乎基督的话语以及圣经，他们所面临的任务是要穿透进一个经年累月集结而成的智慧系统以及思想和行动的方式中去，它们就像是

---

*rican Colonies: Notices of the British Colonies on the West Coast of Africa* (London: Darton and Lacy, 1865).

[39] 参见 *An Appeal for a Great Extension of Missions to the Heathens…* (London: CBS, 1873)，一部年长且有学者情怀的圣公会福音派教会人士的不具名的著作："我们有一位熟悉希腊文新约的黑人主教，他管理着尼日尔的主教教区，就像英格兰的主教一样。我们有一张他和他牧师儿子在福音事工中的珍贵照片。或许一个或许多个非洲神父有着同样的肤色。"（32 页）

[40] 参见 J. F. A. Ajayi, *Christian Missions in Nigeria, 1841-1891: The Making of a New Elite* (London: Longmans, 1965).

早期希腊化基督徒所面对的希腊思想世界一样自成一体。

这里没有更多的时间，只能最简洁地提一些非洲基督教经验不同于西方基督教经验的地方。

## 神和非洲的过去

基督徒（基本上）是外邦人，敬拜犹太人的神。早期外邦基督徒接受了犹太人对待外邦神灵的态度，特别是针对希腊罗马异教中流行的诸神灵。这些是偶像，不是神灵。宙斯或朱庇特不是我们主耶稣基督的神和父。但是，希腊本土思想中重要的一支也曾拒绝过民间宗教中的神灵，希腊的哲学传统发展出了一种观念：神是至善，没有名字，最好用否定式进行描述。对希腊基督徒来讲，把这个非人格化的、没有名字的存在与圣经中的神、犹太人的神混淆起来是一件自然的事。

这意味着，犹太人的神不再有一个个人化的名字。祂只不过是那位神（ho Theos）。随着基督教传播到北方和西方的蛮族百姓那里，他们也放弃了他们万神体系中的神灵，取而代之的是一个中性的术语God，一取代了多。

总体上讲，非洲基督徒的经验是不同的。在西非，第一批背负基督教信息的人想到他们正面对一个多神的、偶像崇拜的社会进行宣讲的时候，这些人在那里发现，他们认识某一个创造神，也是宇宙的道德主宰。曼德人（the Mende）称祂是思盖欧（Ngewo），阿肯人（the Akan）称祂是纳美（Nyame），约鲁巴人（the Yoruba）称祂是奥卢龙（Olorun），伊博人（the Igbo）称祂是朱库（Chukwu）或朱格乌（Chineke）。堕落的教义也被暗示，因为总有一些故事暗示，神曾经比祂现在更加靠近尘世，古人身上贪婪和愚蠢的行为迫使祂远离了人。在大部分人日常的敬虔生活中，纳美或奥卢龙扮演不了什么角色。向至高者祭祀可能是少有的，或是不存在的，祷告也只有在紧急情况下才做。其他一些神灵会出现在梦境中，有灵媒——但不是思盖欧、纳美或奥卢龙。对这些百姓和其他像他们一样的人来讲，至高者和低层级的神灵之间存在着绝对的区分。在"神"和"诸神灵"之间没有主动竞争的可能,在诸神灵之间好像也没有制胜一击的竞争痕迹,而这些却是闪米特宗教历史的特征。低层级的神灵可以轻易地归为独立的存在,自主权有限;而谁是"神"这一点是毫无疑问的。[41]

因此,用思盖欧、纳美、奥卢龙去称呼圣经中的神是一件自然的事情。[有人可能会注意到,穆斯林很排斥这样做。非洲穆斯林作为一个整体,只能使用"安拉"("Allah"),不会使用本地语言的名字。]

在东非的部分地区,情况有所不同。阿拉伯人试图给 19 世纪布干达的卡巴卡(Kabaka of Buganda)传讲关于安拉的知识的时候,卡巴卡这样回复道:"哪里还有比我更大的神吗?"他那时候说得如此真诚。[42] 布干达人敬拜卡巴卡时予以无以复加的荣耀,没有神灵可以相比。但是,只有一个灵,卡通达(Katonda),他的神龛中没有火,不在梦中出现,也几乎不接受献祭。他其实处在干达宗教(Ganda religion)的边缘。然而,卡通达看起来是造物的工匠,他后来等同于圣经的神。这影响是极不寻常的。卡通达差点被人遗忘,在此之前没有人去注意他,如今——根据基督教的宣讲——他叫每个人放弃崇拜所有其他的木兹姆(Muzimu)——实际上卡通达曾让他的儿子让他们这么做过。实际上,大部分人没有接受关于儿子的信息。对宣教士来讲,试图将基督呈现为完美的赎罪祭,并且藉着圣灵引导他们过圣洁的生活,是很难的事。但是,干达观众席的构造并没有让这些话语立刻被听到。被忽视的卡通达的突然出现,带来了影响。[43]

我们不能去设想说这种影响是肤浅的。干达基督教历史最早的篇章是值得让人记住的。当卡巴卡命令他的基督徒侍从去做在他们看来是神所禁止的事情的时候,布干达的基督教信仰尚属年幼。这些侍从拒绝这么做后,许许多多基督徒青年,无论是天主教徒的还是新教徒的,都公开遭到迫害,并被活活烧死。

---

[41] 参见 P. J. Ryan, "'Arise O God': The Problem of 'Gods' in West Africa," *Journal of Religion in Africa* 11, No. 3 (1980): 161-71.

[42] J. V. Taylor, *The Growth of the Church in Buganda* (London: SCM, 1958), p. 9.

[43] *Ibid.*, pp. 252-60.

我们没有时间去思考后面的故事，或是去思考干达基督徒有时面临的困难，就是要填充卡通达和他们自己之间全部的虚空——丰盛（pleroma），使用保罗给歌罗西人谈到类似问题时所用的形象。[44] 不是每个人都会很快地相信，很久之前的一次短暂尘世之旅会是一个充分的基础，在这个基础上去接受代表属灵世界的所有事情。在过去半个多世纪的时间里，东非引人瞩目的复兴运动代表着干达基督徒行程中的另一个阶段。我所指出的只是布干达的一个例子，就像在非洲的大部分地方，神有着自己的名字，就是本地语言中的名字。所以，神是非洲过去的一部分；实际上，就像卡通达、纳美或奥卢龙，祂是干达人、阿肯人和约鲁巴人过去的一个部分。

当代许多非洲神学的讨论都是集中在这个问题上。非洲基督徒学者正在寻找非洲宗教的遗产，不是像非洲基督徒曾经教导的那样，去贬低或轻视它，而是看到神和百姓同在的不同方式。一些人类学家，无论是欧洲的还是非洲的，都抱怨称这是要把非洲宗教基督教化。非洲的非基督徒学者，比如奥考特·普比特克（Okot p'Bitek）就抱怨说，这是一种偷窃。[45] 一些基督徒神学家害怕的则是不同的东西——在非洲的过去寻找神的过程，会把基督教的启示看作是没有必要的。[46]

再说一遍，我们不能够进入这样的争论。然而，值得注意的是，第2、3世纪的基督徒在关于他们过去之本质的争论中有类似的情况。犹太基督徒可以骄傲宣称"在第八天受割礼，属便雅悯支派"诸如此类的话，[47] 他们知道亚伯拉罕以后全部的故事。那些后来被嫁接到橄榄树上的外邦基督徒是什么呢？[48] 他们中有一些人就举出，在他们自己的传统中那些曾经拒绝假神并为之受苦的人，一些人开始谈到

---

[44]《歌罗西书》1:19，其中 pleroma（丰盛）——神和宇宙之间运作的中间力量所处的整个领域——在基督里面居住。

[45] Okot p'Bitek, *African Religions and Western Scholarship* (Kampala: East Africa Literature Bureau, 1970).

[46] 举例来说，Byang Kato, *Theological Pitfalls in Africa* (Kisumu, Kenya: Evangel Publishing House, 1975).

[47] 参见《腓利比书》3:5.

[48] 参见《罗马书》11:16-24.

哲学是带领希腊人到基督那里去的导师，就像主带着犹太人一样。[49] 2世纪希腊化基督徒，想要把基督介绍给那些分享着相同文化遗产的人；于是他们不得不考虑基督和那遗产的关系，就是和他们过去作为希腊人的关系。没有过去，人就没有身份的认同。夸梅·贝迪亚科（Kwame Bediako）研究了古代希腊人身份认同和现代非洲身份认同问题的相似性。[50] 20世纪非洲基督徒不得不面临这个问题：在非洲的过去中，神在哪里？它是非洲神学议程中的首要问题。它不能够只从西方的神学经验中得到回答。纳美、思盖欧、奥卢龙是圣经的神，耶稣基督的神和父。宙斯和奥丁从来就不是。

## 医治的过程

三十年前，一位富有洞见的学者型宣教士讲了一个乌干达的故事，他后来成为一位英格兰圣公会的主教；我们思考一下这个故事。[51]

> 有一个已婚的妇女，是圣公会领圣餐的会友，她没有孩子。她突然被鲁伊德王子（the prince Luyidde）的木兹姆附住，它的神龛伫立在离她的村子不远的一座小山上。她的身体麻木、僵硬，有两个声音说话，一个声音重复着："我是鲁伊德。"她自己的声音在说："我是基督徒；我不能走。"许多天后，这种精神的问题仍然继续，似乎没有人能帮助她，后来她的兄弟和她也是会友的丈夫，觉得没有什么能救她，就让她走了。她现在住在山上的神龛那里，和她的丈夫分开，因为她属于鲁伊德。有时，她会被附身，用他的声音说话；但是，在

---

[49] 关于苏格拉底和其他见证真理的人，参见 Justin, *Apology* 1.46; 关于哲学作为基督的导师方面的内容 Clement of Alexandria, *Stromateis* 1.5.
[50] Kwame Bediako, *Theology and Identity: The Impact of Culture on Christian Thought in the Second Century and Modern Africa* (Oxford: Regnum, 1991).
[51] Taylor, *Growth of the Church in Buganda*, p. 211.

其他时候，她十分正常，定期参加聚会，仍然是一位会友。

一旦有疾病得不到医治，祭司、女祭司、灵媒和占卜师经常被人请求回到他们自己的工作上去。他们就立即恢复，回应请求，拿起他们神龛的职责，或者重操旧业。

在上述的例子中，那个被召唤的人是一个基督徒，不想离开。但教会没有什么装备可以对付她的疾病，或给她平静的意念。马拉维的塞拉斯·尼克扎纳（Silas Ncozana）最近的论文揭示了，类似情况现今如何已成为那个村子的一个重大牧养难题。[52]

在非洲，疾病经常是和灵界的力量有关系的，也和道德或社会的过犯或义务有关系，不论是有意还是无意。因此，首要诊断的问题不是它是什么病而是什么——或者谁——引发了疾病。相似地，治疗的过程是要把错的摆正（如果诊断表明那是某人自己的责任），或者尝试去处理攻击（如果显明的是其他人恶意攻击的结果）。

传统的医学当然是使用草药治疗的方法，但一位传统医治者所需要的不仅仅是药学方面的知识。他必须对人性有很深的认识，有能力询问深入的问题，先不去讲他在宗教或巫术上的技能。与之相反，西方医学完全属于世俗社会。我们将我们医学的实践建立在对待疾病的原则上。非洲的传统医学是建立在对待人的原则上。

但是，思考一下基督教宣讲对非洲的医治的影响。巫术的行为是被基督徒禁止的。占卜师作为诊断系统的核心也同样受到禁止。对患者来讲，传统医治的整个系统被否定了。回答可能变成吃一些药片，如果这些是从一位牧师或宣教医院来的，药片可能会被看作是神的工具。但是，在服用药片的事情上，若将其视为一个行动，没有什么东西与基督教特别相关。不管怎样，如果在你的地区没有医疗的供应，你会怎么做呢？据说，先知哈里斯的归信者在他们生病的时候，会催促先知采取一系列的行动——在此之前，他已经表明，如果一个人相

---

[52] S. N. Ncozana, "Spirit Possession and Tumbuka Christianity, 1875-1950." Ph.D. dissertation (University of Aberdeen, 1985).

信神的话，传统医治是无用的。结果，他的回复是，如果实在不行就服用当地的药物，但是当你收集草药的时候，向神祈祷；当你准备药的时候，向神祈祷；当你要服用它的时候，向神祈祷。[53] 传统的专家就这样被绕开了。

哈里斯做了妥协。如果传统的药物被基督教信仰完全排斥的话，基督徒对疾病就没有任何的抵抗能力，只有祷告并相信基督。那种严格的伦理使许多基督徒能坚持到底；更加激进的独立教会强烈地要求放弃所有的药物。药瓶是什么呢？只是在形式上与传统医学相等同的东西，是白人替代信仰而奉作神明之物。（基督使徒教会从使徒宣教中分离出来，是因为他们对那些使用奎宁的宣教士很失望。）[54] 但是，有人会看到这对许多的人来讲是难以承受的。所以，当疾病或麻烦来的时候，就会发生去看占卜师的事情——但是，在晚上，患者带着内疚感，因为他们觉得他们不应该这么做。

在这一点上，先知医治教会带着特殊的力量讲话。它们反映了一种确信，就是基督确实是救主，祂仍然施行拯救，祂在会众中施行医治；会众同情的举动和克里斯玛型的领导人与邪恶的搏斗，将患者以及疾病可能的原因认真对待。对患者反应的强调，可能在洗礼中，以及在教会中后续属神的礼拜对这一点进一步强调。它提供了一个框架，在这个框架中，那些被称作灵舞者或灵媒，就像主教的故事中的那一位，在与之前诸灵的恶斗中，可以被合理地对待，并且得到所有会众的帮助。

基于事实，先知医治者使用的询问技巧和风格有着传统占卜师和医治者的特征。但先知医治教会是传统占卜师的死对头，是暗中溜进他房子中的那些东西的死对头。先知医治者对他们医治的来源方面十分坚持，将它坚定地与基督的工作或圣灵的工作联系在一起。（他们通常不知道二者的分别。）把圣经对着患者的头部放在一旁，或者给一瓶经过祷告祝圣过的水，都可以被描述成偶像崇拜的举动，与施一个符咒没有什么不同；然而，当力量的来源明显地被确认是圣

---

[53] Haliburton, *Prophet Harris*, p. 54.
[54] Turner, *History*, pp. 31-32.

经的神和基督之灵的时候，与非洲旧有力量的区别就凸显出来了。传统非洲医人而非医病的观念被保留了下来，但藉着医治立定在基督，传统的观念也被转变。它要求与"世界"更彻底的隔绝，而不是白天去教会，晚上去占卜师那里。

告诉那个受苦的女人说鲁伊德死了，不能够伤害她了，这是没有用的——她有不同认识。这样说法也不是基督教的，因为它没有把基督放在她的需要中。相似地，西方基督教在巫术的悲惨情境中无法提供帮助，因为巫术的客观实在性在它的世界观中没有真正的位置。西方基督教的首要价值在于使受到巫术的指控或质疑的人免遭不该承受的磨难。但是，这么做不会减轻对巫术的惧怕；实际上，在某些情况下，它反而增加了惧怕。它对灵魂遭受折磨的人做不了什么，她去先知医治者那里，承认她是一个巫师，[55] 坚持说她已经杀了人，说出他们的名字，并祈求能够救她脱离这摧毁人的诅咒。对有嫌疑的巫师提出问题，无疑就是残酷的心理欺凌，但是娴熟的医治者的提问，也可以把治疗性且造就人的事物拿到台面上来。总之，巫术是被客观化了的仇恨。娴熟的提问可以将那种因对手的孩子死了而高兴的仇恨和妒忌揭示出来。藉着这样的方式，仇恨可以拿到台面上来，承认它是存在的。随之其后的是宽恕，甚至是和解。基督就这样被应用在巫师和受害者的需要上，基督也被承认是得胜者，在这里，理性的解释是乏力的，对神圣之爱的宽泛保证也不会有什么效果。

## 福音派的遗产

福音派在非洲努力所结的果实是如此多样、如此丰硕。本来我们可以列举更多的例子，它们中有一些——特别是东非的复兴——更接近于西方福音派的传统。[56] 然而，如今看起来，更重要的是表明福音布道的成果比最初显现的要广泛得多，也更加有动力。尽管发起宣

---

[55] 参见 R. W. Wylie, "Introspective Witchcraft among the Effutu," *Man*, n.s. (1973): 74-79.

[56] 东非的复兴只是稍稍一提；在它的起源，这种复兴受到了欧洲和非洲宣教

教运动的福音派宗教的一些特征——当然就是圣经所被赋予的崇高地位,以及对个人经验中迫切性的认识——已经是非洲基督教普遍的特征,然而需要注意的是,福音派宣教士的工作成果不仅仅是对西方福音主义的复制。他们在非洲所释放的基督教信息已经获得了自身的动力,这是伴随着它与非洲人生活中的需要和伤痛,开启了创造性且关键性的互动。当福音复兴运动为北方基督新教在文化的隔膜上架起桥梁、有着令人瞩目的影响的时候,同样的事情发生了。非洲人从**他们**所处的地方,而不是从宣教士所来的地方,回应了福音;非洲人听到了福音,他们已经回应了基督教的信息,而不是回应宣教士对那信息的经验。

尽管如此,第一次听到和第一次回应不是故事的全部,更不是故事的高潮。或许我们应该给予基督教世代交替的过程更多的关注,仔细观察社群宗教几个世代的轨迹。在许多这样的例子中,在一个人的一生中经历每一个里程碑将是不可能的,尝试走捷径也是危险的。[57]

对于宣教士而言,他们完成了——不论是不是他们自己——他们曾相信被差遣出去要做的事情。总而言之,他们传到非洲的不是福音主义,而是福音。

---

士两方的影响,它的前提在两个传统中都可以被找到。它已经发展成为本质上是非洲的运动,虽然它对西方福音派的生命产生一定的影响,特别是不列颠。参看 J. E. Church, *Quest for the Highest: An Autobiographical Account of the East African Revival* (Exeter: Paternoster, 1981); and P. St. John, *Breath of Life* (London: Norfolk Press, 1971); 关于西方和非洲的影响 R. Anker-Petersen, "A Study of the Spiritual Roots of the East African Revival Movement," M. Th. Dissertation (Edinburgh: Centre for the Study of Christianity in the Non-Western World, 1988).

[57] 参看 Shank, "African Christian Religious Itinerary," esp. pp. 154-57.

# 第8章
# 黑色欧洲人和白色非洲人：
# 在西非的宣教初衷[1]

塞拉利昂是现代宣教运动的第一个成功案例。从 1787 年到 1803 年数年间，见证了塞拉利昂的转变：原本它即便不是沃土也算是绿地，支撑着勉强营生的农民与河畔的奴隶工厂，后来它成了一个灾难之地的乌托邦；之后转变再次发生，那是伴随着新斯科舍（Nova Scotia）和牙买加（Jamaica）自由黑人的到来，他们怀抱着福音派的宗教和美国的共和主义，以克拉罕人（Clapham）所不喜欢的方式，实行着受克拉罕启发的计划；而且，转变也伴随着来自西非各地背井离乡的不同族群的增加，他们在人口中的比重越来越大，这些人是在他们见到大西洋彼岸的种植园之前，从奴隶贸易船上被带下来的。有时新的人口对宣教布道会热情回应，在很少的时候予以长期抵抗；那些相同的宣教士被派去监督他们世俗和属灵的需要，接受了他们在新斯科舍和马龙（Maroon）的前辈的标准和特征。同时代的不列颠的资料并未表明，那个时期的塞拉利昂被认为是一次巨大的成功；英格兰人在意的是在白人坟墓中宣教士生命的惊人损失，以及塞拉利昂宣教所付上的巨大代价；除此之外，他们听到的故事会提到，那蛇仍然居住在西非的花园里。尽管如此，这里是非洲第一个地方，在世界中为数不多的一个地方，可以看到归向基督信仰的一次群众运动，一整群非基

---

[1] 首次发表于 D. Baker, ed., *Religious Motivation: Biographical and Sociological Problems for the Church Historian*, Studies in Church History, 14 (Oxford: Blackwood, 1978), pp. 339-48.

督教的百姓成了基督徒。²

从另外一个角度来看，塞拉利昂见证了一个新的国家和一种新的文化的诞生。在克里奥人和克里奥文化中，欧洲和非洲的因素密不可分地交织在一起，欧洲的制度在一个非洲的处境中被接受，而且被它转化。³ 再者，在那个时候，这只是部分实现了，因为欧洲人眼中所看到的是，对欧洲制度的大规模的接受。有自我意识的基督教社群蜂拥而至，去那些看起来像英格兰教区的教堂里，这些教堂位于叫做雷切斯特（Leicester）、格罗斯特（Gloucester）、肯特（Kent）或是苏塞克斯（Sussex）、威伯福斯（Wilberforce）、巴瑟斯特（Bathurst）、滑铁卢（Waterloo）、或惠灵顿（Wellington）的村子里。[惠灵顿村的教堂不太可能是献给圣亚瑟·惠灵顿（St. Arthur Wellington）的。]他们身着欧洲的服饰，按着支付能力，选择质量好的，并且他们所住的房子也受到了欧洲风格的影响。他们也是一个能读写的社群，许多年来，他们为男孩和女孩们创办了文法学校；他们的高等教育机构有弗拉湾学院（Fourah Bay College），直到 1870 年，在那里还可以获得文学和神学学位。

这样的叙述可能掩盖了克里奥社群作为一个非洲社群的方面：它保留着本地的礼仪，比如割礼，⁴ 坚持各种敬奉祖先的方式，使葬礼习俗和友好社团符合于家庭和睦和活死人的非洲观念。⁵ 一种特别的基督教克里奥式的表达出现了。如果大部分的教会不论宗派，使用圣公会的礼仪，那么它们也使用卫理公的班会聚会（class meeting）。

---

² 参看 C. H. Fyfe, *A History of Sierra Leone* (London, 1962); J. Peterson, *Province of Freedom: A History of Sierra Leone 1787-1870* (London, 1969); A. F. Walls, "A Christian Experiment: The Early Sierra Leone Colony," *The Mission of the Church and the Propagation of the Faith, SCH* 6 (1970), pp. 107-29.

³ 比较 A. T. Porter, *Creoledom* (London, 1963); L. Spitzer, *The Creoles of Sierra Leone: Responses to Colonialism 1870-1945* (Madison, 1974).

⁴ *Ibid.*, p. 85.

⁵ 比较 Peterson, esp. pp. 259-63; H. Sawyerr, "Traditional Sacrificial Rituals and Christian Worship," *SLBR* 2, 1 (1960), pp. 18-27; H. Sawyerr, "Graveside Libations in and Near Freetown," *SLBR* 7, 2 (1965), pp. 48-55; 比较 S. Rowe, "Judas die don tidday," *SLBR* 7, 1 (1965), pp. 1-12.

观察家们看到，克里奥的文化及教会与大不列颠的教会及文化是不同的，人们认为差异是源于无知的瑕疵，对此需要用时间和耐心来修复。语言的问题在这里提供了一个范例。英语在塞拉利昂不可避免地成了行政管理、教育和崇拜的用语。但是，一种新的通用语（lingua franca）的成长结合了不同来源的词汇，特别是英语的词汇，却发展了一种看起来是非洲语言的句法（syntax）。当英格兰人听到这种语言的时候，他们会将它称作是蹩脚的英语，或糟糕的英语，或甚至是"德式英语"。他们从来不会认为它是一种新的语言，这种语言有着英语的词汇和非洲的句法。这样的结果是，虽然每一个克里奥人在家都讲克里奥语，克里奥教会直到今天仍然用英语——"好的英语"——在礼仪和布道中。

克里奥教会是由一群被释放的奴隶组成的，他们从自成一体的社会中被抽离出来，没有办法再拥有他们先前的凝聚力。对他们开放的唯一身份就是一种新的身份。他们接受了这种对他们开放的唯一可行的选择，采纳——并改造——由基督教和欧洲文明所组成的套件。[6]

若是克里奥人和他们同时代的欧洲人都认为，塞拉利昂的回应会是并且也应该是非洲对基督教的典型反应，这并不让人觉得惊讶。如今，我们可以看到，被释放的奴隶在非洲并非典型；1840年代的观察家们没有意识到这点，这是可以被原谅的。塞拉利昂的批评者可能会把它看作是欧洲模式的粗劣模仿；塞拉利昂的朋友们看到了一个"黑欧洲"的文明，它是基督教的，也是有文化修养的，它能轻松地使用英语；它和欧洲唯一不同的地方是——可能——他们更加敬虔，更加有道德感，文化修养更高。这是一种成功的证明，证明了宣教士反复主张的观点，即如果非洲人被赋予了同等的机会，他们也能跟其他人一样可以有所"改进"。高大、庄重的撒母耳·克劳瑟身穿整洁的神职人员的黑袍，在英格兰的公众平台发表了令人折服的演说，他觐见了维多利亚女王，并回答了阿尔伯特亲王关于非洲贸易的所有聪明的提问，那个时候似乎整个宣教事业都得到了辩护。非洲未来宣

---

[6] 比较 A. F. Walls, "A Colonial Concordat: Two Views of Christianity and Civilization," D. Baker, *Church, Society and Politics, SCH* 12 (1975), pp. 293-302.

教的运作必须被引导到这个方向上去，产生更多相同的例子。然而，欧洲文明是否是衡量成果的唯一标准，则无法提出这样的问题；没有什么表明，非洲事工，除了它的肤色，看起来与英格兰的事工会有什么不同。非洲人的事工有着与英格兰人一样的学术训练：比起他们大多数英格兰的宣教士导师所接受的学术训练，它有更好的学术训练。[7] 塞拉利昂不只是开始建立类似英格兰的事工（比起一些由宣教地和伊斯林顿学院（Islington College）按立的粗糙的工匠传道人，塞拉利昂可能更像英格兰），它还产生了商人阶层，既追求文化也寻求舒适，既敬虔也谋利。实际上，塞拉利昂产生了一批坚定的支持者，这反映在英国海外传道会的成员和领导的人数上。在一位宣教士校长领导下，海外传道会的文法学校开始在弗里敦（Freetown）创办，那时所希望的是，它不单是一个教育事工。这间文法学校会教授圣经历史和英国历史，数学和音乐，地理和希腊语——还有拉丁语。希腊语对于教育事工来讲是属于计划的一部分，但是，在那里教授拉丁语是为了回应公众的要求。[8] 塞拉利昂想要任何在英格兰会被发现的东西，而且他们保证他们确实会得到它。

最后一点是重要的。契合于新教欧洲之最优标准是最高的善，这不仅是宣教士所认为可能的事；证明非洲人可以和其他欧洲人一样好，这不仅是宣教士所意图的事；克里奥文化的拥护者们也怀着同样的想法。在那个世纪晚些时候，人们开始有意识地寻找更"非洲的"表达形式；而在那个世纪的中叶，这一点还很难看出来。早在 1830 年，政府宣布了逐渐增加"所有宣教站中……有色人种"的想法；在 1840 年代，"有色人种"很明显就是西非裔印第安人，在西非大部分最重要的大不列颠属地，他们担任总督、首席法官以及其他主要的官员。[9]

---

[7] 比较 A. F. Walls, "Missionary Vocation and the Ministry: The First Generation," *New Testament Christianity for Africa and the World: Essays in Honour of Harry Sawyerr*, ed. M. E. Glasswell and E. W. Fasholé-Luke (London, 1974). Reprinted in this volume as chapt. 12.

[8] Fyfe, *Sierra Leone*, p. 237.

[9] *Ibid.*, pp. 178, 211, 220, *seq.* 229.

基督教在西非的拓展中，克里奥教会的重要性是不可估量的。首先，远超乎通常认知的是，克里奥教会提供了人力：它在四十年中单单为英国海外传道会就提供了上百位的牧师和宣教士，还有许多的校长、传道人和宣教服务中的工人，这些人同样会进行教导和布道。[10] 在高潮期，在海外传道会的尼日尔（Niger）宣教中，塞拉利昂供应了完全是由非洲人组成的宣教；撒母耳·克劳瑟（Samuel Crowther）则是它的主教。这些宣教士反映了塞拉利昂的价值观，他们设立一个离尼日尔有上百英里的训练机构，他们称它为预备训练中心（*Institutio Causa Preparandi*）。[11]

尽管塞拉利昂的宣教士很重要，但在基督教的西非传播中，他们只是塞拉利昂所施加影响的一部分。塞拉利昂人作为文员、铁路工、机械师还有商贩，触及到不列颠人所触及的地方，甚至更远。他去往任何的地方，他带上他的圣经，他的诗歌发出赞美，他的家庭献上祷告。一个地区接着一个地区，直到20世纪，非洲人和基督信仰的首次接触正是通过一位四处游走或移居的塞拉利昂人。约鲁巴兰的宣教标志了一个转折点，它使非洲内陆一间根基牢固的教会得以成形；它能出现，正是因为经商的塞拉利昂人找到了他们回家的路，走上上百英里，回到他们原来被抓来作奴隶的地方，在那里他们想念他们周天的礼拜。[12]

那个时代最优的宣教理论背景是，相信基督教、商业和文明三者并存的必要性；那种确信的内容是——看起来有其经验上的根据——相信对基督教拓展来讲，废除奴隶贸易是完全有必要的，并且相信奴隶贸易作为一种经济的制度，只能够通过经济手段被克服。因此，宣

---

[10] 比较 P. E. H. Hair, "Niger Languages and Sierra Leonean Missionary Linguists, 1840-1930," *Bulletin of the Society for African Church History* 2, 2 (London, 1966), pp. 127-38.

[11] 举例参看 J. F. Ade Ajayi, *Christian Missions in Nigeria 1841-1891: The Making of a New Elite* (London, 1965).

[12] *Ibid.*, pp. 25 *seq*. 我们对塞拉利昂流散仍然没有完整的了解。关于约鲁巴兰 *Seq* 的本质以及 *Saro* 的重要性，参看 J. H. Kopytoff, *A Preface to Modern Nigeria: the "Sierra Leonians" in Yoruba 1830-1890* (Madison, Wisc., 1965).

教理论和经济理论就有意识地紧密交织在一起。商业发展将有助于扼制奴隶贸易并高举福音。福音布道者的工作不仅仅是呼召个体的归信者；正如那无可挑剔的福音派、海外传道会秘书亨利·魏恩，在 1868 年的时候，对宣教士们说，"使万民做门徒或基督徒……所有的民族应该逐渐接纳基督宗教作为他们国家宣认的信仰，因此，随着各个民族教会的增加，普世的教会就被充满了。"[13] 对有这样异象的人来说，塞拉利昂就是山上的一盏明灯。

经常被注意到的是，在 19 世纪最后四分之一的时间里，宣教运动史无前例地加速发展。但是，不仅有大批热情的年轻人投身到宣教的前线：他们中也包含了新生代的宣教士。那个世纪早期，英格兰标准输出的宣教士相当朴素，很少有正式的收入；直到那个世纪末，福音在伊顿（Eton）的运动场赢得了胜利。敬虔的模式和神学的影响也不同；这些人感受到传福音的迫切性，它要求福音的彰显是出于每个人所做的决定，并且"在祭台上献上所有"，在向神完全圣洁中的自我倒空。他们有一种克己的伦理标准，这种伦理标准与一种学说有关，即强调平息罪以及胜过罪的经验的有效性 [ 与开西大会（Keswick convention）有关 ]，它是在信心中领受的；他们有一种末世论，这种末世论将主的再来看作是在福音在世界范围内广传之后。[14]

此种影响使此类人此时带着此种动机，这意味着非洲宣教的一次革命。经常有故事说，那群年轻人是如何带着他们的新扫帚，将非洲人尼日尔的宣教清除得一干二净，以及他们是如何使克劳瑟心碎的。现在看来，从放弃教会自治理论的角度去书写那个故事，或者以帝国时期种族主义的预设取代更早期更加包容的理论的角度去书写故事，

---

[13] Instructions of the Committee of the Church Missionary Society, June 30, 1868. 该篇讲话发表于 W. Knight, *The Missionary Secretariat of Henry Venn* (London, 1880), pp. 282 *seq.*

[14] 我们仍然期待有完整的背景描述。不过有一些信息可以在以下的著作（遗憾的是没有正式记录）中看到 J. C. Pollock: compare *A Cambridge Movement* (London, 1953); *The Cambridge Seven* (London, 1955); *The Keswick Story* (London, 1964). 也参看 A. Porter, "Cambridge, Keswick and Late Nineteenth-century Attitudes to Africa," *JICH* 5, 1 (London, 1976), pp. 5-34.

都是不充分的。[15] 塑造了这些宣教士的那些影响，潜在地挑战了西非宣教中的优先事项，并且挑战了过去一代宣教士所使用之方法背后的基本预设；它们不仅凸显了过去一代宣教士宣教的失败，而且他们仅有的成功都受到了质疑。

> 我们感觉到教会属灵生命的缺失，人们对归信实际上是无知的，归信也不是洗礼的绝对要求。关于信经、主祷文和十诫的一点知识，就是给任何要献上自己的人施洗的充分基础。如果教会在这样的环境下，有人会对教会的不圣洁和彻底腐败感到惊讶吗。[16]

在抵达不久之后，在那些年轻人中有一位写下了这段文字。到了这时候，随着杜松子酒瓶的金字塔在乡村和城镇里被建起来（就像尖酸的批评者所指出那样，主要是在宣教的接受地，较少是在伊斯兰化的地区），基督教的利益和商业利益齐头并进的态势不再那么明显。此时，已经没有大西洋的奴隶贸易了，宣教士所开展的经济活动原本是对此的反制措施；这样的世俗活动在宣教神学中已经没有任何地位了。在旧有同盟的象征中，宣教士登上船，逆流而上，将贸易的商品卸在河岸上：

> 在甲板上我们有大量的高度酒，威士忌和杜松子酒，几乎每个地方都会要一些。我们的国家每天将海水般污秽

---

[15] 不同的解释，可比较 P. Beyerhaus, *Die Selbständigkeit der jungen Kirchen als missionarisches Problem* (Wuppertal, 1959), pp. 123-62; Ajayi, chapt. 8; J. B. Webster, *The African Churches among the Yoruba 1888-1922* (Oxford, 1964); P. E. H. Hair, *The Early Study of Nigerian Languages* (Cambridge, 1967), p. 60; G. O. M. Tasie, *Christianity in the Niger Delta 1864-1918*. Unpublished Ph.D. thesis (Aberdeen, 1969); G. O. M. Tasie, "The story of S. A. Crowther and the CMS Niger Mission Crisis of the 1880s: A Reassessment," *Ghana Bulletin of Theology* 4, 7 (London, 1974): 47-60.

[16] *Letters of Henry Hughes Dobinson* (London, 1899), pp. 49 *seq.* 在一个或两个月前，多宾森（Dobinson），雷普顿（Repton）和牛津大学布雷齐诺斯学院，刚刚参加一个英格兰助理牧师发起的宣教。

的烈酒倒进一个没有任何需求的国家，这是一件极度羞耻的事。那个[皇家尼日尔]公司给除了英国货物之外的其他货物加很重的关税，以此来减少他们在尼日尔宣教站中的酒精库存。他们确实处理了他们自己的商品，但是在西非他们是唯一愿意为此效劳的公司。看到这种邪恶的贸易进行下去，一个人确实会为他自己的国家感到羞耻……[17]

但是，皇家尼日尔公司（Royal Niger Company）和白人商人宣教士日常烦恼的事，不是唯一、甚至不是主要使这些初来乍到之人感到苦恼的地方。不受约束的生活、销售杜松子酒、吟唱赞美诗的塞拉利昂企业家或公司的员工才是：

> 我们在奥尼沙（Onitsha）将会面对这个问题，在这里，一些教会的带领人做的大多都是杜松子酒的买卖。任何在杜松子酒买卖事上的攻击都会彻底地摧毁教会所有的事工，这在那大河上已经公开提及，是这里所有人也都承认的。如果这里的教会是建立在装杜松子酒的容器之上，那么就让她就此灭亡吧；但是，如果她是建立在磐石之上，她就不会倒塌，因为我们对抗并且要把腐朽的支柱或支墩拉倒在地。[18]

那群年轻人开始清理污秽和腐败以及教会的名单。

这群人遭到了强烈的批评，尤其是被他们自己人批评。[19] 然而，

---

[17] *Ibid.*, p. 40.
[18] *Ibid.*
[19] 多宾森比他其他的同伴要住的更久 [1897 年四月，他在阿沙巴（Asaba）死于非洲热 ]，他强调要"更多相信神，更多相信非洲人"，他推断"如果一名欧洲宣教士没有一位当地代理人在旁协助至少一年或两年，他就变得一无所用"，他也反思道："比过去在布鲁克（Brooke）和罗宾森（Robinson）的日子里，我更觉得脚踏实地；那时，我在深不可测的急流中着急。"（*ibid.*, pp. 166 *seq.*）.

他们对一些指控没有什么责任。他们始终如一对待自己的原则；那些人控告他们持着自以为是的优越感以及对非洲制度的挞伐，不过那些控告者应该至少注意到，那种帝国式的高高在上，或所有欧洲人的事务要比所有非洲人的事务优越的无意识假设，[20] 并不决定他们的态度。其实他们代表的是一种对他们所来的、虚有其表的——但这并非是真的！——基督教社会的强烈批判。他们期盼与他们现在一起生活的人过同样的生活；也就是，"向什么样的人，我就作什么样的人。无论如何，总要救些人。"

他们对塞拉利昂来的"黑色的欧洲"宣教士的批评中，有一点是有意义的——它并非不真诚，因为这是建立在一种误解上——就是他们对当地生活的冷漠：

> 到目前为止，当地人认为宣教营地是绝对神圣的场地，他们没有任何的理由要进入那个地方。我们希望破除这种荒谬的想法。[21]

这是他们宣教方法的关键：他们属于一种基督徒的生活传统，这种传统强调每日见证圣洁的生活：无论是在剑桥或是在奥尼沙，人们不只是受讲道的影响，而且还受他们在一种生活方式中亲眼所见的东西的影响。如果"黑色的欧洲"神职人员躲在欧式建筑中，那么这是他们生活方式"不属灵"的又一个证据：

> 我们听到，神职人员对到他们那里寻求帮助的人毫不知

---

[20] 格雷厄姆·威尔蒙特·布鲁克（Graham Wilmont Brooke）经常被作为这些人的代表被挑选出来，他暗示了他们关于尼日尔河上游族群的预设："我们在理智上是相同的，我们在礼节上要好些，在教育上要差些"（CMS Archives G 3A 3/04, December 23, 1890）。布鲁克，黑利伯里（Haileybury）和"为伍里奇阅读"（reading for Woolwich），在 1889 年接受为新的苏丹宣教的联合领袖前，是自由宣教士。他没有被按立，他没有拿差会的工资，就像许多加入宣教事工的富有的年轻人一样。参看 A. Porter, "Evangelical Enthusiasm, Missionary Motivation and West Africa in the Late 19th Century: The Career of G. W. Brooke," *JICH* 6 (1977).

[21] Dobinson, p. 39.

情，并且害怕他们身边的人看到他们的生活的样子。[22]

实际上，在基督教的全盛时期，早期宣教士、商业和文明引进了西式的建筑，在非洲内陆发展了基督徒的营地，那时，这些做法都同样是想要彰显福音带来的好处：窗框和家庭敬拜在其中都扮演着一定的角色。[23]

如果塞拉利昂人穿的是欧洲人的服饰，那么在他们先前所接受的原则影响下，新的宣教士希望他们自己看起来像非洲人。在戴德生（Hudson Taylor）和中国内地会（China Inland Mission）的影响下，"向什么样的人，我就作什么样的人"这句经文就落实到服饰上了。[24]

那些刚刚进入豪萨（Hausa）村庄的年轻人接纳托贝（tobe）服装，接受马拉姆（mallam）的称呼，即穆斯林教师。他们注意到，豪萨的服饰、食物和房子可以被采纳，这些对欧洲人的健康没有什么伤害。

> 因此，生活的条件使得基督的仆人能够在他们当中以同等的方式相处；通过服饰，通过让他自己成为他们当中的一员、和他们一起过日子的方式，他们认识到他们内在的生命、他们的兴趣、他们的需要；他每时每刻亲自向他们展现住在人当中的基督所带来的影响，与他们同住，住在与他们一样的家中。[25]

在最近仍然是伊斯兰化的地区，托贝是迅速成长的伊斯兰教的象征，当有人想到这一点时，所有这些事物就显得有些讽刺；在基督教马拉姆（mallam）的职位上，就会有许多不便之处。因为人们期待

---

[22] *Ibid.*, p. 40 (italics mine).
[23] Compare Ajayi, chapt. 5.
[24] 因此，更早几年有"剑桥七杰"（"Cambridge Seven"）："我整天取笑我们古怪的服饰。史丹利（Stanley）、莫迪（Monty）和 A.P.-T. 已经变成中国人了；我们今天早上穿上那衣服，及时剃了头，留了辫子……莫迪、史丹利和我像高大的中国人，这让我们变得很显眼。"（C. T. Studd, quoted in N. P. Grubb, *C. T. Studd* (London, 1933), p. 55.
[25] *CMS Sudan Mission Leaflet* No. 1 (January, 1890).

他们能赐下沙罗卡（Saraka），贡献礼物，就像符合这样地位的人一般。非洲宣教士不管在外表上是怎样欧洲化，但他们清楚那种习俗；那些初来乍到者坚持强调"属灵装备"和克己的伦理，但他们被人认为是吝啬的，因此就不被人看好。[26]

当非洲的神职人员明显推崇或将西方的方式个人化的时候，

> 我们小心翼翼地避免向异教徒歌颂文明或者文明化的力量，如果他们称颂文明，我们就会告诉他们，他们应该不要把热情放在世俗的事物中。[27]

当非洲的神职人员骄傲地接受他们作为不列颠臣民的称呼时，新来者弃绝了不列颠的保护。他们和那些劝人放弃伊斯兰教的人处在同样的危险中，并且

> 对于他们和归信者而言，暴力或者包含可能使用暴力的威胁，都不应该被使用。[28]

基督教和商业的结盟已经过去了：在公认的无神论者乔治·戈尔迪（George Goldie）领导下，皇家尼日尔公司害怕苏丹政党有可能会煽动伊斯兰教的激进派。[29] 克劳瑟长久以来针对本地统治者审慎的外交政策也相似地有了新的转向：

---

[26] Compare A. C. Owoh, *CMS Missions, Muslim Societies and European Trade in Northern Nigeria, 1857-1900*. Unpublished M.Th. Thesis (Aberdeen, 1971), pp. 297 seq. 欧沃（Owoh）也描述道，当有人向白人马拉姆就像对穆斯林的马拉姆一样，请求书写的经文的时候，他们遇到了困难。（古兰经的文字很多时候被用作符咒）。问题是，宣教士们没有对此进行收费，因而导致扰乱了市场。
[27] *CMS Sudan Mission Leaflet* No. 18 (February, 1891).
[28] *CMS Sudan Mission Leaflet* No. 1 (January, 1890).
[29] 关于戈尔迪，参看 J. E. Flint, *Sir George Goldie and the Making of Nigeria* (London, 1960). 他的警告在1889年7月22日和1889年8月9日的书信中被提到，附在海外传道会 1889年10月29日总务委员会备忘录中。同时，布鲁克也同样被警告，防止海外传道会委员会与皇家尼日尔公司签订协议，进而使他名誉受损 (*ibid.*, letter of September 16, 1889). 总务委员会承诺放弃暴力或暴力威胁。(minutes, February 9, 1889).

在这片土地上,我们的经验是,影响是不值得拥有的;因为一种敬虔的态度重新恢复的时刻,它就如同用沙子做的绳子一般四散而去。[30]

一场在动机和方法上的改变可以来得如此剧烈,以致它标识出一间差会的一个宣教地;而这个差会对圣公会或福音派的忠诚从未动摇过。

---

[30] *CMS Sudan Mission Leaflet* No. 18 (February, 1891). Compare Owoh, p. 284 *seq.*

# 第9章
# 非洲独立教会的挑战：非洲的重洗派？[1]

我们正刚刚开始去理解非洲基督教的复杂性。二十年前，当有人发现宣教士和教会人士抱怨一些"派别"的活动时，非洲独立教会并不是一个受广泛关注的研究对象。本特·桑科勒（Bengt Sundkler）《南非的班图先知》（*Bantu Prophets in South Africa*）（1948年，1961年修订）的研究是具有开创性的；除此之外还有一个或两个区域性的研究[特别是艾夫瑞恩·安德森（Efraim Andersson）的《下刚果的弥赛亚运动》（*Messianic Movements on the Lower Congo*）]。术语的使用也是比较随意的，如"弥赛亚的"（"messianic"）、"分离主义者"（"separatist"）、"千禧年的"（"millennial"）、"整合的"（"syncretistic"）和"先知的"（"prophetic"）这些词语被大量使用，它们之间似乎是可以互换的；桑科勒的书最大的优点是，他将他所称的"埃塞俄比亚"运动（"Ethiopian"）与"锡安"（Zionist）运动做了区分。十年之后，情况发生了改变。特纳（H. W. Turner）有两卷本关于主之教会（the Church of the Lord）（阿拉杜拉，Aladura）的著作[《非洲独立教会的历史》（*History of an African Independent Church*）和《非洲独立教会》（*African Independent Church*）（1967年）]，它们不仅完整又充满同情地论述了这些运动中的一支，而且在描写**任何**一个非洲基督徒群体之生命和敬拜的方面，它们在这个过程中给出了迄今为止所发表的最完整的论述。部分是因为藉着这样的影响，同时也得到

---

[1] 首次发表于 *The Occasional Bulletin of Missionary Research* 3 (April 1979): 48-51.

了国际宣教协会（International Missionary Council）一项研究的支持［海沃德（V. E. W. Hayward）编辑的《非洲教会独立运动》（*African Independent Movements*）1963 年］，词汇的使用变得更加严谨了。"独立教会"（"Independent Church"）这样的词如今被广泛使用，用来指那些可识别的基督教新兴运动，对应于"老的教会"（比如，仍保持着与宣教机构联系的教会）；通过使用"先知-医治"作为一种类型，桑科勒此前所做的关于"埃塞俄比亚"运动和"锡安"运动的区分（只适用于南非）正在被深化，并且得到更广泛的应用。我们再也不能说，这个研究对象是少数人的兴趣了：许多文章如洪水般涌来，而这产生了一种实际的危险，就是不能被置于"独立"的类别中进行理解的那一块非洲教会可能会被忽视。这些运动被当作是民族身份认同的工具，这个意义使一些学生兴奋不已；它们作为与旧有宗教之间的一座桥梁，这种意义吸引了其余的人。对"宣教学"感兴趣的观察家当中，有一种明显的态度的改变。一个人只需要将玛丽-路易斯·马丁（Marrie-Louise Martin）强硬路线的《圣经中的弥赛亚主义概念和南非弥赛亚主义》（*Biblical Concept of Messianism and Messianism in Southern Africa*）（1964 年）以及她的《刚果的先知性基督教》（*Prophetic Christianity in the Congo*）（1968 年）与她后来的《金邦古》（*Kimbangu*）（1975 年）比较一下，就会知道这一点。巴瑞特（D. B. Barrett）尝试做一个涵盖整个大陆的研究（《非洲的分裂和复兴》）（*Schism and Renewal in Africa*）（1975 年），一方面这个研究提供了不同变量的表格，有人会想，这些表格可以用来科学地预测新兴运动的外观；另一方面它从（总体宣教的）"爱的失败"[2]的角度，对许多运动提供了一种宗教-神学的解释。

我想，我们如今处在一个新的环境中，我们必须考虑，第一，这

---

[2] "因此，整个独立运动的根本原因在于一种体恤上的失败：宣教带来的那种类型的基督教在一个小点上失败了，它不能证明圣经中爱的概念的充分性，即爱是将他人视为平等的一种出于体恤的理解，它也不能用本地语言的圣经去证明非洲人最初的洞察力，这是一种灾难性的失败。"（D. B. Barrett, *Schism and Renewal in Africa* [London: Oxford University Press, 1968], pp. 269f.）.

些运动在整个宗教史中有什么样地位？第二，它们在非洲基督教中有什么地位？特纳在这两个问题上的思考是一位先驱者。在相较于他在非洲方面的贡献较少被关注到的一个系列研究中，他呈现道，独立教会作为其中一部分的非洲新兴宗教运动，在其他地域有着它们的相似物——在北美、南美、大西洋和亚洲的一些地方，还有欧洲的一些地方。特纳提出了一个被严格界定的定义："一种历史上源于部落社会及其宗教的新发展与一种更高的文化及其主要宗教之间的互动，这种发展涉及到了从相关两种文化的经典宗教传统中的某种根本性的抽离，为的是通过将被拒绝的传统重组进一种不同的宗教体系之中来获得更新。"（《大英百科全书》，1975 年，"新兴的部落宗教运动"）。在阿伯丁大学（University of Aberdeen）的宗教学系，特纳的项目是针对原生社会新兴宗教运动的研究，该项目发现并且记录了成千上万种这样的运动。这个工作成了伯明翰赛利橡树学院（Selly Oaks Colleges）新兴宗教运动研究中心（Centre for the Study of New Religious Movements）的核心项目。

然而，原生社会中新兴宗教运动的现象遍及了全世界，这种特征不应该让我们忽略一个事实，就是独立教会——代表新兴宗教运动许多形式中的一类——与其他形式的非洲基督教之间的差异可能被夸大了。特纳的定义值得再次被考虑。"一种历史上源于部落社会及其宗教之间的新发展"与侵入者文化及其宗教之间的互动，涉及到从两方的一种根本性的抽离，以及涉及到一种重组，就是将被拒绝的传统重组进某种新的事物之中——无论什么时候基督信仰跨越一条文化的边界而被有效地栽种下去，类似的事注定要发生。在它完全在家的地方，在它已经修补了分崩离析的社群生活中撕裂结构的地方，在它不只是未经消化的"外来组织"的地方，非洲基督教本身可能就是一种"新兴宗教运动"，它重组了新与旧。如果这是事实，"独立的"教会和"老的"教会之间所做的区别就会逐渐失去价值。从教会历史的角度来看，我们也可能会怀疑，"历史上新的"运动并不是"在本质上的新"，而是"旧的宗教运动"之新的呈现，这个"旧的宗教运动"在基督教历史中其他地方可以被识别出来。

## 教会和运动

可能需要再次说明的是,比起"独立教会","新兴宗教运动"是一个更宽泛的术语。一些运动是在旧有宗教中从本质上获得更新或调适的运动;一或两个运动(甚至有些被称为"教会")是从一种理想化的传统中来的抽象物,这种传统是由知识分子代理,试图重新建构"理智"传统宗教;大多数运动正如特纳所说的是"希伯来人的"("Hebraist"),这些运动清楚并有意识地与旧有宗教中诸多重要方面进行切割,但在他们的体系中基督没有任何的位置,使得他们可以被清楚地识别为基督教的表达;有一些运动 [像乌干达的巴乌达拉(Bayudaya),从差会的基督教,经过"希伯来"运动,演变成一种可识别的犹太教的形式] 代表了演变成其他主流宗教的发展。实际上,关键的是要记住,变动是这些运动的本质;无数的历史说明了新兴运动是如何发展起来的,有时候是朝着基督教认信的经典类型发展的,有时候是远离它发展的。

我们这里只关注那些作为教会的运动——基督信仰或实践的系统表达——无论它们是不是以此开始的。同这些一起,将"准教会"("para-churches")归为一类是合理的,这些运动并不宣称要成为教会,但有着教会的特征。许多重要的独立教会都是始于这种形式:没有要建立一个新的教会的明确想法,而是在旧有的教会中的一个社团或运动。尼日利亚西部的阿拉杜拉教会是从宝石社团(the Precious Stone Society)中兴起的——直到教会官方因为成员在婴儿洗上的观点开始采取行动,它都在圣公会中。另一方面,塞拉利昂的玛莎·戴维斯信托慈善协会(Martha Davies Confidential and Benevolent)在它整个历史中是作为弗里敦教会生活的一个补充而存在的,而不是教会的替代物,尽管它拥有自己独立的建筑。莱索托(Lesotho)的莫舒舒教会(Kereke ea Moshoeshoe)可能代表的是一个过渡的阶段,一个(根基良好的)运动在其成为分离教会的过程中;扎伊尔的金邦古主义的复杂历史,反映了一个新兴的大教会,先知西蒙·金邦古创立耶稣基督在地上的教会(Eglise de Jésus-Christ sur la terre par le Prophète

Simon Kimbangu)（金邦古教会，EJCSK），它和其他一些小的教会，都是从十分多元的恩古斯运动（Ngunzist movement）中发展起来的，并且金邦古教会富有效力地宣称唯一合法继承人的合法性。当然，在西方的基督教历史中去发现与这些情况的相似之处并非难事。卫理公会和救世军（Salvation Army）的历史——它们各自都被它们那个时代的教会人士狠狠地辱骂，这与如今非洲独立教会所遭遇的没有什么不同——就很容易让人想到。

## 一些术语的问题

被接受下来的术语有助于挣脱过去的混乱和厘清差异，但如今这些术语面临新的压力。

第一，"独立"教会是什么？今天大部分的非洲教会是独立的，意思是它们的领袖是非洲人，它们的事工绝大多数是非洲的，宣教士的指导微乎其微。可能除了在一些有白人聚居区的国家，似乎再也没有"埃塞俄比亚式"分离的任何明显理由了：实际上，所有的非洲教会如今都是"埃塞俄比亚式的"。事实是，约鲁巴兰所谓"非洲"教会（非洲本地联合教会，本地浸信会等等）的生命实际上和非洲教会中发展起来的"主流"教会的生命之间很难做出区分：它们作为"新兴宗教运动"，只是在历史的意义上讲，不再是从质的意义上讲。（当然，埃塞俄比亚式的动机暗示了分裂的结局，或甚至是以民族或社群为基础的分裂——但是那是另外一个问题。）

第二，"独立"的术语所不能掩盖的事实是，许多（不是所有）"独立"教会有意识地保持着宣教士的遗产；他们经常是"源于宣教"的教会，与"老的"教会一样。一些教会甚至宣称忠诚于一种特殊形式的宣教传统，以此作为他们存在的理由（raison d'être）。

再者，随着时间的变化，我们现在拥有关于独立教会大量的历史材料。许多"独立"教会根植于1916年到1930年期间惊人的宗教发展，实际上它们要比许多"老的"教会更老，一些老的教会在过去一些年才脱离宣教士的控制。

## 变动的条件

目前的条件有助于进一步减少"老的"和"独立的"教会之间质的差别。

曾经所有人都想完全融入到西方文化范式中,如今这个时代早已过去。这其中的一种影响是加强独立教会或加强它们所代表的东西对"已进化的人"(évolués)和知识分子的吸引力,这些人在此前的时期会为与"原始主义"的任何联系而感到难堪。部分是因为这个原因,部分是因为在许多老的独立教会经历"克里斯玛的常规化",独立教会的会众正在变动;一些正在经历制度化,并且正沿着老教会众所周知的路线进行发展。

更进一步,对非洲人身份认同的追寻,以及由那追寻所引起的、非洲基督教的现在与非洲传统的过去之间的延续性问题,这些东西都正在困扰着"老"教会的年轻领袖。一些人对独立教会表达了同情和尊重,因为独立教会比一些主流的教会更好地反映或维持了那种延续性。

## 话语和圣礼

但是,在相同、普遍的文化处境中,话语和圣礼(sacrament)中的临在,是最让人信服的因素,也是朝着减少"独立"教会和"老"教会之间的区别而努力的因素。

事实上,圣礼并不是众多非洲独立教会的显著特征;实际情况是,圣礼在整个非洲基督教中就不显著。这种情况是基于以下的事实:天主教和基督新教的差会教会都会坚持它们来源国的实践;只有神父或牧师才被允许主持圣礼,然而,这些远远不够,对大部分非洲的基督徒而言,圣礼崇拜仅仅只是一种周期性的经验。在一些地区,另一个特征是,教会训诫与当地婚礼习俗相互冲突,从而限制了会众中少数人参与圣餐礼，[3] 通常是老一辈的少数人。不足为奇的是，独立教会常常将圣礼——以及信经——看作是作为教会一部分、作为传统一部分的东西，但是不会将其看作是接近宗教生活核心的东西。实际上扎伊尔的金邦古教会许多年来将圣餐礼放在冷藏室里，后来又开始设立它，带着庄重和本地化的因素。但集体聚餐在许多非洲社会中就十分重要，已经变得很成功，而这与圣餐礼是没有关系的。比如，在复活节的早上，南非锡安派（South African Zionists）就会在愉快、热情的气氛下进行开斋，以此结束大斋期（the Lenten fast），但是没有饼和酒或圣餐礼文（the words of Institution）。圣餐礼来到非洲，并没有特别强调作为集体聚餐的方面，而基督徒的集体聚餐仍在继续，无论是在旧的教会还是独立教会，而这是在圣餐礼之外发展起来的。

然而，在非洲基督徒的经验中，话语处在中心的位置。独立教会一直以来就以激进圣经主义（radical biblicism）著称——挑战基督徒真正地靠圣经所说的去生活。当克里斯玛的人受自由之灵的引导讲话时，话语甚至以可见的方式临在。即使在那些没有什么阅读能力的小组中，它可见的临在也被高举；许多重要的属灵人物急着想要证明，他虽然不识字，但可以清楚、有效地引用圣经。在某些层面上讲，独立教会的激进圣经主义者可以与西方教会历史中的重洗派（Anabaptists）进行对比：同样是狂热的变体，同样是作为"神之子民"的强烈内聚力，同样坚定跟从他们所听到的话语。

对独立教会来讲，对话语的关注或许是主要的"大公化"因素，这给他们一个参照点（因此是转变的潜在源头）和一个与其他教会可识别的共同基础。非洲基督教从一开始就是书的宗教（book-religion）。独立教会和其他教会之间最有效的桥梁建设可能是在分享圣经教导的领域——重洗派的继承者门诺派（Mennonites）在这方面已经很显

---

[3] 参见泰勒（J. V. Taylor）关于一个圣公会地区所说的话："祈祷书中关于拒绝'公开且臭名昭著的邪恶生活者'的标题可以用在百分之八十七的教会已婚男士以及大约百分之八十的已婚妇女身上；这似乎与以下的事实没有什么关系，在几乎所有的人当中，会众一点都没有被他们所做的事侵犯。"(*The Growth of the Church in Buganda* [London: SCM, 1958], p. 244).

著，这是偶然的吗？总而言之，在这一点上，独立教会所强调的这一特征是与大多数形式的非洲基督教的共通之处。

## 差异性

那么，独立教会和老教会之间的差别在哪里呢？当一个人被要求去描述独立教会的外在特征时，它们就会浮现在脑海中。在这里，我们在它们当中独断地选择了一些，并且，我们也要提出疑问，这些究竟在多大程度上可以作为非洲基督教总体上的特征。

### 启示的其他来源

独立教会最显著的特征是使用除了圣经之外的启示工具。事实上，他们部分的吸引力在于，对寻求者而言一种直接、个人的"神的话语"的可及性。这个背景可以在两个因素中找到：对本地文化中灵媒出神（mediumistic trance）的使用，以及在新约所提及的恩赐中有预言和启示。

然而，一个关于一些教会中的"启示"的研究表明，比起所预想的，它们并不一定是教会生活中不可或缺的一部分。大多数的启示有一个正式、刻板化的特征，它们或是在狂喜入迷时发出的，或是在沙子里翻滚后得着的，或是利用其他一些技巧来加强感觉（旧约中的先知有时候不也为了达到目的而使用一些技巧吗？如《列王记下》3:15）。

关于启示来源的争论一直以来是基督教历史中的常见特征，通常情况是，比起一个人在特定话题上恶言相向并以此去猜测，"从字面考究"和"从灵意考究"二者之间在实践上的分歧要来得更小。在4世纪初，弗里吉亚（Phrygia）（另一种根深蒂固的灵媒文化）在孟他努主义（Montanism）中发展了基督教的一种本地形式。正统派就强烈抨击孟他努和他的女先知们。但是，正统派不得不承认的是，他们使用同样的圣经。并且，当他们试图发现作为新预言（New Prophecy）的结果所获得的东西时，他们看到，比起设立一些过度的禁食，声称反对孟他努派的东西并不会更引人注目。

至于梦，当然它们在任何一间独立教会中都是明显的特征，在非洲社会中，关于梦的解释大多是从专家那里获得的。但是，正如桑科勒主教所表明的，[4] 梦在主流教会中也是重要的；根据他们的传统，许多神父或牧师最开始是在一个梦中认识了他们的呼召，在梦中他们看到自己在祭坛或布道台上穿着长袍。对那些否定直接启示的人，独立教会对他们讲约瑟或但以理或者其他圣经人物的故事。

### 婚姻

通常会认为，独立教会的成员是从老教会中逃来的人，他们在婚姻的问题上有着更加严格的纪律，但这一点很难被证实。实际上，一些独立教会，其中最出名要属金邦古教会，与其他教会一样严格地宣讲一夫一妻制，非常少的教会有意识地鼓励一夫多妻制。这只是因为这个问题在议程上不算紧迫；他们接受非洲人婚姻生活的实际情形。没有孩子以及没有孩子的原因在大多数夫妇的头脑里会显得更重要。现在，老教会自身在变动的经济环境中正在评估他们的纪律问题。婚姻问题不大可能成为教会之间不可弭平的鸿沟。

### 医治

在传统的非洲，医治通常是在宗教环境下进行的；医疗宣教得以发展的时间和方式防止了（在大多数地区）一种从旧的医治宗教向新的医治宗教的顺利过渡。正是独立教会建立了这种逻辑的联系：如果基督徒相信基督，就不会去乞求旧的力量，难道他不应该在所有的事上，包括那些他曾经乞求那些力量的事上去相信基督吗？再者，这里没有什么东西与老教会的生命是不相容的。独立教会所做的，再次挑战了那半个基督徒（half-Christian），他一方面体面地去教会，但又悄悄地、带着负罪感去占卜师那里，询问疾病的原因和医治的方法。非洲人生命的朴实要求非洲人的救赎就像圣经中的救赎一样是实实在在的。

---

[4] B. G. M. Sundkler, *The Christian Ministry in Africa* (London: SCM, 1960), pp. 25-31.

对独立教会一系列其他的特征进行检验可能是有启发意义的，如果这之后做的是，在其他形式的非洲教会生活中寻找相同的特征。依附于某些地点和物品上的神圣性是奇怪的——直到有人记得，同样严格的观察可以诉诸许多非洲圣公会的圣堂，在那里，没有一个平信徒，尤其是妇女，可以坐在超过栏杆的地方。独立教会所颁布的规定，常常看起来像是非洲传统和利未律法的一种奇怪混合（实际上情况常常是，非洲传统在利未律法的基础上得以再次肯定）。但是，在多少的非洲圣公会、卫理公会或长老会的教会中，妇女在经期时只能默默地被排除在圣餐礼之外呢？或者男人们确实遵守了旧约中所颁布的礼仪洁净的规定吗？

对一个西方人来讲，独立教会最为显著的一个特征是，他们将礼仪及等级与神恩及自发性结合起来。西方对两种类型的宗教都是了解的，但是——至少最近——将它们看作是不同的传统。独立教会在一个传统中将它们结合在一起。两种特征都是非洲人生活的一部分。非洲人的生活是秩序化的，对恰当的时间、地点和人物是有感受的；但它也是随性的、即兴的和敏感的。有什么东西会比非洲舞蹈更加有序且更加随性呢？

最后，非洲基督教的历史将会是一部单独的历史，在其中宣教时期只是其中的一段插曲。关于对非洲教会的评价将不会是，是否一个人可以将它们划分为"老的"教会或"独立的"教会——我相信，那种区分在一段时间之后，或许很快将变得没有意义。对他们的评价，像对所有教会那样，将由教会的主建立在祂的话语之上而做出。

# 第10章 当今世界中的原生宗教传统[1]

任何想要对原生宗教进行全面论述的路径都有着重重的困难。[2] 这种实践规模之巨大在于：从苔原到雨林，大量[3]多元的民族、文化、环境都受着极其不同的外在影响所支配；核心权威、或普遍被承认的文本或传统的缺失；令人眼花缭乱的宗教结构的多样性，现实中建立最基本数据的不可能性，这些都限制了所有对世界大多数宗教系统进行论述的尝试。定义的问题是尖锐的。其一，原生宗教构成了所有其他信仰的基础，并且常常与它们共生共存，原生宗教（有时转变得多些，有时少些）在受那些信仰影响的文化和社群之中及其周边，继续保持着一种动态的生命。为了方便，我们所称为"宗教"（"religions"）的东西，无论如何都不是自立自足、彼此互斥的实体，或是可以被随意接纳或交换。从信仰者或信仰者社群的立场看来，即使经过几个时期的宗教变迁，也必然存在认知和经验的连续统一体；新的思想和活动，甚至对新的思想和活动的需求，都难以避免地植根在旧有的思想

---

[1] 首次发表于 Frank B. Whaling, ed., *Religion in Today's World* (Edinburgh: T&T Clark, 1987).

[2] 大致的情况和参考文献，参看 Joseph Epes Brown, B. Colless, P. Donovan, Aylward Shorter, and H. W. Turner, in J. R. Hinnells, ed., *A Handbook of Living Religions* (Harmondsworth: Penguin, 1984), pp. 392, 454. 也参看 H. W. Turner, "The Way Forward in the Religious Study of African Primal Religions," *Journal of Religion in Africa* 12(No. 1, 1981): 1-15.

[3] G. P. Murdock, *Africa: Its Peoples and Their Culture History* (New York: McGraw Hill, 1959), 该书列出了撒哈拉以南非洲742个独立的族群。地理学的研究及其参考文献，参看 W. Dupré, *Religion in Primitive Cultures: A Study in Ethnophilosophy* (The Hague: Mouton, 1975), pp. 57, 176.

和活动中。因此，即便在信仰转向基督教或伊斯兰教、转向印度教或佛教很长一段时间之后，原生世界观的影响仍会持续；但这不等于说"改教"是肤浅的或不值一提的。主要象征的转变是非常重要的，标志了原生社会中宗教发展的一个转折点。在某种程度上，在"原生"宗教的范围内情况也是如此。

一直以来，原生宗教实践者的命运被他人归类或理论化，他们自己的故事很少被听到。在早期，他们被迫为宗教起源和人类早期历史的各种理论服务，成为进化论解释体系的基础，或成了一个火药库，从中进化论体系被攻击。现代的争论就算有所不同，但仍然十分激烈，因为原生宗教如今处在文化认同和真实性问题的核心。关于原生宗教的争论不再是学术的和历史的：它们影响到所有族群如何感知他们的现在，以及他们的现在与他们的过去之间的关系。在非洲、北美、现在的澳大利亚，关于原生宗教的新解释正在从当地使用国际语言从事研究的学者中出现。他们诉诸当地普遍的观念，并且强调当这些宗教被强制放进外来的分类标准时，它们就被曲解了。[4] 一个特别激烈的争论在非洲学者中间持续。[5] 我们将不能避之而不提这个重新评估的过程，因为在某种意义上，它是诸宗教之近代历史的一部分；但是，这个问题，以及原生宗教在思想观念被其他信仰塑造的社群中仍然有持续性影响的问题，都在这篇文章所讨论的范围之外。

## "原生"的意义

"原生宗教"这个术语被许多人拒绝。它在这里之所以被使用，

---

[4] 一个非洲的例子是 Okot p'Bitek, *African Religions in Western Scholarship* (Kampala: East African Literature Bureau, n.d., ca. 1971); 一个美洲当地的例子是 Vine Deloria, *God is Red* (New York: Grosset and Dunlop, 1973).

[5] 参见 E. B. Idowu, *African Traditional Religion: A Definition* (Maryknoll, N.Y.: Orbis Books, 1975; London: SCM, 1973); J. S. Mbiti, *African Religions and Philosophy* (London: Heinemann, 1969); G. M. Setiloane, *The Image of God Among the Sotho-Tswana* (Rotterdam: Balkema, 1976). 也参看 D. Westerlund, *African Religion in African Scholarship: A Preliminary Study of the Religious and Political Background* (Stockholm: Almqvist och Wiksell, 1985).

是因为没有一个术语有更广泛的认可度，特别是当我们要处理一种不限于世界任何一个地区的世界性现象的时候。我们如何将极地附近族群的宗教，以及非洲、印度次大陆、东南亚、亚洲内陆、北美、南美、澳大利亚以及太平洋地区各式各样族群的宗教都放在一起呢？可以说的是，"原生"这个词并不是"原始"（"primitive"）的一种婉转说法，也没有暗含任何进化论的色彩。这个词有助于强调以上所指出的族群宗教的两个基本特征：它们的历史先在性（anteriority）和它们在人类经验中主要且基本的地位。所有其他信仰都是后来出现的，就好像它们都代表了第二层次的想法；所有其他的信仰者，和那些不信的人，他们归根到底都是原生者（primalists）。

## 原生宗教中的内容和结构

以上所述当然不是意味着原生宗教所反映的是一种单一的宇宙观或一种共同的宗教实践，也不是意味着它们没有历史或发展。那种观念依旧存在，是因为人们仍然试图去重构与西方接触之前特定族群的宗教，这就好像在说过去是一个静止的、不受时间影响的实体；那种观念也因着描述中的"民族志在场"（"ethnographic present"）的习惯用法而有所加强。原生宗教难以被追踪，不是因为它的缺乏，而是因为它有着大量且复杂的历史。与所有其他信仰一样，原生宗教常常懂得调适和变动，僵化和更新，先知和改革家，新的方向和新的机制。[6]

直到近年来，这种趋势将宗教类型之种种看作是特定社会的特征。有些人着眼于宗教现象自身，比如，横跨非洲大陆，有时在非洲大陆之外的地方，去发现宗教的一种共同结构，这种结构通常是建

---

[6] 斯德哥尔摩的阿克·胡特克兰茨教授和他的学生特别在原生宗教的历史方面著述良多。参看，例如 Åke Hultkrantz, *The Religions of the American Indians* (Berkeley: University of California Press, 1979); L. Bäckman and Åke Hultkrantz, eds., *Saami Pre-Christian Religion: Studies on the Oldest Traces of Religion Among the Saamis* (Stockholm: Almqvist och Wiksell, 1985); Åke Hultkrantz,

立在至高存在、神灵、祖先和有能力之物一种四重模式的基础上。[7] 另一些人关注特定族群的象征系统。[8] 还有另一些人关注社会自身的运作，以及仪式场地和负责维持和巩固关系的宗教专家。[9] 同时，许多人追随老一辈，根据不同的环境去辨别不同的宗教类型——狩猎者的宗教、牧民的宗教、定居农业者的宗教，如此等等。[10]

鉴于篇幅有限，我们不能逐一去追踪这些归类法。不过，将它们放在一起提醒我们，有四个方面的事实需要谨记在心。

**1. 宗教生活的要素和宗教生活的结构是不同的。** 最为明显的是，一个族群的传统或许包含了一个存有（Being），当那个族群与一种以神为中心（God-centered）的宗教传统开始接触时，这个存在就会被赋予至高存在的所有特征；或者那个传统会以其他的方式认识到超验世界的终极统一性，即构成生命基础的单一原则。这种认识几乎不

---

"History of Religions in Anthropological Waters: Some Reflections Against the Background of American Data," *Temenos* 13 (1977): 81-97.
一个最近非洲人宗教历史及其与基督教互动时期延续性的研究，参看 Janet Hodgson, *The God of the Xhosa: A Study of the Origins and Development of the Traditional Concepts of the Supreme Being* (Cape Town: Oxford University Press, 1982). "异教神龛"（cult-shrine）作为一种非洲制度，特别受到历史学家的关注；参看 J. M. Schoffeleers, ed., *Guardians of the Land: Essays on Central African Territorial Cults* (Gweru: Mambo Press, 1979); 和 W. M. M. van Binsbergen, *Religious Change in Zambia: Exploratory Studies* (London: Kegan Paul, 1981).

[7] 这一点的解释可见 Geoffrey Parrinder in *African Traditional Religion* (London: Hutchinson, 1954) on lines laid down in his *West African Religion* (London: Epworth 1949). 参看 H. W. Turner, "Geoffrey Parrinder's Contribution to Studies of Religion in Africa," *Religion* 10 (No. 2, 1980): 156-164; 以及 Andrew F. Walls, "A Bag of Needments for the Road: Geoffrey Parrinder and the Study of Religion in Britain," *ibid.*, pp. 141-150.

[8] 参看 G. Dieterlen, *Essai sur la religion Bambara* (Paris, 1951); M. Griaule and G. Dieterlen, "The Dogon," in D. Forde, ed., *African Worlds: Studies in the Cosmological Ideas and Social Value of African Peoples* (London: Oxford University Press, 1954). 参见 E. M. Zuesse, *Ritual Cosmos: The Sanctification of Life in African Religions* (Athens, Ohio: Ohio University Press, 1979), pp. 135-79.

[9] 评论参看 B. C. Ray, *African Religions: Symbol, Ritual and Community* (Englewood Cliffs, N.J.: Prentice-Hall, 1976), chapt. 1.

[10] 参看 Zuesse, *Ritual Cosmos*, pp. 17-32.

会对社群中大部分成员的生活造成冲击，尽管仪式的行为和话语属于常态。这个存在可能处在日常生活的边缘；它可能会被锁在传统专家的专业知识里。因此，在许多、或许大多数原生宗教中去辨别以上提到的四重系列的元素，这是一件事情；那些要素得以在不同的模式中被安排，这些不同的模式不仅产生了不同的宗教，而且产生了不同类型的宗教。从特定族群的经典研究中发现，似乎存在以神为主导的系统、以神灵为主导的系统、以祖先为主导的系统和其他的系统，在这个系统中超验事物实体化是如此微弱，以致有能力之物或非人化的力量自身主导着系统。在最后的一点中，宗教和巫术的界线显得非常模糊。

在一个关于非洲人祷告场所的研究中，艾尔伍德·舒特（Aylward Shorter）区分了六种不同类型的宗教，这种分类与祷告所组织的方式有关。[11] 舒特将第一种类型称为"严格有神论"（"strict theism"），就像中部雨林地区的梅鲁人（the Meru）和俾格米人（the Pygmies），在生活中直接经历至高者，在祷告中直接敬拜至高者。不过，还有一种"相对有神论"（"relative theism"），就像在努尔人（the Nuer）和丁卡人（Dinka）当中，敬拜的献上是藉着各种不同的存在，这些存在被认为是至高存在的不同模式，而不是独立的个体。另外一种类型是"对称冥想"（"symmetrical meditation"），在其中作为媒介的精灵（通常是祖先）充当着与至高者（刚果人，通布卡人）（Kongo，Tumbuka）来回沟通的工具。通过"对称冥想"，这些媒介接受祷告，并且几乎没有或没有任何关于至高存在的正式礼拜，但至高存在的能力和临在在生活中被承认（多贡人，绍纳人，赞德人）（Dogon，Shona，Zande）。但是，在"严格自然神论"（"strict deism"）中，[12] 没有清楚的迹象表明一位至高存在构成这样宗教存在的基础（阿乔利人）（Acholi），这种情况也是有可能的；而常见的是"相

---

[11] Aylward Shorter, *Prayer in the Religious Traditions of Africa* (Nairobi: Oxford University Press, 1975), pp. 8-13.
[12] 参看 Okot p'Bitok, *Religion of the Central Luo* (Kampala: East African Literature Bureau, 1971).

对有神论"，至高存在的观念，或冥想的观念，在宗教生活中不扮演任何重要的角色，它的宗教生活指向守护神灵、英雄或祖先，但是，关于至高存在的经验和崇拜没有被完全排除（约鲁巴人，恩戈尼人，以及许多其他的族群）（Yoruba，Ngoni）。相同宗教元素至少在六种中的五种模型中出现，这些模型反映了完全不同的宗教结构。

2. 正如所有宗教传统一样，让人回想起来的是，**在原生社群中存在不同层次的宗教知识和经验**。考虑到一个社群作为整体的宗教生活，有必要将以下这些东西纳入考量的范围：日常的敬虔、公共的仪式、在紧急情况中被认可的求助途径、专家的专业知识，以及在公共话语体系和宗教大师的反思中所提供的不同类型的解释。法国人类学家揭示了非洲象征系统的复杂性，并且，它们参考域（field of reference）的广泛性只能够从一连串可见和不可见世界的反思性评论的角度来进行解释，由此发展出在其他的语境下称为哲学方法的东西。不同类型的占卜常常一起被发现。如今外来者可以获得更多关于伊法占卜（Ifa divination）[13]的知识，这种知识强调的，不是早期西方观察者所认为的妙手技艺，也不是占卜师的活动中必要的心理学洞察力，而是对涵盖所有可能结果的一套秘思（myth）百科全书的娴熟应用。比起许多有需要的普通人在灵媒出神中寻求的直接话语，这在本质上是"神的话语"，有着更确切的意义。它就好像是来自神性世界中一个更深的源头。[14]

3. 需要提到的是，**由于象征系统、宗教仪式和社会系统是相互关联的，在任何这些领域中无法化解的压力会把重负施加在其他领域**。巨大的社会变革撒下过时的象征系统和无用的仪式，它们都丧失了根本的理由——除非它们可以借鉴新的环境而加以调适。对象征系统或仪式模式的增添或重大修正，使已经确定的社会秩序或其中某些功能

---

[13] 参看 W. R. Bascom, *Ifa Divination: Communication Between Gods and Men in West Africa* (Bloomington, Ind.: Indiana University Press, 1969).

[14] Zuesse, *Ritual Cosmos*, chapt. 11; 占卜作为一种"控制论"（"cybernetic"）的系统，参看 V. W. Turner, *The Drums of Affliction: A Study of Religious Processes Among the Ndembu of Zambia* (Oxford: Clarendon Press, 1968), pp. 25-51.

遭到质疑。制度必须适应新的模式，或者忽略它而产生象征和秩序之间的脱节。

4. **活的宗教可能与一个社群内生活的基本层面息息相关**。这不是说宗教是被社群的环境所决定的；阿克·赫尔特克兰茨（Åke Hultkrantz）已经表明，生态因素是如何塑造了"面纱"宗教（"veil" religion），而不是提供内容，内容是来自宗教自身的历史和传统。[15] 尽管如此，生活的基本层面的改变，或者要求一套新的"面纱"，或者使宗教不去触碰社群生活的基本层面。

## 原生宗教中的变动因素

这些一般化的论述，全都指向了社会中任何根本性改变的重要宗教内涵，无论是由于迁徙和居住地的巨大变动而引起的环境变化；还是新的交换模式，或者任何其他改变人际关系模式的东西，以及改变地位得以承认的基础的东西；还是亲族模式和社群秩序中的改变，这些改变都是政治或经济变革，或面对外来存在而有的新压力所带来的。这些因素中没有一个是新的，也不只是现代世界条件中的产物。原生社会对这样的改变一直以来都保持开放，从无法追忆的时间就开始了，并且偶尔有人能够在跨越几个世纪的社会和宗教中追溯那种变化的模式。举例来说，纳瓦霍人（the Navajo）是猎户的后代，他们在14或15世纪抵达新墨西哥州的北部，他们不可避免地求助于农业，此后他们有了母系部落的系统，学会放羊，并且在定居和从事农耕的邻居普韦布洛人（Pueblo）的影响下，他们获得了一套复杂的神话体系。在他们的例子中，新的神话体系被附加在适合于狩猎文化的仪式

---

[15] 参看 Åke Hultkrantz, "An Ecological Approach to Religion," *Ethnos*, 31 (1-4): 131-50; "The Religio-Ecological Method in the Research on Prehistoric Religion," in *Valcamonica Symposium: Les Religions de la Préhistoire* (Capo di Ponte: Centro Camuno di Studi Preistorici, 1972). The idea of "veils" is developed in Hultkrantz's Gifford Lectures.

和价值之上。[16] 所以，我们必须进一步探讨六种一般化的论述，这些论述是源于原生社会中反复出现变化的现象。

1. 虽然不同类型的原生宗教模型正如舒特所指出的是有用的，但是它们当中有几点需要注意。特别是，我们不能假定人们对上述任何一种模型的表达是固定不变的。不同元素的模式以及结构处在流动中，比如说，会在"相对一神论"和"相对自然神论"之间流动，反之亦然。在任何情况下，我们必须谨慎使用源于其他类型传统的分类。杰弗里·帕林德（Geoffrey Parrinder）指出，使用"一神论"、"多神论"和"泛神论"这些词去形容非洲宗教是多么误导人，因为同一个社会可以产生所有这三种看法的例子（或者在西方文化中的东西可以被如此命名），而不会有任何不协调的感觉。[17]

2. 在发生了充分改变的地方，互相关联的社会、象征和仪式系统受到了干扰，"专家"传统基本上处于边缘化的危险中。"专家"传统的声望，以及它先驱者的声望，可以保持在很高的水平；但是，它的应用，或甚至是对它应用到日常生活中的认识，变得不那么清楚。事实是，新的问题和形势超出了它掌握的范围；因此，它不再涵盖每一个可能的结果。除非它可以被调适或得到补充，它可能会与一小部分精英联系在一起，或者可能会被锁在持久但只是偶尔发生的实践中，比如那些与统治者仪式相关的实践，或只是成了知识阶层拥有的深奥学问。[众多的例子中，毛利人（the Maori）的例子可能是最为出名的，知识阶层故意选择不去传承他们的传统。][18] 但是，普遍的宗教知识和看法留了下来，它们与在社会中产生作用的新影响所带来的因素互相调和，或者它们会被添加到其中。

3. 这样的改变不必然同等地或以相同的方式影响社会中所有的

---

[16] 参看 G. H. Cooper, *Development and Stress in Navajo Religion* (Stockholm: Almqvist och Wiksell, 1984), esp. chapt. 6.

[17] E. G. Parrinder, "Monotheism and Pantheism in Africa," *Journal of Religion in Africa* 3 (No. 2, 1970): 81-88.

[18] 参看 James Irwin, *An Introduction to Maori Religion* (Bedford Park, South Australia: Australian Association for the Study of Religion, 1984), pp. 33ff. 针对接触前爱莪（Io）宗教历史基础的讨论。

成员。因此，变动中的社会呈现了一系列象征的世界，它们彼此之间并非互相排斥，而是互相重合。[19]

4. 因此，在社会变迁压力下象征和仪式变化的本质有其必然性。所有社会在仪式和礼仪方面都会倾向于保守；并且只是一种异于公认世界观的现象的在场，不会立即改变那个世界观。除了趋于保守的自我肯定之外，还有各种各样可能的回应。或许存在一种调适的过程，就此，有些元素源于影响社会的力量，它们会被整合进传统的世界观中，而且这些元素会调整传统世界观的结构。或许在某个关键点上存在着与那个世界观彻底的决裂，即放弃传统中主要的元素。这样一种决裂会发生，与面向某种普世信仰的皈依有关，但是，就算没有这样一种变动，它也可能会发生；并且，它自身不会改变所有传统的认知。

5. 传统模式和现实新的经验之间产生分歧是难以避免的，或者传统宗教模式在应对社会瓦解时被证明是无力的，在这些地方，社会可能会进入一个理想破灭和再评估的时期，在宗教的术语中这些可以被描述为不可知论（agnosticism）。在"不可知的"条件中，传统仪式模式可能会继续保持不变；不可知的条件，可能是主要宗教变革的障碍，也可能是主要宗教变革的关键先决条件。

6. 在传统和现实新的经验之间的分歧没有那么严重的地方，某些象征和制度可能被废弃，其他的象征和制度大体上会被保留，为了习俗仪式的目的。除非传统体系被扩展或调适，以至于为了社群中的大部分人而去考虑新的生活基础，这种情况会带来积极的世俗化。最影响社群生活的事物如今已经处在宗教的范围之外。剩下的元素再也无法编织进一种活的传统之中，而这种活的传统就是对所有生活场景无所不包的习俗模式。

---

[19] 这在一些出色的非洲战后小说里被活灵活现地表达出来，比如Chinua Achebe's *Things Fall Apart* and Ngugi wa Thiono's *The River Between*. Cf. the revealing biography of his father by S. D. Okafor, *A Nigerian Villager in Two Worlds* (London: Faber, 1966).

## 第二次世界大战及战后

第二次世界大战以来的时期产生了伴随原生宗教变化的典型性因素。许多地区目睹了已经处于运行中的变化过程的加速,这种加速将原生宗教带到它们闻所未闻的领域中去。

在太平洋地区,二战在宗教方面有着强烈的影响。特别是,美拉尼西亚(Melanesian)的族群发现自己被卷进外族之间的大规模冲突中,他们突然发现自己暴露在远远超出原有经验之外的地方。日常事件就有如末日一般;美拉尼西亚人的世界观常常有一种可以用来说明和阐释的末世论元素(文化英雄或祖先们的回归)。[20]

二战以来的时期见证了各大欧洲帝国的终结,欧洲帝国在此之前统治着撒哈拉以南的非洲、印度次大陆、太平洋地区以及大部分东南亚地区。在一些个例中,复兴的或经过调适的原生宗教,参与到去殖民化(decolonization)的过程中。在伊朗的加雅(Jaya),在新兴宗教运动中,基督教的元素增强了传统末世的盼望;新兴宗教运动有助于瓦解荷兰人战时的统治,并且为战后的独立预备了道路。[21] 在所罗门群岛(Solomon Islands),"马西纳统治"("Marching Rule")运动,强烈主张传统的价值(虽然可能不是拒绝类似基督教的教导),实际上长期维持着替代不列颠人的管治;只有当运动的目标达成后,它似乎才会逐渐消退。[22] 肯尼亚茅茅运动(Mau Mau movement)之宗教方面是复杂的,但运动一定是涉及到基库尤(Kikuyu)传统仪式中的主张,以此作为对白人统治的集中反抗(特别是针对白人的土地所有权)。然而,大体上讲,在非洲和太平洋地区为了独立而发起的

---

[20] 特别参看 F. C. Kamma, *Koreri: Messianic Movements in the Biak-Numfar Area* (The Hague: Nijhoff, 1972).

[21] 参看 F. Steinbauer, *Melanesian Cargo Cults: New Salvation Movements in the South Pacific* (St. Lucia, Queensland: University of Queensland Press, 1979), pp. 10-17.

[22] 参看 Darrell Whiteman, *Melanesians and Missionaries: An Ethnohistorical Study of Social and Religious Change in the Southwest Pacific* (Pasadena, Calif.: William Carey Library, 1983), pp. 250-273.

运动中，以及在建立新的国家过程中，领袖的角色主要由受过西方模式教育的人承担；这些领袖常常是在宣教学校中受教育，这些学校公开承认受着基督教观念的影响，也常常被认为等同于基督教会。

殖民帝国已经被非洲和太平洋地区的各个国家替代。然而，这些国家是殖民的建构，保留着旧殖民区的边界，通常都保持着所继承来的管治系统，增添了一种超越地方和民族认同的国家认同。因此，新的国家比旧殖民地更有效地鼓励流动和建立政治、经济和社会的结构，这使不同地方有着不同兴趣的人可以互相接触。只有在很少的国家中有例外的情况，在这些国家中，中央政府实际上被瓦解，只有小规模的社会能够在某些地区存活，这些地区除了一些地方的因素外几乎不会被别的因素干扰。对于大部分人而言，宇宙被永久地扩张了。宗教思想不再被纯粹地方和民族的因素所限制。宗教思想必须考虑其他族群和国家的因素，不去说国际因素的话。因此，它在最为关键的节点切开了原生宗教——针对同一亲族的共同习俗的义务。

另一方面，各个新国家的兴起要求非洲和太平洋地区的族群建立起不同的认同；而认同只能够在指向过去中被找到。因此，肯定非洲和太平洋地区过去的价值和意义成为过去一代的特征，这与在殖民时期贬低或否认过去的价值和意义形成了鲜明的对比。结果，对传统文化新的自豪感油然而生，其中包含了宗教的方面，这甚至发生在不是完全在其中孕育成长的人当中。这当中没有一个是意味着要拒绝新的、更大的单元，比如国家（实际上，它增强了更大的认同，比如"非洲人"）；也不是要拒绝现代教育、科技和通讯；也不是要拒绝使用国际语言（英语、法语、斯瓦希里语）（Kiswahili）。它也不必然意味着拒绝普世信仰（基督教、伊斯兰教）。这些理智和宗教的要求更多是从调解过去和现在的需要中来的。

非洲和太平洋地区新兴国家的诞生唤起了其他族群的意识，他们在经历几个世纪欧洲的扩张之后，在他们长期居住之地成了民族和文化的少数群体。在最近的几十年，美洲和澳洲当地土著的文化认同，以一种从他们的土地被侵占开始、前所未有的方式被明确肯定。在每个案例中，这种新的自信的唤起是以人口衰退期之后的一段人口平稳增长期为背景的;在每个案例中,重新宣称长期处于衰微或甚至是被废弃的传统宗教制度成为了记号。再次,比起诉诸更严格意义上的本地和狭小民族的考量,通过寻根以求助于过去的做法更多诉诸的是更大的身为当地美洲人或土著的认同,由此来对抗白人主流的文化;再次,它所表达的不是对现代社会的拒绝;实际上,复兴的部分动机是在于改善他们族群在世上的命运。

加速宗教变革的另一个因素,几乎被所有的经济发展模式的状态所采纳,这个因素在与国家利益的关系中得以认识和实行。这些经济发展模式有不同的特质:有一些明显是资本主义的,另一些是社会主义的,一些是实用主义且兼收并蓄的;但甚至那些[比如坦桑尼亚(Tanzania)的"非洲社会主义"]宣称从本地传统得到启发的人,都淡化了宗教和社会之间的传统联系。现金经济(cash economy),为了销售而生产过剩,矿物的机械化开采,某种程度的工业化,人口大规模的流动,以及与土地之间祖传纽带的断裂,这些基本上是所有现代国家的特征,是被它们当中大多数国家有意选择的道路——然而,这在实践中的落实并不完全。传统价值体系必然要调整、经历衰弱,或者被取代。新兴国家也不是唯一受到影响的。从二战以来,拉丁美洲的热带雨林已经目睹了大规模的渗透,这带来了发展,为了经济作物和开采矿物而进行开垦,这也改变了巴西、哥伦比亚、委内瑞拉和中美洲许多雨林地区居民的生存基础。

大规模的环境变化与经济发展的压力有关,但这不单是经济发展的压力造成的。世界的热带雨林从1945年以来就大规模缩减。这部分是因为,为了发展经济作物(或者在中美洲地区就是牧场)而进行的开垦;部分是因为以现代科技为基础的、与使用脱叶剂(特别是在东南亚)之间的战争;部分是因为人口的稳定增长,导致对食物和燃料的需求越来越大。所有这些都与以生存为基础的变化有关,而宗教一定与生存相关联。整个中非发生了一系列的旱灾,在部分地区这种情况因区域战争而加剧,这些已经改变了许多萨赫尔人(Sahel)的生存基础,使得一些人背井离乡,侵蚀了游牧和半游牧牧民的生存基础。最重要的是存在一种城市化的因素。数百万人的宗教世界,或者他们父母的宗教世界，是在小型农业社群中形成的，这些社群承认同一个起源；数百万人被领进了有着多元人口的巨大现代城市中，他们要面对种种压力、问题和疏离感，而这些都是在传统宗教观念及工具的范畴之外。这甚至可以应用到一些从世界范围看相当小的聚居城市中，比如巴布亚新几内亚（Papua New Guinea）的莫尔斯贝港（Port Moresby）；但是许多非洲城市从 1945 年以来就已经有五十万或更多的人口。[23]

最后，自从欧洲帝国结束以来，殖民时期所强加在原生居民身上的政治压力已经加大。在这个联系中，立法领域可能是最不重要的。总体上，继承的国家保持着殖民政府制定的法律原则，将某些宗教制度，比如人祭，定为非法；但是，长久以来相关的宗教已经适应了使用代理人（实际上有人论证到，这么做的过程是不顾立法）。[24] 某些形式的巫术调查和控诉也是非法的。对巫术活动怀疑的程度因着城市生活的压力可能有所增加，巫术信仰的流行并没有受到影响，但新的社会寻找新的方式去应对这样的活动。[25] 对原生族群来讲，最为重要的是一种压力，要将巫术信仰融合进更大的单元，或将它们吸收进爱国运动之中，或在他人引起的冲突中利用它们；这种压力有时是强制性的，有时是非正式的。在马来西亚独立之前，半岛雨林的居民开始卷入不列颠政府和共产主义者的斗争之中。自从独立以来，政府支持的计划试图将养猪的族群拉进伊斯兰的范围中。[26] 更近一段时间的努

---

[23] D. B. Barrett, *World Christian Encyclopedia* (Nairobi, London, and New York: Oxford University Press, 1982) 这本书计算过，非洲有十个城市的人口超过一百万人，并且有不少于 145 个城市的人口超过 10 万人。(p. 780). 从 1982 年开始，那个数字肯定有所增长。

[24] S. O. M. Adebola, *The Institution of Human Sacrifice in Africa and Its Analogies in Biblical Literature*. Ph.D. thesis (University of Aberdeen, 1985).

[25] 巫师信仰对原生宗教并非不可或缺（比如在澳大利亚它们似乎是不存在的），并且它们可以被包含在任何的宗教框架中。正是在所使用的治疗法中，宗教的方面显现出来。参看 R. W. Wyllie, "Ghanaian Spiritual and Traditional Healers' Explanations of Illness: A Preliminary Survey," *Journal of Religion in Africa* 14 (No. 1, 1983): 46-57.

[26] Mustapa b.Hj. Daud, "The Religion of Two Negrito Peoples: A Comparative Study of the Semang of Peninsula Malaysia and the Andamanese of Andaman Is-

力是要让伊里安查亚（Irian Jaya）以及东帝汶（East Timor）与印度尼西亚的其他地区能够进一步和谐相处，还包括重新安置在伊里安查亚的爪哇人口，这些做法对原生族群来说带来了巨大的影响。历经几个世纪，印度不同的部落族群[27]在印度影响下或多或少已经被同化了；但是，在部落和种姓之间仍然有着明显的区别。[28]部落族群的地位受法律保护，但在缓和部落族群独立认同的尖锐度方面，国家存在着明显的优势；在印度和中国关系紧张的时期，边境部落所扮演的、潜在的令人不安的角色凸显出这种优势。诸如孟加拉的小型部落族群，在一个伊斯兰为主的国家中是一个不舒适的沉默者，他们好像遭受到特别大的压力。[29]马克思的意识形态在非洲被许多运动和一些国家正式采纳，虽然没有什么证据表明任何消除宗教的长期企图（从原生宗教角度看，恰恰相反）。通过政党、军队或议会组织展开的动员，为以农业为生的原生族群提供了另外一种溶剂。在中美洲，印第安人在不同的共和国之间的权力斗争中是最惨痛的受害者，这些共和国以不同的方式维持着几个世纪之久的传统，试图让本地居民与主流文化相融合。在那里以及在部分南美洲地区，这样的社群（部分是原生社群，虽然大部分是基督徒社群）继续遭受暴力和打击。

所有这些变化的源头都给原生宗教带来了某种威胁。它们制造了价值的混乱，与传统评判价值的方式、传统的义务界限，以及传统是

---

lands." M. Litt. dissertation (1979), pp. 29ff.

[27] 印度次大陆最古老的文化"经常处于萎缩的阶段"（Dupré, *Religion in Primitive Cultures*, p. 76). 关于印度部落社会及其宗教的重要研究中有 P. Juliusson, *The Gonds and Their Religion: A Study of the Integrative Function of Religion in a Peasant, Preliterary, and Preindustrial Culture in Madhya Pradesh, India* (Stockholm: Acta Universitatis Stockholmensis, 1974); A. van Exem, *The Religious System of the Munda Tribe* (St. Augustin: Haus Völker und Kulturen, 1982); Barbara M. Boal, *The Konds: Human Sacrifice and Religious Change* (London: Aris and Phillips, 1982). 博尔更早期、更流行的著作是 *Fire Is Easy: The Tribal Christian and His Traditional Culture* (Manila: Christian Institute for Ethnic Studies in Asia, 1973)，包含了孔德人（Kond）宗教生活的简要概述。*Sevartham* 期刊提供了印度部落宗教一系列有价值的研究。

[28] Juliusson, *The Gonds and Their Religion*, pp. 102-107.

[29] 参看 *Inside Asia* 9 (July 1986): 28ff.

非对错的模式相连接。它们制造了等级制度的混乱;他们弱化了与土地以及与祖先之间的联结;它们解除了传统地位和实际权力之间的联系;它们开启了获得地位的新方式;它们不断清除种种关键的差别(比如男人和女人工作的差别)。它们制造了焦点的混乱,使视野放在超越本地之外成了必须;显而易见的是,社群是种种事件集合而成的整个世界的一部分。对超验世界的认识如今必须将这整个世界、关于整个世界扩展之异象纳入考虑的范畴。

这些混乱的形式本身没有一个是新的:原生族群的生活和认知基础已经在经历战争、征服、移民、互相通婚、从邻居借鉴、传染病、环境变化之后不断发生变化。新的东西,是改变之力量的程度、强度和宽度。

## 回应的形式

面对这些改变的力量,没有一种共同的回应模式作为记号。二战以来,存在着几种不同进程的清晰记号,这些进程有衰退(Recession)、吸收(Absorption)、重述(Restatement)、缩减(Reduction)、发明(Invention)、调适(Adjustment)、激活(Revitalization)和援用(Appropriation)。

### 衰退

在1945年很久之前,这种趋势就已经开始了,而且是最显著的。现代化进程所引起的价值观、等级制度、核心关注的混乱,已经伴随着普世信仰的在场出现了,普世信仰的在场明显与现代化所要求的更大世界有关。1945年以来,大量的原生族群归向基督教或伊斯兰教。在非洲,对这两种宗教而言,这种趋势是长期持续的;在基督徒和穆斯林之间存在互相改教的现象,[30] 但大规模地回归到原生宗教的例子是少有的。大战以来,在美拉尼西亚和印度尼西亚的原生族群中,

---

[30] J. K. Parratt, "Religious Change in Yoruba Society: A Test Case," *Journal of Religion in Africa* 2 (No. 2, 1969): 113-128.

转向基督教运动已经呈现上升的趋势。印度目睹了部落族群转向基督教和转向印度教的运动。在一些案例中，在来自主流文化的压力中，普世信仰的在场为部落族群提供了一种维持认同的途径。基督教早就开始接纳本地语言，为用本地语言书写圣经做好准备，也为使用本地语言参与到崇拜的核心环节做好了准备，因此基督教对那些感到被同化和被主宰威胁的人特别有吸引力（比如一些印度的部落，以及尼日利亚高原地区的少数族群[31]）。非洲人长期以来抵制伊斯兰教，对在他们家乡的基督教宣教也鲜有兴趣，当他们开始向城市移居时，他们就在教会和清真寺之间做了区分。在格陵兰岛和加拿大的北极地区，接触的时间已经很长，原生宗教的积极活动似乎已经完全消失，它最有特色的**制度**萨满教已经荒废了。[32]

在之前的一段时期中，向基督教的转移，与想要参与白人所持有权力的想法有特别的联系；现代化的过程是白人主导的，与白人宣教士的活动不谋而合。（当接近权力的方式不能够达成，随之而来的失望会影响基督教和原生宗教的活动。[33]）1945 年以来，特别是过去二十年左右的时间中的情况，积极弱化了这样一种直接的联系。但是，基督教和伊斯兰教有着参与更大范围世界的能力，它们预备了可替代的行为准则，并且它们对象征转变的要求，需要某种决定性的行动；当传统的知识无能为力时，基督教和伊斯兰教提供了意义的钥匙，提供适应新条件的一种途径。当不可知论被放进原生社会的时候，它们

---

[31] 参见 Augustine Kanjamala, "Christianization As a Legitimate Alternative to Sanskritization," *Indian Missiological Review* 6 (No. 4, 1984): 307-331.

[32] I. Klevan and B. Sonne, *Eskimos: Greenland and Canada* (Leiden: Brill, 1985), p. 2. Cf. D. Merkut, *Becoming Half-Hidden: Shamanism and Initiation Among the Inuit* (Stockholm: Almqvist och Wiksell, 1985): "据西方观察家所知，因纽特萨满教在今天或者消失了或逐渐被废弃了。少数的前萨满仍然活着，但是再也不活动了。在未来几年或几十年中，是否会出现萨满教的复兴，仍然需要继续观察，"(p. v)。从最近本土的美洲宗教复兴的情况来看，这种限定看起来是明智的。

[33] 参看 H. W. Turner, "The Hidden Power of the Whites: The Secret Religion Withheld From the Primal Peoples," *Archives de Sciences Sociales des Religions* 46 (No.1, 1978); 重印于 *Religious Innovation in Africa: Collected Essays On New Religious Movements* (Boston: G. K. Hall, 1979): 271-288.

还是最常见的避难所。[34]

**吸收**

衰退过程中的一个产物就是，大多数构成原生宗教的东西被吸收进基督教和伊斯兰教的社群中。这个过程正常来讲从属于这些信仰的研究，这两种信仰在很长的历史中有着与原生宗教相互渗透的经验。（特别是，基督教从早期就开始对古老或现代的原生宗教产生最大的影响。）优先事项的调整和重组可能是值得考虑的，并且许多优先事项，可能大多数，都存在于灵性认知重叠的世界中。因此，从一个角度看，在普世信仰中原生宗教有一个持续性的生命，这种想法可能是合理的。[35] 但从另外一个更根本的层面看，宗教历史中最初的篇章在这些案例中已经完结了。克里斯玛型的先知可能是占卜师的继承者，处理类似的情况，可能会使用一些相同的技艺；但是，如果他是奉以色列神的名如此做，不是从旧的传统，而是从圣经来解释他的活动，并且要求拒绝占卜师和传统力量对象，那么历史性的转变就此发生了。

**重述**

在不同的回应形式中，这是最难辨认的一种，然而，它的出现是因为世界性信仰的在场。同基督教和穆斯林护教者接触会促使信徒去

---

[34] 关于非洲归信的本质的讨论首先是由罗宾·霍顿（Robin Horton）提出的，他强调衍生宇宙（expanded universe）的方面。参与讨论的著作主要有 R. Horton, "African Conversion," *Africa* 6 (2, 1971): 91-112; H. J. Fisher, "Conversion Reconsidered: Some Historical Aspects of Religious Conversion in Black Africa," *Africa* 43 (1, 1973): 27-40; C. Ifeka-Moller, "White Power: Social Structural Factors in Conversion to Christianity, Eastern Nigeria, 1921-1966," *Canadian Journal of African Studies* 8 (1, 1974): 55-72. See also the comments of Lamin Sanneh, "The Domestication of Islam and Christianity in African Societies," *Journal of Religion in Africa* 11 (No. 1, 1980): 1-12. 一个非常详尽论证的个案研究，参看 C. C. Okorocha, "Salvation in Igbo Religious Experience: Its Influence on Igbo Christianity." Ph.D. thesis (University of Aberdeen, 1982).

[35] 一个互相渗透并互利共存的复杂案例可见于 P. B. Steinmetz, *Pipe, Bible and Peyote Among the Oglala Lakota* (Stockholm: Almqvist och Wiksell, 1980).

反思和解释，这不可避免地会使用一些信仰之外的语言，并且与基督徒和穆斯林的宣讲和交谈中经常出现的主题有关。理所当然，最可能出现的是关于神的本质的主题。加巴（C. R. Gaba）引用了一位安洛（Anlo）长老的话，他评论了基督徒将圣经中的神等同于安洛至高神玛吾（Mawu）的做法：

> 我儿啊！玛吾实在是大，大得不能被放进一个小屋子里，大得不能在那里受人的敬拜。在所有安洛之地，只有基督徒可以这么做。我们怎么能把一位我们从未看见、就像那风随处吹的存在放在一个屋子里呢？我们可以将那些次级神灵放在屋子里，因为他们向我们显现，叫我们看见他们，就在本地和我们产生关系，就像其他民族的人也有他们自己的次级神一样。实际上，我有些疑惑，你们基督徒在你们教会敬拜的难道不是白人的次级神吗！[36]

那位长老肯定玛吾拥有基督徒归给神的所有特征，正因如此，他谴责基督徒崇拜时对神过分亲近而有所不敬。基督教必定是一种教派，是一种教派的神灵崇拜，而且是外来的神灵崇拜。但尽管他关于玛吾的神学可能包含的东西与基督教之前安洛人的传统没有什么不同，然而他的神学本身的塑造，是因着与基督教在场的紧张关系。基督教和伊斯兰教的在场，带着它们关于神的积极、明显的宣称，这种在场一定是正在进行中关于神话的反思和调适，以及术语和概念重新解释的过程中的一个因素。实际的改教会将这个过程带得更远，特别是在成为基督徒的族群中间。非洲穆斯林特别避免使用安拉在本地语言中的名字。基督徒通常会承认二者是相等同的，因此他们会增强旧的信仰和新的信仰之间的连续性，适度地"转变"过去。目前学术谈论中很常见的争论是，在某个族群接触基督教之前，至高存在的

---

[36] C. R. Gaba, "The Idea of a Supreme Being Among the Anlo People of Ghana," *Journal of Religion in Africa* 2 (No. 2, 1969): 64-79.

特征以及他在崇拜中的位置；这样争论看起来是次要的；宗教的进程本身就不断去解释传统，也有必要解释过去。[37]

**缩减**

一种原生宗教常常会缩减或限制在它的范围中，不是因为主要制度的移除，就是反过来制度从影响生活全部的传统复合体中被切断。祭祀的形式可能会被保留，但只是作为象征的形式被实践出来，昂贵的牲畜只是在概念上被献；实践中**牲畜被呈上，耳朵被部分修剪**，然后被归还。成人仪式在人们的自我意识中可能太过根深蒂固而没有被放弃；但是，它一定不能影响到教育，也因此它被缩短，以适应学校的假期。它必须将保健学的知识纳入考量；因此割礼可以在临床上实行。[38] 这样的影响是将原来处于活生生宗教组织核心的制度加以世俗化。在被普世信仰强烈影响的社会中，王室和首领的仪式继续存在（它还没有被很轻易地接受为基督教的习俗，就像它在欧洲一样），它们因着历史和仪式的理由被广泛地尊重，但不再与其主要的宗教来源有什么关系。那些密切投身其中的人经常会拒绝改教，拒绝的时间要比大部分人长得多，因为教派（有时候有多妻的要求）在社会中是最后"不可协调的"制度。[39] 再次，它会被观察，范围的缩小是世俗化的标志。

特纳（H. W. Turner）已经表明，基督教在非洲已经成了世俗化

---

[37] 参见 O. Bimwenyi Kweshi, *Discours théologique nègre Africain: Problèmes des Fondements* (Paris: Présence Africaine, 1981), pp. 61-5ff; 和 Kwame Bediako, "The African Evidence for a Christian Theology of Religious Pluralism," in J. A. Thrower, ed., *Essays in Religious Studies* (Aberdeen: University of Aberdeen Department of Religious Studies, 1986), pp. 44-56.

[38] F. B. Welbourn, "Keyo Initiation," *Journal of Religion in Africa* 1(No. 3, 1968): 212-232; 特别参看是基普罗诺（D. K. Kiprono）在后来的事件中的讲话，他自己是那些事件的发起人，pp. 230-232.

[39] 伊巴丹的奥卢巴丹（Olubadan of Ibadan）阿金耶尔（I. B. Akinyele）的例子，他在 1955 年在没有传统祭祀的情况下被确定为尼日利亚独立教会中的一位重要人物；这个例子标志了那个大城市历史的转折点。参见 H. W. Turner, "The Late Sir Isaac Akinyele, Olubadan of Ibadan," *West African Religion* 4 (1965): 1-14; reprinted in *Religious Innovation*, pp. 129-32.

力量，这种方式打破了一个政治实体在神圣宇宙中运行的本体论特征。[40] 但是，无论世俗化的过程会走得多远，要将对占卜师、鉴定因果的专家的需要挪去，是不可能的。

**发明**

原生宗教内部有时候会迸发出新的富有创造力的活动，这种活动将原生宗教调换到新环境中，由此原生宗教就会自由地吸收和采纳源于其他文化的元素。这个过程最为惊人的例子是1945年之前在海地（Haiti）和巴西发展出来的。[41] 非洲活生生的宗教延续性是足够清晰的，但在翻译的环境中这些延续性获得了另外的层面。特别在巴西，班达教（Umbanda）和其他的精灵宗教十分强烈地受到非洲的影响，这些宗教已经变得越来越重要。在近几十年来，它们发展出新的特征，但是随着这些宗教与流行的天主教大规模且系统的融合，将这些发明看作是新兴宗教、而非原生宗教，似乎是更好的做法。[42]

其他形式的发明包括了仪式和礼仪元素的系统化，旨在产生出一种"普世"的宗教，以替代基督教或伊斯兰教，这些通常都伴随着书写的礼仪和为受教育的人设计的辩护文。在通向独立的时期，这样的运动在有政治敏感度的人当中会受到某种程度的欢迎，就像是提供了一种民族主义的宗教。[43] 一位前天主教神父创立了新的形式，[44] 比如非洲大陆（Afrikania），这些新的形式被导向去诉诸更广泛的非洲人的意识。

---

[40] 参见 H. W. Turner, "The Place of Independent Religious Movements in the Modernization of Africa," *Journal of Religion in Africa* 2 (No. 1, 1969): 43-63.

[41] R. Bastide, *The African Religions of Brazil* (Baltimore: Johns Hopkins University Press, 1978); R. F. Thompson, *Flash of the Spirit: African and Afro-American Art and Philosophy* (New York: Random House, 1984).

[42] 大量的参考文献收录在 I. Zaretsky and C. Shumbaugh, *Spirit Possession and Spirit Mediumship in Africa and Afro-America: An Annotated Bibliography* (New York: Garland, 1978).

[43] 举例来说，阿鲁萨（Aruosa）是与贝宁帝国有联系的，其中包含了贝宁宗教（Benin cult）、尼日利亚国家教会以及喀麦隆（Cameroons）的元素，由奥尼奥哈（K. O. K. Onyioha）有力领导。

[44] 贝肯（H. J. Becken）收集和评论加纳报纸的报导 *Zeitschrift für Mission* 9 (1983): 233-239; cf. *Exchange* (Leiden) 13 (37-38, 1984): 98-106.

## 调适

调适和扩展世界观的尝试将新的现象考虑进去,这样的尝试继续会成为原生宗教的一种特征。1945 年以来,这在美拉尼西亚特别显著,在那里与新的影响的接触相对较晚,但超乎寻常地激烈。将曾被整合在一起作为货物崇拜(cargo cults)的许许多多运动,描述成调适运动,如今已实属正常。[45] 过度强调货物的元素,即从西方的视角看是最为异国情调、最有新闻价值的东西,可能是误导人的。但是,一种现存的宗教框架可能会被调适并协调进空前崭新的现象中;这种宗教框架包括相信引领一个健康和幸福时代的祖先们会最终回归。对一个 1977 年巴布亚新几内亚的宣教士来说,货物装卸会使团体代表输送更多的白人来,和货物一起;石油开采启动,再次唤醒了记忆,就是祖先们会通过地上的洞回来。另一位有技术头脑的宣教士使用飞行器,这会以一种新的方式产生神话:"弥·克里斯图斯(Mi Kristus)已经从天上的世界回来了,并且在太耶维(Taiyeve)降落。飞机正在那里不停降落,要带货物给太耶维人。"[46] 最经常要求调适的方面是幅度。太平洋地区的新兴运动如此频繁,超越了旧有的民族区分,甚至在长期彼此格格不入的族群之间,这种情况十分明显。

## 复兴

现今,原生宗教不仅仅在调适;一些原生宗教被激活了。部分的原因源自文化认同的确认,以及在非西方族群部分,文化自信的重新获得,这伴随着的是拒绝欧洲范式作为唯一的标准。非洲的和美洲非

---

[45] 关于这些运动,参看 P. Worsley, *The Trumpet Shall Sound: A Study of Cargo Cults in Melanesia*, 2d ed., (New York: Shocken, 1968); K. O. L. Burridge, *Mambu: A Melanesian Millennium* (London: Methuen, 1960); K. O. L. Burridge, *New Heaven, New Earth: A Study of Millenarian Activities* (Oxford: Blackwell, 1969); J. G. Strelan, *Search for Salvation: Studies in the History and Theology of Cargo Cults* (Adelaide: Lutheran Publishing House, 1977).

[46] A. DeVries, "Cargo Expectations Among the Kwerba People," in Wendy Flannery, ed., *Religious Movements in Melanesia Today 1* (Goroka: Melanesian Institute, 1983): 25-30. "Mi Kristus" 是印度尼西亚语中的基督。这个系列的三卷本记录了过去十年许多其他的运动。

裔的学者、艺术家和知识分子正在重新发现并重新肯定非洲的文化遗产。在一些例子中，通常是在很短的时间内，政府和政治运动使用特定的传统礼仪（特别是被当地基督教群体强烈拒绝的那些）作为忠诚度的测试。[47]

然而，令人最震惊的、被激活的宗教的表达方式出现在本地的美洲人和澳洲土著中间，这些少数族群长期因白人的竞争而受剥削。1948年，约瑟夫·埃普斯·布朗（Joseph Epes Brown）发现奥格拉拉苏族（Oglala Sioux）圣人黑麋鹿（Black Elk）的时候，他发现他"正为这个民族圈环（hoop）[48]哀哭"；普遍相信的是，甚至是专家也相信，印第安人带着他们看起来古老、不合时宜的文化完全融入一个更大的、自视自身优越性及目标正当性的美洲社会，这只是一个时间问题（实际上只是很短的时间）。[49] 黑麋鹿的使命"使他的族群的花之树重获生命"，让他遭受了如此多的苦难，他的使命可能不是按着他所努力的方式成就的；但是，具有传统宗教特征的制度，比如蒸汗屋（sweat lodge）[50] 和幻像寻求（vision quest），在它们看起来要灭绝的地方重新复活了。[51] 并且，它们获得了那些开着车、看着电视的年轻一代的支持。[52] 随之而来是的一种重新焕发的宗教传统的丰富性，特别是关于它的价值和对土地尊重的观念。环境的破坏以及其他欧

---

[47] 举例来说，茅茅宣誓和在乍得（Chad）一个时期的入会仪式。

[48] 译注：在他们的世界观中，奥格拉拉苏族人认为宇宙万物都以某种圆形的方式的存在，比如日月是圆的，四季是循环的；民族圈环（hoop）代表着部族力量的来源。

[49] 参看概述的前言 Joseph Epes Brown, *The Sacred Pipe: Black Elk's Account of the Seven Rites of the Oglala Sioux* (Harmondsworth: Penguin, 1971), p. xv. 黑麋鹿死于1950年。

[50] 译注：蒸汗屋是印第安人的一种宗教洁净仪式，它是由幼树搭建而成，然后会被盖上毛毯或兽皮。

[51] Joseph Epes Brown, *The Spiritual Legacy of the American Indian* (New York: Crossroad, 1982), pp. 65ff.

[52] 参见 V. Dusenberry, *The Montana Cree: A Study of Religious Persistence* (Stockholm: Almqvist och Wiksell, 1962); 本土美洲运动的参考文献，参看 H. W. Turner, *Bibliography of New Religious Movements*, vol. 2, *North America* (Boston: G. K. Hall, 1978).

裔美洲人文化价值中不那么让人向往的特征，使得同化更加不可求。两种特征被认为特别有趣的。第一，虽然复兴运动是一种寻根的行动，但它不是以狭隘的族群意识作为核心的；如果要说的话，它是泛印第安的。[53] 第二，使用致幻药物佩奥特仙人掌（peyote）现在看起来正在减少，不过在之前它虽是本地化的，但藉着美洲本地教会（Native American Church）因着仪式的目的而变得分布广泛。新兴的运动不是被动的，而是肯定的。[54]

澳洲的情况有一些相似。一个主要的部分是土著人土地权的问题，以及在土著人中一种新的政治意识。土地权的问题是与祖先遗址神圣性密切交织在一起的。土著人遭受压迫，被驱赶、被强制迁移，在许多的例子中，已经使家庭和地点的有效联系被打破了；但传统文化的复兴（不必然是对所接受的基督教的明确拒绝）已经使一个普通的土著人意识到古老遗址的价值。再次，原生宗教中的新兴运动，使得他们从一个地方性族群的意识转变为一种更加宽广的意识。

**援用**

最后，我们应该注意到的现象是，原生宗教正在被那些在历史上属于另外一个传统的人所采纳或借鉴。西方发展对环境负责的观念，开始赏识原生族群的世界观，他们在人和动物、动物和非动物、神圣和亵渎之间没有明显的区分。这（或许与生长在无宗教的后基督教的西方社会的人，对意义的一种新的追求有关）导致了特别对美洲本地宗教的高度认可，当中有一些是以一种怪异、不切实际的方式呈现的。至今存在一种充满活力的国际性的兴趣［比如通过幸存国际（Survival International）这样的运动表现出来］，为了保护小型社会免遭剥削或

---

[53] 布朗在《属灵遗产》（*Spiritual Legacy*）提到泛印第安主义（pan-Indianism）是一把"双刃剑"："许多运动背后的推动力是对欧裔美洲人对少数族群态度的反应……其结果是各种各样形式和活动的复合体，它们有着广泛的吸引力和商业优势，但是牺牲了真正的灵性内涵"（p. 67）。然而，布朗强调，仪式为重要的个人品质提供了出路，也为许多领袖人物很高的个人素质，包括一些新的萨满，提供了出路。
[54] *Ibid*., p. 18.

避免更多与西方世界接触而产生的不良后果。[55] 这种运动有时将注意力投向基督教宣教，认为基督教宣教需要对原生世界观的衰落负责，也要对将这些社会放在一种受西方影响的文化和经济条件下负责。这种运动的期刊中记载了这些事，特别提到了拉丁美洲。[56]

不仅对历史上与原生宗教有关联的文化出现了一种新的自信，而且在那些原先自恃优越的文化内部也产生了一种新的自我批判。然而，没有迹象表明，这会明显地减轻正在作用中的改变之力量，或者减少原生世界观、普世信仰和现代社会之间的互动。比如，在国际妇女运动中，来自非洲和亚洲文化的妇女站到了最前面；有人看到国际妇女运动为支持废除阴蒂切除而面临压力，切除阴蒂在许多非洲社会中标志着妇女成年，这是根深蒂固的习俗的一部分。

1945 年以来，所有八种类型的回应已经在原生宗教中被找到，所有这些都可以被辨别。特纳提到了美拉尼西亚运动中的一个方案，就是将**新原生的**（Neo-primal）（那些人只是寻求重新塑造传统宗教）、**综合主义的**（Synthetist）（那些人试图在一种宗教中将旧有的传统和新认识到的基督教结合在一起，它又与二者都不相同）、**希伯来的**（在其中存在一种激烈的从原生世界向忠诚于以色列的神的转变，但是耶稣基督在当中并不是救赎的途径）和**独立教会**（它们试图产生新的基督教模式）等类型都囊括在其中。[57]

最后所提到的那一类在美拉尼西亚是少有的，虽然它是现代非洲

---

[55] 参看 C. Ahern, "Spiritualities on the Land." M. Litt. dissertation (University of Aberdeen).

[56] S. Hvalkof and P. Aaby, eds., *Is God An American? An Anthropological Perspective on the Missionary Work of the Summer Institute of Linguistics* (Copenhagen: International Work Group for Indigenous Affairs; London: Survival International, 1981); 参见 G. Cano, *Los Nuevos Conquistadors* (Quito: CEDIS, 1981).

[57] H. W. Turner in Flannery, Religious Movements 1, pp. 1-6. 另一个版本以及解释，参看Turner's "New Religious Movements in Primal Societies" in V. C. Haves, ed., *Australian Essays in World Religions* (Bedford Park, S.A.: AASR, 1977), pp. 38-48; 也载于 *Religious Innovation*, pp. 3-13; 也参看 "A Typology for African Religious Movements," *Journal of Religion in Africa* 1 (No. 1, 1967): 1-34; also in Religious Innovation, pp. 79-108.

新兴运动的一种特殊形式。那种模型需要扩展，需要联系到伊斯兰教和我们所提及的一些弱化和世俗化的运动中去。但值得注意的是，对这二者而言，那种模型允许一种新情况的发生，那种模式是在这个世纪中不同文化之间持久互动的结果，同时也允许了在各种类型之间的流动。它也指向了二战以来原生宗教中的主要变化：对一个普世的、不纯粹是本土或民族的参考域的寻求，这种新的关注点适合于一个村庄，就是如今所有人都知道的地球村。

第三卷
宣教运动

# 第11章 宣教学的结构性问题[1]

## 宣教学的关键意义

给宣教学（mission studies）下确切的定义会占用我们很长时间，但或许每个人都会同意，某些主题是属于它的。我在这里所关心的不是这些主题在宣教学中的相对重要性，也不关心这些主题在宣教学中的核心程度，关心的是它们阐明宣教学作为一门学科的关键意义这一事实。

让我们从老生常谈的"宣教"一词开始。西方宣教士之活动的研究——以及产生他们的运动的研究——如今需要一个解释或辩护。只要稍稍读一下历史，宣教运动与几个世纪以来世界宗教图谱中最为剧烈的变化一定有些联系。从北方蛮族人的归信开始，全球的一部分已经见证了基督信仰最为可观的成长；从伊斯兰教兴起以来，另一部分地区见证了最剧烈的萎缩。上升最明显的地区就是非洲的热带地区，从数据上看，那里在一个世纪前还是处于基督教的边缘；最为明显衰退的中心是西欧，那里在一个半世纪前一定会被认为是最为活跃和重要的基督教中心。

这些事件和宣教运动之间一定存在某种联系；现代宣教运动虽然在一些重要的方面受到了更早期的影响，但在接近19世纪的时候成形。然而，一个同时代学习基督教的学生如何去理解现代基督教的这

---

[1] 首次发表于 *International Bulletin of Missionary Research* 15 (October, 1991): 146-55.

一重要引擎呢？阅读一本关于19世纪不列颠教会历史的标准著作或许是有帮助的，要记住，19世纪的不列颠是基督新教宣教士的首要来源地和宣教运动的基地。

欧文·查特威克（Owen Chadwick）的《维多利亚时代的教会》（*The Victorian Church*）[2]是渊博且深刻的研究著作。再者，这位作者是杰出教会历史学家活生生的例子，他不拘泥于某个特定的领域；他甚至撰写了一本很有价值的关于非洲宣教的著作。[3] 更值得注意的是，在这项两卷本、长达1116页的多视角的出色研究中，没有一个章节或部分是关于维多利亚时代的宣教运动。"宣教"一词（除了"教区宣教复兴"的条目之外）甚至没有在索引中出现。其中有一处提到了英国海外传道会[关于约翰·亨利·纽曼（John Henry Newman）早期生涯]，还有一处提到了伦敦宣道会（London Missionary Society）（有关公理会对集中募款的兴趣）。我注意到，其中只出现三位宣教士的名字：李文斯顿（Livingstone）[有关威斯敏斯特修道院（Westminster Abbey）葬礼]，以及南非主教科伦索（J. W. Colenso）和罗伯特·格雷（Robert Gray）——主教们或是以异端学说和分裂主义著称，或是因为将其他的主教开除教籍，试图获得关注。[4]

《维多利亚时代的教会》一个富有价值的特点就是，对平衡和运动有着气压计般的感觉；正如中心的、规范性的英格兰教会界所看到的，那个时代事件的呈现是根据那个世界分配给它们的相应比例进行的。换句话说，查特威克的著作表明，不列颠宣教运动在它的至高点，也只是处在维多利亚时代教会的边缘。19世纪西方基督教中最能决定信仰未来的一个特点，给同时代的人所留下的印象相当渺小，相应

---

[2] Owen Chadwick, *The Victorian Church* (London: Black, vol. 1, 1966, vol. 2, 1970).

[3] *Mackenzie's Grave* (London: Hodder and Stoughton, 1959) 是一项关于各大学向中非宣教早期阶段的研究。查特威克教授最近在鹈鹕鸟教会历史丛书（Pelican History of the Church Series）中出版了史蒂芬·尼尔（Stephen Neill）《基督教宣教》（*Christian Missions*）的一卷的修订版。

[4] 新西兰主教塞尔温（G. A. Selwyn）也出现几次，但是主要是在他后来作为利奇菲尔德（Lichfield）主教的生涯里。

地这在其他历史学家身上就显得更渺小了。

这表明宣教学以及甚至那尚未成形的"诸宣教"（missions）的研究，如今在理解西方教会历史中可能扮演着某种关键的解释性角色。（毫无疑问，在耶路撒冷写于公元66年的一部基督教历史，或许会将外邦宣教看作是基督教发展的边缘。我们拥有的保罗和路加所写的"宣教学"文献，使得另外一种解释成为可能。）

## 颠覆课程安排

但基督教重心的改变对基督教学术有着更深远的影响。让我们在历史研究的领域停留片刻。非洲的、亚洲的、拉丁美洲的、太平洋地区的教会历史不能在"宣教学"中去理解。在这些教会的历史中，宣教时期只是情节中的一段。在多数的案例中，它是一段非常短暂的情节；在许多其他的案例中，它是很久之前就已落幕的情节。但是，联系到南方大陆不同基督教社群，"宣教历史"和"教会历史"不仅代表着不同的时期，而且是不同**类型**的历史。

任何使用口头或书面的宣教档案和当地教会资源的人都会意识到，这些不同的材料解释了完全不同的动力、视角和侧重点。南方大陆的教会历史对那些地区的教会、族群和学者而言有着特殊的关注。但是，它们不是一种唯一的内容或兴趣；整个教会历史属于整个教会。这里的意思不是说，非洲或亚洲的基督教历史，对那些不是非洲人或亚洲人的人来说，仅仅是在课程中有趣的附加项的来源。它更不是说，这些历史仅仅只能附属于现存的课程大纲，好像它们是最新的补充。

基督教全球性的转变所要求的不亚于对教会历史课程大纲有一番彻彻底底的重新思考。大部分传统的教会历史大纲是建立在一系列特定的地理、文化和教会的侧重点的基础上的，虽然这不总是有意识的。唉！这样的课程大纲常常也被南方大陆所采用，好像它们拥有某种普世的地位。如今它们都已经过时了，甚至对西方的基督徒亦然。作为结果，许许多多按传统方式受训的牧师既没有智识的材料，甚至没有知识概要，去理解教会如她所是的样子。在大多数神学机构中，获得这些东西的唯一的希望，就是从现在所想的"宣教学"中来了。

实际上，基督教扩张最近的阶段提出了一个关于基督信仰本质的根本问题。这不是因为这些由基督教全球性的转变所提出的问题在基督教历史中是新的，而是因为它们最近被西方历史的某些方面模糊化了——尤其是教会的基督教国度模型，以及罗马帝国的遗产。如今比一个世纪前更容易认识到以下这些方面：跨文化传播总是历史基督教的命脉；基督教的拓张在其典型的意义上更多是从边缘开始的，而不是从中心；教会历史是连续的，而非渐进的，是一个有前进也有后退的过程，它在强盛的地方衰退，也在原先衰弱的地方以新的形式出现。这当中的一些内涵，与翻译及道成肉身（基督信仰所依托的伟大的翻译之举）主题的联系，已经被拉明·萨内（Lamin Sanneh）[5] 以及其他的学者探讨过了。但为了检验这样关于基督信仰的基本问题，最明显的方法就是去研究在南方教会的经验中所表达出来的基督教。这些研究揭示了，这些一个社群中被分享和所获得的特征，即我们称为文化的东西，如何作为基督信仰的试验场，也就是基督教神学的工作场所。宣教学对西方神学实践所做的最有需求的贡献是，严肃认真地提出了关于西方文化的神学问题。（我想当然认为，这样的严肃认真排除了将文化简单地工具化的观念，这样的观念似乎将文化看作是某种福传的技巧。）

## 基督教神学的工作场所

如果文化是基督教神学的工作场所，那么当前基督教和南方文化

---

[5] 特别在 Lamin Sanneh, *Translating the Message: The Missionary Impact on Culture* (Maryknoll, N.Y.: Orbis Books, 1989). 也参看 Lamin Sanneh, "Gospel and Culture: Ramifying Effects of Scriptural Translation," in *Bible Translation and the Spread of the Church: The Last 200 years*, ed. P. C. Stine (Leiden: Brill, 1990), pp. 1-23, and A. F. Walls, "The Translation Principle in Christian History," *ibid*., pp. 24-39 (重印版见本卷第三章).

之间的互动——与希腊化的罗马一样，在许多方面是错综复杂并且影响深远的——标志了基督教神学一个新的创造性阶段。在历史学的领域内，将"非洲神学"或"拉丁美洲神学"或（怜悯我们）（miserere nobis）"第三世界神学"添加到先前存在的课程大纲中会成为一种趋势。一种固定、普世的神学纲要的观念，类似一种覆盖每一种情况的工作手册的东西，正是宣教学要挑战的。在宣教学中，我们看到神学"在路上"（"en route"），[6] 而且我们意识到它"**偶然的**"特性，宣教学的特征是去回应需要基督徒做决定的地方。例如，非洲的种种条件正在将基督教神学带进生命的新领域中，在那里西方神学无法给出答案，因为西方神学没有提出问题。但是，非洲之外的基督徒需要对在非洲范围内所提出来的问题做出某种回应。随着基督教和印度文化的交流稳步前进——或许那是基督信仰至今为止所遇到最有挑战的环境——神学的进程触及到的不单是论述的新领域，而且会恢复一些前人——比如，奥利金——准备要进入的领域。

拉明·萨内关于基督信仰本质的探索是令人佩服的，因为它们是以与伊斯兰教信仰的特征进行对比而呈现出来的。[7] 正是在互动中，委身的本质体现了出来。或许目前最紧迫的研究领域之一是基督教和原生宗教之间的互动，原生宗教是成百上千万基督徒的宗教的基本结构，历史上多数大规模面向基督信仰的运动是从这样的背景中产生出来的。然而，另外一个问题，即多元主义的问题，使基督教和其他信仰之间关系的问题在西方获得了重视。

如果基督教神学家严肃认真地将世界其他信仰纳入考虑的范畴，这会是一件好事。然而，我承认，大多数西方讨论所推进的方式会有很多让人不安的地方。就这一点，存在几个相关的理由。一个就是缺乏与原生宗教认真的接触；原生宗教是很大一部分人类的背景，也是

---

[6] 我从下面这本书的标题借了这个表达 K. Appiah-Kubi and S. Torres, *African Theology en Route: Papers from the Pan-African Conference of Third World Theologians* (Maryknoll, N.Y.: Orbis Books, 1979). 关于神学的偶然特质，也参看 A. F. Walls, "The Gospel as the Prisoner and Liberator of Culture," *Missionalia* 10, no. 3 (1982): 219-33（重印版见本卷第一章）.

[7] 参看 Lamin Sanneh, *Translating the Message*, chapt. 7.

许许多多基督徒的背景。另一个是一种明显的预设，即我们是突然间身处在宗教之间相遇的第一天，这种预设忽视了许多代人所积累的经验。更糟的是，它暗地里将基督教锁在西方的框架之中。最糟糕的是，西方概念结构（充满着殖民的罪疚感）的直接结果是对宣教运动的一种羞耻感，那使大多数信仰基督教的人的地位被削弱了。因为大多数基督徒生活在南方大陆，而且他们来到基督信仰当中究根结底与宣教运动是有关系的。西方对其他信仰的回应没有一个能站得住脚，以致可以对宣教运动不负任何的责任；西方对其他信仰的回应没有一个能展现基督教的完整性，如果它暗暗地切断与非西方基督徒的联系。西方的回应一定是贫乏的，它毫不关注宗教之间的接触所积累的经验，这种宗教之间的接触是在宣教运动中产生的，是在基督徒的论述中产生的，在他们生活的每一天，这些基督徒都参与到由世界伟大的非基督信仰所塑造的文化之中。多元主义对西方可能是一个新问题；但是，对世界的大部分基督徒来讲，多元主义是一种再寻常不过的经历了。

## 一场宣教学的文艺复兴

我们可以走得更远。比方说，我们还没有提到圣经研究，南方大陆对圣经鲜活的阅读和理解为圣经研究提供了大量的证据。但是，关于摆在宣教学前面的挑战的话，如今可能已经说得够多了。当代神学需要藉着宣教学有所更新。它需要宣教学的知识、学科、技巧和材料。它需要应对以下这些方面：非西方世界教会的历史、思想和生命，作为它们催化剂的宣教运动的历史及其理解，针对这些话题的研究所带来的关于基督教历史和基督信仰本质的理解，对文化和针对宣教研究鼓励的种种文化预设所做的常规批判的持续性关注。南方大陆教会的神学学术需要这些东西；至少它**知道**它需要它们。宣教学的首要性在那里得到了很好的认识；对它来讲，常常缺乏的是那些资源。然而，西方神学就像 1942 年的新加坡：虽然配备重型武器，但大部分的武器却瞄准了错误的方向。西方的神学装备需要被翻转——需要转变，一种新的视角会从宣教学而来。整个基督教世界（oecumene）神学的任务，无论东西还是南北，都需要一场宣教学的文艺复兴运动。

19 世纪的神学议程被不同的新发现改变了。在圣经学术中，考古学、蒲草纸抄本、文本批判中的新活动、对古代以色列和早期教会周围世界的深化理解，开启了新的层次。神学的任务扩展到要将在历史科学和自然科学中新的发展，以及社会中的变动纳入考量的范畴。当这一切正在发生的时候，更多大量的新发现在亚洲和非洲地区被人知晓，这些对基督徒的观念有着更大影响力；但是，它对神学的重要性并没有立刻被认识到。其实，世俗学问是第一个感受到宣教士与非洲、亚洲的接触所带来的影响。宣教学术设立了新的边界，建立了全新的学科（非洲语言学是一个直接来自宣教活动的果实），并要变革其他的学科。科学人类学是因为宣教运动才有可能的；它不是早期宣教士带在身边而可以轻易放弃的东西。比较宗教学，以及作为它产物的宗教现象学亦然。在很长的一段时间里，对其他文化的理解是极度匮乏的。当罗伯特·马礼逊（Robert Morrison）在 1807 年被指派为一位中国宣教士时，不列颠学术图书馆中关于中国的资料只有大英博物馆的一卷抄本以及皇家学会的一卷抄本，在不列颠没有一个人会读或会说中文。当马礼逊在他第一次、也是唯一一次休假回英的时候（那时，他是圣经译者和一卷大部头中文词典的作者了），他建立了一间东方文献研究所。这些宣教士中有理雅各（James Legge），他是 19 世纪英语世界最伟大的汉学家，还有法科尔，他在 20 世纪做了大量解释印度文学的工作；他们帮助西方打开了亚洲经典宗教、哲学和历史的文本。但是，没有一个人，甚至大部分的宣教士都没有，意识到这个学问在神学方面的影响。那时，神学仍是一个**基准**（datum）。今天，随着基督教历史中新的一页在那些地方展开，新的知识产生了，我们有了一个神学的黄金国（El Dorado），它完全可以和一个世纪前丰富的新发现和新的科学相比拟。如今轮到我们中间那些从事宣教研究的人，在这个领域谦卑地付出每日的辛劳了，因为那个领域有通往黄金国的道路。

## 宣教学和学问的世界

所有这些似乎会成为在宣教学中进行结构性问题叙述的一种额外障碍。但是，它不真的是一种障碍。我们在宣教学中许多结构性问题的根源在于宣教学与学问世界中其他学科之间的关系。

南方大陆已经成为基督信仰的腹地，神学领域尚未与基督教世界重心的那种根本性转移达成协议。甚至在认识到这一转变作为既定事实的地方，这种意义，即这要求在神学话语体系中有某种类似于哥白尼革命的某种事物，也还没有被认识到，并且也不一定会受到欢迎。因此，神学机构继续相信它们正持续帮助着第三世界，通过招揽非洲和亚洲的学生进到不同的项目中，然而这些项目对这些学生原来的世界置之不理，也没有为它存留任何智识的空间；这些神学机构所预设是他们的项目能够为这些学生做些什么，藉此将自己可以从这种联系中获得的利益最小化。或者，他们跋山涉水找一位第三世界的教授作为名义上的领袖，通过纳入"第三世界"的角度，由此他们就以为他们变得普世合一且全面了。一位杰出的历史学家研究新世界的发现对欧洲的影响，他提到，将发现记录在册花了很长的时间。美洲的发现并不意味着人们立刻丢了他们的地图，去拿新的；它更不是意味着有学识的人放弃关于人性和社会的观念，那些观念是欧洲人对超出他们自身之外的世界无知的一种产物。[8] 事实上，新发现在智识上是充满威胁的，它要求放弃太多的确定性，要求获得太多的新观念和技艺，要求太多原理的修正，要求太多已接受权威的突然不相关。无视它们并且带着旧的思想地图（地理地图也是一样）会更加容易，尽管接受了大发现的事实，并从经济的影响中获得了利益。

现代"世俗"的学问界提出了另外一种类型的问题。正如已经说明的，19世纪见证了学术（有人会倾向这么说）中的每一门学问，除了神学之外，都受到了宣教运动的深刻影响。那遗产以各种各样的方式传递给学问界；宣教运动帮助创造新的科学（语言学），帮助塑

---

[8] J. H. Elliot, *The Old World and the New, 1492-1650* (Cambridge: Cambridge University Press, 1970).

造或者被吸收进组织知识的、新的方式中去（人类学），促成了一系列新学科的出现，这些学科将非西方世界带进西方学问的领域中（东方学和非洲学）。但是，另一个当代重要的宗教发展——在西方的土地上，基督信仰的萎缩以及随之而来的神学的边缘化——已经开始介入。思想的世俗化使得学问与宣教运动之间的联系在视线中消失。宣教学和殖民主义之间的联系有时又增添了一层尴尬或甚至敌意；几代人处在世俗主义之下，这已经使得西方学者在处理西方世界中宗教的数量、适应力和热情方面的能力弱化。特别是，当那种宗教是基督教的时候。基督教在非洲强烈的在场，很少成为现代非洲研究的一个特征，学者的关注大多都是集中在从西方的角度看起来很怪异的表达，这些情况是非常明显的。[我们对布维地（Bwiti）的了解胜过对浸信会基督徒宗教生活的了解，并且贾玛艾（Jamaa）可能是非洲天主教宗教实践中最耀眼的一个方面。[9]]

我提议，我们认识到，宣教学的文艺复兴不仅仅是从普世教会来的一个呼召，而是作为整个学术界的迫切需求，既是神圣的又是世俗的。这便将一定的责任放在从事宣教学研究的人肩上。

第一，宣教学需要有神学的整合；我们必须将如今教会所是的样子添加在智识和神学的地图上，那些地图的绘制根据的是过去所习以为常的原则。

各种新发现引发了 19 世纪学术的复兴，关于任务本质的东西可以在这种复兴的类比中推导出来。复兴的发生，不是单靠着炫耀"发现"，不是将它们标语化，不是用宽泛的比例将推断和假设与它们混合在一起。放弃将新的学问和旧的学问整合起来的努力，会是摧毁性

---

[9] 布维地（Bwiti），是加蓬韦人（Fong）的宗教，在费尔南德斯（J. W. Fernandez）出版的大量著作中被详尽描述、分析和记录，比如，*Bwiti: An Ethnography of the Religious Imaginations in Africa* (Princeton University Press, 1982) and by Stanislaw Swiderski. 关于贾玛艾，加丹加（Katanga）一种重要的敬虔运动，它的起源和普拉迪德·坦佩尔斯神父（Fr. Placide Tempels）的著作有关系，但是不被教会官方接受，参看 J. Fabian, *Jamaa: A Charismatic Movement in Katanga* (Evanston: Northwestern University Press, 1971) 和 W. De Craemer, *The Jamaa and the Church: A Bantu Catholic Movement in Zaire* (Oxford: Clarendon, 1977).

的。19世纪见证了大量狂热的理论化,大量不全面的标语化。但是,复兴的代理人,拥有持久的积极影响的,是那些有着深厚学术功底的人,那些人追求学术与正在进行中的信仰以及教会生命的整合。

毫不意外的是,我们仍可以焕然一新地转向莱特福特(J. B. Lightfoot)和韦斯科特(B. F. Westcott)的新约注释,或者从霍特(F. J. A. Hort)的洞见和莫尔顿(M. F. Moulton)词汇的博学中受益。毫不意外的是,莱特福特扎实的教父学学问可以给各种关于基督教起源的推测性理论挤出空间。这样扎实的功底与敏感以及警觉,使那个时代的许多伟人对着超越他们自然视野的异象抱以开放的态度。当韦斯科特预言道,第四福音书最伟大的注释会从一位印度基督徒学者中出现时,这样的预言是从整合信仰和学术而得来的。[10]

但那个任务不能仅仅在已经被承认的神学学术资源中得到呈现。我们已经回顾到,部分宣教运动的遗产已经被吸收进"世俗"学问中去了,那个世纪的智识发展已经将这种学问和神学的任务分离开来。单就我们的神学机构来说,它们没有什么资源可以来影响那必要的文艺复兴。宣教学必须和在历史中,在各种语言中,在政治的、经济的和社会的组织中,在各种文化中,以及在南方大陆(不提北方的许多的面向)的文献中正在持续的工作进行互动。在其中,有一些亚述碑刻和通俗希腊语蒲草纸抄本的 20 世纪对等物,它们具有一种潜能,去重新组织太神圣和太世俗的学问。

宣教学的复兴不单只是依靠教职、出版书籍和博士学位拥有者不断增加的数量。它所要求的不仅是严谨的学术,还有学术的**深度**,那深度是以莱特福特们和韦斯科特们为榜样。它要求整合的学术,与

---

[10] David Newsome, *Godliness and Good Learning: Four Studies on a Victorian Ideal* (London: Cassell, 1961), pp. 105ff., 体现了韦斯科特、莱特富特和本森(E. W. Benson)(也是一位优秀的教父学学生以及未来的一位坎特伯雷大主教),学校中的同学以及剑桥的同学,如何带着宣教的真挚情感投身在英格兰各大学和教堂的复兴中去,因为(如本森后来写道),"那个结论极度困扰着我们,就是在英格兰没有任何属灵的力量能够使信仰触及人类活动和思想的所有形式。"(A. C. Benson, *Life of Edward White Benson*, 2 vols. [London, 1899-1900], pp. 2:690ff.)。

所有现存的神学学科进行互动,也是以此来丰富这些神学学科。它需要将一系列甚至是最好的神学家都知之甚少的学科和资源带到这项任务中去。它要展示在现象学、宗教历史,以及历史学、语言学和社会科学方面的学问和专业能力,因为那些学科同样需要宣教学的文艺复兴。

我们也必须面对一个特别属于我们自己的结构性问题。宣教在其本质上关乎实践,并且它的气质常常是活跃的。传统上,许多宣教方面的教职被设想成,为培养宣教士而提供实践训练。宣教方面教职数量的减少(令人高兴的是,现在有反转的迹象)部分反映了被老的教会机构差派的宣教士数目的减少。但那些试图维持宣教士数目的机构和宗派,自然地会看重学习中实践的相关性。这里显然不是谈论移居海外、正在宣教的宣教士的地方(甚至也不是要谈论韩国人是否并且什么时候会代替那个角色的地方)。无论我们在那个问题上的观点是什么,我看不到,好的实践会有可能在追求这样的变革当中遭受挫折,即这里所提出的宣教相关的学术。但是,我相当确定的是,善良的人,经济上有影响力的良善之人害怕它会发生。因此,我们需要认识到的是,学问界也是一个宣教地。学术的质量、深度和广度是一个行业的标志——一种学院派并且要求甚高的行业,需要所有传统宣教士热诚、坚持和献身的特质。

目前所提出的这些考量是从宣教学的使命和与神学以及学问界其他部分的结构性关系中衍生出来的。下面的内容是与低一层级的结构性问题有关(许多可以说是基础建设的问题),它们是作为实践者的我们在其中工作的条件所衍生出来的。它们只是一种选择,反映的是一个人的,可能是带有偏见的经验。它们的提出无所谓顺序的重要性或优先性。

## 研究工具

从这篇文章所提供的、与上个世纪更新了神学研究的几场运动的相似之处出发，让我们转向规模浩大的纲要性的参考著作，它们日复一日地支持着积极主动的学生。19 世纪出版了（或建立了使之成为可能的条件）杰出的词汇学著作、语法书、辞典、批判性的文本，以及核心学术圈大规模集结完成的卷帙浩繁的圣经百科全书。19 世纪出版了——导致出版了——目前仍被专家使用的、而且不断被他们使用更大部头的基础性著作：碑刻的目录，主要集成的编辑本，巨大的学术辞典。甚至更早建立的学问分支产生了优秀的参考类著作；想到了威廉·史密斯（William Smith）四卷本的《基督教人物传记辞典》（Dictionary of Christian Biography），[11] 或是他的两卷本的《基督教古代辞典》（Dictionary of Christian Antiquities），它们仍然是教父学研究举足轻重的参考书目。[12] 比如奥托·巴登赫维（Otto Bardenhewer）这类学者致力于总结各方面的信息，藉着在很多国家能够获得的教父学文献的众多版本，为读者指明方向。[13] 我的同胞詹姆斯·哈斯丁（James Hastings）尽其整个工作生涯，作为一个神学工具制造者。[14]

我确定的是，没有一个神学研究方向的学术工具会像宣教学一样如此稀少、如此原始。我们十分珍视尼尔（Neill）、安德森（Anderson）和古德温（Goodwin）的《基督教世界宣教简明辞典》[15]；但是它的部头不太大，到如今有二十多年了。若要找到更大部头的宣教辞典（其实这本也就只有一卷），则需要回到那个世纪初德怀特（Dwight）、塔珀（Tupper）和布利斯（Bliss）[16] 那里，虽然它甚至在当时也不尽

---

[11] William Smith, *Dictionary of Christian Biography* (London: Murray, 1877).

[12] *Dictionary of Christian Antiquities*, ed. William Smith and S. Cheetham (London: Murray, 1875). 韦斯科特、莱特富特和本森三人对这一系列和 *Dictionary of Christian Biography* 都有贡献.

[13] Otto Bardenhewer, *Patrologie* (Freiburg-im-Breisgau, 1901 and later editions).

[14] 除了五卷本的 *Dictionary of the Bible*，以及完全不同的一卷本辞典，巨大的 *Encyclopaedia of Religion and Ethics*（直到最近，这是唯一尝试用英文书写的关于宗教现象的全面研究）之外，哈斯丁编辑了其他专业的著作，包括 *Dictionary of Christ and the Gospels* and *Dictionary of the Apostolic Church*.

[15] *Concise Dictionary of the Christian World Mission*, ed. Stephen Neill, G. H. Anderson, and J. Goodwin (London: Lutterworth Press 1971).

[16] 参看 *The Encyclopedia of Missions: Descriptive, Historical, Biographical, Statistical*, ed. Edwin Munsell Bliss (New York: Funk & Wagnalls, 1891; 1904).

如人意。还有的就只有简易的参考书，并没有学者用的工具书。

在这方面，还值得注意的是：在主要一般意义的神学参考著作中，比如《过去与现在之宗教》（Religion in Geschichte und Gegenwart）（就不提更小但是更广泛使用的一些，比如《牛津基督教会辞典》）（Oxford Dictionary of the Christian Church）；宣教学领域不可避免地被忽视了。反过来，这意味着非洲、亚洲和拉丁美洲，以及太平洋地区和加勒比地区——如今基督教主要中心——在那些试图涵盖基督教学问的所有领域的著作中被忽视了。

现在是制作工具书的合适时机。大量一手的研究已经投入到宣教运动和南方基督教之中，就像赖德烈（Latourette）（他的参考书目仍然是有帮助的）这类学者尚不能接触这样的研究。许多的研究被锁在未发表的学位论文或知名度小的期刊里。现代信息储存和传送的方法使得大规模合作要比以前更容易处理。一场宣教学的复兴运动一定会以一些一流工具的制作作为记号。

## 资源

这个部分只是简短的说明，因为图书馆可以是另一篇文章的主题。让我仅仅指出一些根本的结构性问题，这些问题部分是源于历史学，部分是源于地理学。

第一个方面特别影响那些从事宣教运动研究的人，特别是在基督新教方面的研究。宣教运动是一种跨大西洋的现象。塑造和维持它的影响是欧洲和美洲之间持续且复杂互动的结果。资源的最终分布（并且这体现在图书馆的藏书以及档案上）以及在各个国家不同的学术传统中的发展意味着，我们正在考虑的有质量和深度的研究，需要落实到在北美、大不列颠和欧洲大陆所藏的资源中去。我知道，没有一个图书馆——就算是我尊敬和感激的耶鲁神学院的戴伊宣教图书馆（Day Missions Library）——有完全的代表性，更不用说其广泛度了。为了展开我作为宣教历史学家的工作，我发现自己成了一个到处游历的人，就像是学术圈的"飞行荷兰人"。它需要跨越大西洋的思考和不同形式的合作，无论是正式的还是非正式的，在学术圈和伙伴中间，以此来克服这种结构性的分隔。除非你在分隔线两边移动，要不然真正的危险源于一种事实，就是建立完善的传统意味着很容易不去注意那条线在那里。

第二个主要的结构性困难在于，定位许多未出版的记录资料。总体上讲，宣教档案在欧洲和北美，有着不同的安全性和可访问性等级。并且，南方大陆的教会资料总体上也处在更加多变的条件下。在这里，我暂且不去考虑那些记录的地点和保存的重要主题；事实是，如今学者可以接触到比以前更多的资料了。

这样的结果是，学者解释的任务只能通过**两个**地区以及**两种**类型的材料展开。来自南方大陆的学者需要接触到宣教档案；那些住在北方的学者则需要接触到那些在南方的档案。两种考量就会出现，一个出于审慎，而另一个出于伦理。出于审慎的考虑可以从 1960 年代早期的经验中得到说明，当时我正在参与一个项目，该项目试图恢复尼日利亚基督教的历史材料。在尼日利亚东南部的一个地区，我们发现了成百成千的文献记录、受洗记录、训诫书，以及各式各样的文件，根据他们的教育程度，人们以不同的方式保存着这些文件；在这些文件中，一个宣教士都没有出现过：在文件中，我们可以观察到一个非洲教会，在五十年、六十年、七十年中的敬拜、传福音、犯罪、悔改。我们将那个材料存放在一个环境相对较好的、安全的地方。我们总是想着要在"下一年"把它们拍摄复制下来；照相复制在那时还是比较麻烦的事，而且相对昂贵，总想着下一年会做。后来，尼日利亚内战爆发了。那个建筑物受到了直接的打击，所有藏书都被摧毁了。给后代的礼物成了罪犯愚蠢的标记。我们没来得及做任何复制的工作。

几乎在同一个时间，在另一个非洲国家，最后一位派驻海外的主教将他的权力移交给一位本国的继任者，由于不清楚未来的情况如何，于是他带着教区的记录回到了不列颠。在一次水灾中，它们未能幸免。所以，对文献的威胁并不只是在第三世界才有。

伦理的考量源于一种认知，即无论有着何种程度的危险，我们相信材料应该属于它们的主人。学者对任何材料没有任何固有的权力，他们必须感激他们所得到的。南方教会的文件属于那些教会，无论目前它们是否正在被使用。但稍作思考，宣教档案不也是属于它们的吗？教会所有的遗产难道不是整个教会的遗产吗？这里不是要提出什么具体的建议，而是为了解决宣教学所面临的这些结构性问题，某些主题需要经过检验。一个是流动性。在我们的领域中，博士阶段的研究大多需要不只在一个大陆工作。这影响到项目规划的方式，或许是跨机构的合作。另一个团队研究的可能性。再有一个是共享资源方面的投入，使用相应的技术，通过影印、微缩或者电子存储，使得相同的记录在北方和南方都可以接触到。这不单保证了安全性；更重要的是，它可以帮助第三世界消除同时代主要的能力不足的问题——信息的殖民主义。

彼得森博士（Dr Peterson）处理了这个领域的基础性问题，因此我对结构性问题会是满意的。宣教运动和南方教会的研究因一个事实受了挫，即两个运动所产生的文献在当时对主要的图书馆来讲看起来不怎么"学术"。从南方大陆来的文献给图书馆带来了更多的问题——编目的困难、非正常的存储、不确定的适用性、数不清的"灰色"材料。因此，我们需要严肃且策略性地注意到可能变成图书馆残渣的东西。在手抄本和档案信件成长起来的学者，将需要学习一套新的习惯。

在许多国家，如今涌现了一批基督教文献，那些文献甚至在那些国家都没有被系统地收集起来。并且，托管权和殖民主义之间的界限需要考虑进去，但目前的任务主要是收集。

我特意避免对宣教学的参考文献做评论，以免说得太多。这是一个正在积极开展国际合作的领域，尤其是在国际宣教学联合会（International Association for Mission Studies）的护航下。允许我建议，目前真正紧迫的需要不在于文献而在于可访问性。我们面对的可能是，沉溺在那些不能够获得的物件的信息中。来自扎伊尔（Zaire）一位教授在一封信函中发出呼告，他说少数一些物件应该藏于任何一间在宣教领域颇为自命不凡的西方图书馆中。为了信息共享，最重要的合作项目也可能会关系到资源共享。

## 科系和学生

基于这一章的目的,我们主要关心的是宣教学的学术而不是宣教士的培训。当我们想到文艺复兴所需要的学者和教师时,我们面临着一种环境的转变,就是要从产生了宣教学伟大先驱的环境中转变过来。他们中大部分(甚至在那个时候也有一些例外情况,包括古斯塔夫·华乃克自己)从事大量的宣教服务,在此之前他们学习一种语言以至达到精通,学习另一种文化某种内部的知识。或多或少,相似的考量适用于最近一段时间;那些参与到宣教学中的人,有着相当程度、积极的跨文化经验,他们曾以某种方式作为他们故土之外教会的一个部分,并且是一个能够运转的部分。但如今这样的经验变得没有那么容易获得,新一代宣教学者的兴起是伴随着必要的技艺和装备,但没有海外服侍的机会。或许,在宣教学的文艺复兴中尚待解决的一个结构性问题是发展路径的问题,藉着那样的发展路径,那些参与教学的人可以得到因他们出生较晚而未能获得的"沉浸式的体验"。

另一个系列的结构性问题影响到学生。经验表明,许多人到西方从事高等神学的研究,但他们没有被很好地对待。他们被接收进机构,在那个科系中没有一个人有足够的知识或经验,或对相关的文献有足够的熟悉度,以致能将这些学生所学的课程与他们所关心的处境联系到一起。值得尊敬和受人敬重的圣经学者们或教义学家们预设,要完成那个任务,在学位论文的最后一章"将话题联系到非洲"就可以了。有时,有主见的学生在面对墨守成规的选择或话题的建构方面会感到沮丧。其他的学生会成为那种叫做"同情可怜之非洲"综合症的受害者,这种综合症让薄弱且未成形的作品得以通过,为了"服侍第三世界"——当更好的学识和指导原本可以带来好得多的表现,原本绝对可以更好地服务"第三世界"的时候。与此同时,大多数适合接受这样的候选人并能够最好地帮助他们的机构,意识到有潜力的候选人却因为资助缺乏而受阻。

这些问题与我们所考虑的更深的神学结构交织在一起。直到那些问题得以克服,否则不可能有最终的解决方法;但是,在过渡期中,值得考虑的是改善环境的举措。

在过去的三十年中，成百成千的非洲人和亚洲人已经在西方的神学机构获得博士学位或其他同等的资格。他们中许多人在过程中完成了高质量的工作，不少人通过他们的研究对知识的进步做出了重大的贡献。期待的是这些人会成为南方大陆神学学术的标准执行者。很清楚地，他们中有人成为标准执行者，无论在什么机构中，他们所施加的影响力遍及全世界。但是，同样清楚的是，总体而言，这群受过高等教育的人对学术的影响，似乎并未与他们的天赋或所受的训练相称。不谈那些留在西方和那些不再从事教学的人；仍然有许多人在南方大陆的大学、学院以及神学院服务。但是，白人在学术界仍占主导，这一点少有变化。所期待的出版物并未成形；或者他们的国际影响力甚小。甚至在特别指向区域问题的研究时，情况似乎依旧如此。

就此而言，存在着各种各样的结构性的原因。教学压力常常是极其繁重的。有能力的人很快肩负起对机构、教会、国家的许多责任。毫无疑问，家庭和社区要求他们付出时间和精力，这些要求都是无休止的，他们都受制其中。普世代表的责任也会消耗更多时间。

经济和资源的问题更让人失望。神学教育基金热情地致力于在南方大陆建立一流的图书馆的时代一去不复返了。如今，许多非洲机构所面临的现实是，重要书籍的严重缺乏，学生们吃力地寻找书稿，那些书缺了很多的部分，图书馆开始不能负担起现代纸质书籍的价格，许多年前，当国家外汇条例调整的时候，原来发行的期刊也停刊了。在所有这些困难中，让人惊奇的是，大量的并且不少的研究和出版在非洲完成。但即便如此，非洲学者并没有它们的数量和能力所表现出来的份量。当地杂志可能会迅速增长；在国际期刊中（甚至在具体的非洲领域），非洲仍然不能被充分地代表。

如果非洲——在不同的程度上，同样的情况也可以反映在南方大陆的其他地区——要在宣教学中占据它所应有的位置，非洲学者将需要时间和资源来更新他们的学术。许多西方的机构可能会受惠于某个过安息年的非洲访问学者——不是作为科系职位应征而被看重，不是被附加以太重的教学任务，而是作为一位尽力贡献和追求学术使命的同事受到欢迎。一个最大的问题是经济的问题。在许多的例子中，国家外汇制度防止金钱被带出那个国家。一些安息年的计划（有时可能是机构对机构的）的投入原本可以有多重的影响：互相补充、合作、共同管理、提高眼界、扩大异象、深化学术、使来自南方世界的学者可以在国际上做出贡献。可以得到论证的是，比起追求其他东西，对已经在职的学者以及教师的培养和更新甚至是更加迫切。

## 面向宣教学的文艺复兴

我确信，随着基督信仰在世上所带来的影响逐渐为人所知，我们即将看到对宣教学（无论用什么名义）的需要增长的时刻。关键的是我们回应的质量。它需要学术的深度和广度，需要图书馆和资源储备的深度和广度，这些东西都是我们目前还不具备的。它需要国际的、整合的和协作的活动。

它必须是**国际性的**，因为教会的恩赐属于整个教会。作为全世界范围宣教的学生，我们的历史是相互依存的，我们的材料和方法是跨文化的。我们所有人——北方大陆和南方大陆、美洲的和欧洲的——都相互依靠。每一方都拥有另一方所需要的资源、知识、技巧、洞见。

在北方大陆，我们有大量的宣教档案；但它们得以成形，这要归功于南方。在南方大陆，我们有数量繁多的材料，它们每天深受时间和白蚁的侵害，却提供了一个基督教叙事的视角，这与宣教档案反映出来的有着惊人的不同。我们有成堆、每天都在增长的文献，它们反映出南方教会同时代的生存，它们也是大型的图书馆所忽视的；并且，在南方，一种活的（但也正在离去）口头传统也极具代表性。

那就是说，无论在北方还是在南方，学者们都不能够自给自足。北方的学者需要位于南方的资源；南方的学者需要位于北方的资源。

在北方，我们有许多学者得益于生活在一个非西方社群中的经验。在南方，学者们从未产生他们应有的学术影响，因为他们日常的工作条件成了阻碍。

在北方，我们有一个自信但倦怠的神学传统，在上头明显带着西方历史和文化的化石印记。我们开始将其贩卖给从南方来的学生，就好像化石印记不在那里一般。在南方，不同的进程正在继续，要求重新描绘整幅神学的地图。这两种传统对普世教会而言都同样是需要的；但是，在它们中间调停的人——那些从南方来、在北方受过神学训练的人——有时正是因着他们所受的训练而使他们无能为力。

互惠原则的在场或不在场，是对这场文艺复兴之国际性方面是否行之有效的测试。

但是，这场文艺复兴必须也是**整合的**。宣教学不是在自身中得以存在；它不能与其他学科脱离关系。宣教的研究可能是颠覆性的，因为它们在课程中关心的是在其他地方所发生的事情。旧的文本可能会从今日基督徒所遭遇的经验中得到启发。我们在帕特里克或比德或图尔的圣格列高利那里所看到的欧洲旧有之宗教对基督教的回应，值得与基督教和非洲原生宗教之间的互动并置一处。圣经学可以获得新的研究任务的输入；只有通过宣教学，西方圣经学者和神学家才有可能学习在他们自己的领域由非洲、亚洲和拉丁美洲的同事们所做的工作。

这进一步强调了之前所说的那一点，就是宣教学的工人作为受托人所获得那些资源，等同于上个世纪考古学和文学的发现，如同文艺复兴中希腊的文本。它们有着同样的潜力来重新调整神学的方法和视角。但我们需要在严格定义上的宣教学和神学两个领域之外建立和发展技能。奇怪的是，现象学和宗教历史的研究在我们当中被忽视了；这种情况也发生在原生宗教的研究中，尽管历史上大部分朝向基督信仰的大规模运动是以原生宗教作为基础而发生的。宣教学在那场文艺复兴中会利用所有涉及到语言、历史和文化的学科。我们承担神学的责任不能只是依靠神学的资源。

最后，回应必须是**协作的**。它会要求团队合作，因为我们中没有一个人是可以自给自足的。我们在这里所展望的研究可能会产生一系列双边和多边的联系，个人对个人，机构对机构，既在北美，也在各个大陆之间。所有这些要求的是信任；最好的安排通常是在已经彼此相互信任而且想要在一起工作的人之间。但是，我们的目标是要提高我们学术工作的质量、广度和深度；它方法的严格和全面，对资料的忠实，对细节的关注，它的异象和洞见，它神圣的呼召感。在神的计划中，一场宣教学的文艺复兴会是重整神学秩序以及更新人文和社会科学的前奏。

# 第12章 宣教的呼召和事工：第一个世代[1]

现代宣教运动是福音复兴运动之子，但它是一个姗姗来迟的孩子。在不列颠，半个世纪将两个时期分开来：一个时期，约翰·卫斯理的内心出奇地火热，亨廷顿伯爵夫人开始给怀特菲尔德（George Whitefield）开放时尚的画室；另一个时期，人们开始在闭门会议中见面，思考世界的福音化，将其作为一个实际的提议。那时，他们估计，世界有七亿三千一百万人口；根据实际的情况，基督新教的基督徒基本集中在西欧和北美的东海岸。他们尚未形成宣教的传统，没有积累任何经验，对所要面临的实际问题也几乎一无所知。他们期盼成功的唯一理由在圣经的预言中；他们确信，时候一到，地上会充满关于神的知识，就像诸水盖过海洋一般。[2] 不足为奇的是，在第一个世代的宣教士中间，毫无仓促之感；而且，去查看各个差会的创立者们从何处期待人、并且从何处找到人去执行那使他们心心念念的任务，这是一件有趣的事。[3]

《探索基督徒使用方法让异教徒归信的责任》作为一本在各个省份出版的极富影响力的著作，是一个只是在当地教区小有名气的人所

---

[1] 首次发表于 M. E. Glasswell and E. W. Fasholé-Luke, eds., *New Testament Christianity for Africa and the World: Essays in Honour of Harry Sawyerr* (London: SPCK, 1974), pp. 141-46.

[2] 针对预言的重要性，参看 J. A. de Jong, *As the Waters Cover the Sea: Millennial Expectations in the Rise of Anglo-American Missions 1640-1810* (Kampen, 1970).

[3] 关于19世纪宣教士的背景，以及关于这一点的有益的反思，参看 M. A. C. Warren, *Social History and Christian Mission* (London 1967), esp. chapt. 2.

写的，这位作者是威廉·克里（William Carey）；他设想，接受呼召投身到基督教事工中的人，也一定会准备接受到宣教地去：

> 这只是经历我们实际上已经参与其中的事，就是投入牧养的工作。从一个特殊的意义上讲，基督教的牧者所属的，并非他自己；他是神的仆人……他承诺去往神所乐意他去的地方，并且去执行，或者承受他觉得符合诫命的东西，或呼召他履行他的职分。他诚然会与他的友人告别，与他所喜爱之物告别，与舒适告别……对牧者来讲，以听众众多、朋友热情诚恳、国家文明、安稳的保障、富足、光荣、或甚至是一种胜任的能力，来取悦自己，是不合适的……我怀疑，是否所有人都有充分理由待在这里，就在此时，在其他的土地上，如此多的人因着没有恩典的途径而正在灭亡。[4]

他准备去证明他的观点：由于他的影响力，一个差会被建立，那时他准备作为差会的第一批代理人伺机而行。

当然，无论如何，克里都是一位出色的人；他代表了在英格兰反国教派（English Dissenters）和苏格兰分离派（Scots seceders）中成长起来的一种类型：独立、勤奋工作、发扬他们学问的传统。许多这样的牧师在他们被呼召前都曾经从事过贸易或拥有技艺，一些人可能会像克里一样曾经修过鞋，[5] 之后仍然继续从事这些工作。一个修鞋匠成为一位宣教士，这本身并非格格不入：这就是人们进入本国事工的方式。

持有这种传统的人对宣教事工没有那样一种复杂的观念，像那些在英格兰和苏格兰建制教会中的鼓励人宣教的牧师们一样。正如克里所做的，一位宣教士本质上是一位布道者，一位布道者正常情况下就

---

[4] William Carey, *Enquiry into the Obligations of Christians to use Means for the Conversion of the Heathens* …(Leicester, 1792), pp. 71ff.

[5] "甚至不是修鞋匠，先生，只是个补鞋的，"克里对一个冷嘲热讽的军官如此说道。S. Pearce Carey, *William Carey D.D.* (London, 1923), pp. 34f.

应该是一位牧师，这些都被认为是理所当然的事。但对他们来讲，牧师是一位建制教会在社会中的代表，因此被人致以某种程度的尊敬。这反过来暗示了不会使它丢脸的受教育程度和社会成就。

在拥有这样背景的宣教方面的早期作家中，很明显的是，我们发现很少人会去**期待**从被按立和持有俸圣职的神职人员中得到什么回应，期待他们会应征宣教。梅尔维尔·霍恩（Melvill Horne）说了很多话，说他对此从不期待——他虽然马上做了道歉，以免对他自己的教会过于严厉。[6] 不，要一个获得有俸圣职并从中获得的安全感的人——那原本就是要花很多时间——放弃它而去面对塞拉利昂或塔西提岛（Tahiti）的艰难生活，这很明显是一种过度的期待。霍恩并没有这样说，但是要一个还未获得但有希望获得圣职的神职人员放弃他们已经在候补名单中的位置，并且有可能会永远失去有俸的圣职，这可能也是抱有太多的期许了，毕竟那一年有四十磅的助理牧师看起来会是世上最好的祝福了。简·奥斯汀对这些事总是最为敏锐的观察者，她在《曼斯菲尔德庄园》的结局里把这一点说得很清楚。玛丽·克劳福德（Mary Crawford）对爱德蒙·伯特伦（Edmund Bertram）的深思熟虑感到又惊讶又羞愧，对他说："我敢担保，这是多么好的教导啊。它是你的最近讲道的一部分吗？这样的话，你将会很快改变曼斯菲尔德和桑顿莱西（Thornton Lacey）的每一个人；当我下一次听到你的时候，那就会像是一位在某个伟大的卫理公会差会中杰出的布道家，或者是一位要投身到外国去的宣教士了。"[7] 爱德蒙是一位获得了有俸圣职的神职人员；并且，在《曼斯菲尔德庄园》被写下来的时候（1811–13），还没有一位获得有俸圣职的英格兰人，按那个术语的确切的意思说，是"投身到外国的宣教士"。

托马斯·哈维斯（Thomas Haweis）在一次讲道中提到了相似的看法，哈维斯是少有支持伦敦宣道会的圣公会的杰出人物，他在

---

[6] Melvill Horne, *Letters on Missions Addressed to the Protestant Ministers of the British Churches* (Bristol, 1794), chapt. 1.

[7] Jane Austen, *Mansfield Park*, vol. 3, chapt. 16 of the original edition; *Oxford Illustrated Jane Austen*, p. 458.

1795 年差会启动仪式上讲道：

> 我们要差派谁去、谁会为我们而去呢？我回答，为那艰难的任务，主已经预备、已经选定了这样的人。自己的性命对那些人来讲并不是紧要的，要紧的是预备奉献和被献到那光荣的事业中。那些人实在是被圣灵感动，投身到工作中……那些人有圣灵的内证，圣灵与他们的灵同证他们是神的儿女；——一种属神的热情催动着他们，喜悦人灵魂的拯救，胜过关心世上的事……这样的人是大牧者和灵魂之照看者差派来的，这样的人是我们必须寻找的器皿。[8]

但是，哪里才能找到这样的人呢？哈维斯有一个十分明确的回答：

> 我们无需放弃找到他们的希望，如果不在学院中，也不在神学院里，那么就在信徒中间，就在我们的会众中间。[9]

哈维斯并不期待从本国事工中招募到任何能去宣教地的人：他也不期待从供应本国事工的常规来源中会招募到人。

> 关于那些已死之语言的知识，无论多么值得拥有，不是在活人之中传讲福音真理的关键。一个普通人如若有良好正常的理解能力——能很好地读经，充满信心和圣灵——即便他来自铁匠铺或什么店铺，在我看来，他就可以作为宣教士到异教之人当中去；这一点比学校里的学问更有可取之处；而且他手中的技艺和劳力，有着贫

---

[8] 那篇讲道的大部分内容，以及许多其他与伦敦宣道会有关的演讲和文件影印在 R. Lovett, *The History of the London Missionary Society 1795-1895* (London, 1899), 1, pp. 26ff.

[9] *Ibid.*, p. 27.

癣的科学永远无法补足的优势。[10]

宣教士需要的是属灵上的认证、圣经的知识和常识。正规的教育是不需要的，有拿着木锤和锯的能力就好了——那是受过教育之人最不可能提供的东西。

对许多听道者来说，这并非难以理解：一些出色的反国教派牧师（Dissenting ministers）确实是从铁匠铺或店铺来的，他们同时很好地掌握了已死之语言的技能。但是，哈维斯是圣公会的，他很清楚地知道，没有一位主教会仅仅因为一个人知道他的圣经，而有可能去按立一位从某个店铺或铁匠铺来的人。哈维斯唯有使用那根大棍去回应这个论证；除非那个主教（或长老）再出生一次，否则他无法辨别谁适合以及谁不适合成为一位宣教士：

> 我的弟兄们，我是一个主教制教会（Episcopalian）的会友，出于自己的选择，也是出于教育，我从属于国教，希望在地上见到荣耀……然而，我不是一个顽固派。我不预设救恩仅仅限制在她的范围之内；她管理者们的认可，无论多么值得拥有，对福音宣教也不是最要紧的。事实上，每个真正的基督徒都会同意一个原则，就是任何职分的尊贵，无论是主教或大主教，还是整个长老会，无论如何聪明或有学问，如果他们自己没有经历神圣的呼召，在里面没有被圣灵感动，他们不会去担当神圣的事工……这样的人，比起愚蠢的奥米阿（Omiah）去解决欧几里得最难的命题，或一个聋子去判断和声之美，我说，他们没有更多的能力去评判一位宣教士的资质。[11]

正是这样，宣教士的挑选将会由

---

[10] *Ibid.*, p. 28.
[11] *Ibid.*, pp. 28f.

那些自己受教于神的人来做；他们行在我们救主良善的道路上，他们的年龄和经验，使他们能够在一时兴起的伪热情和真正由圣灵差遣与感动的慎重敬虔之间进行分辨。[12]

——换句话说，伦敦会的委员会应当是由这样的人组成。哈维斯是老派圣公会福音派中的一位幸存者，他不怎么关心教会的条条框框，与教会权威有许多小摩擦。因此，对于他来讲，如果主教们如此迟钝，以致看不到对福音有益的事应当放在哪里，实在是一种遗憾，但是，差会和差会的宣教士们都没有因为缺乏主教制的外表而变得更坏。[13] 新一代的福音派，以西缅（Simeon）作为代表，不会轻易地将对福音有益之事和教会的纪律分离开来。

正是这样一群人组成了称为海外传道会的差会。就他们的目的来说，先前存在的福音传布协会（Society for the Propagation of the Gospel）属于英格兰海外教会的半官方机构，即使它所从事的明显是宣教的工作，这个协会也是不适合的，因为它所效力的福音不是福音派信徒所理解的；表面上非宗派的伦敦会也是不适合的，因为它所效力的教会并不是圣公会信徒所理解的。[14]

但圣公会信徒所理解的教会，有着主教按立的事工：因此，人们期待圣公会的差会要有主教按立的宣教士。然而，这样的事不是一蹴而就——正如我们已经看到的，对他们会是什么样，似乎没有太多的期待——并且，如果那些为服侍而付出的人的社会阶层和教育程度，并不符合正常情况下对神职人员的期待；即使这是可能的，那么试图

---

[12] *Ibid.*, p. 28.
[13] 早在1789年，哈维斯计划了一次塔希提的宣教，从亨廷顿夫人的联系网中雇佣了两名学生；他尝试（在他们的坚持下）向他们保证了主教的案例，但不能如愿。参看 A. Skevington Wood, *Thomas Haweis 1734-1820* (London, 1957), pp. 170ff., 177ff.
[14] 关于英国海外传道会的起源，参看 Charles Hole, *The Early History of the Church Missionary Society for Africa and the East to the End of A.D. 1814* (London, 1896) 和 Eugene Stock, *History of the Church Missionary Society 1* (London, 1899), pp. 58ff. 霍勒（Hole）的书实际上是文件资料的一个日程表。

给他们常规按立这件事会是对的吗？有人会说社会教养在宣教地是没有必要的，其他人就会马上回应道，一旦一个人被按立，那他一辈子就是英格兰的神职人员了；并且，如果一个粗俗之人因宣教事工而被按立，那么用什么可以阻止他回来，阻止他回来拿对他来讲在社会上是不合适的圣职俸禄呢？会不会有甘于冒险和攀附权贵的人参与宣教事工服侍，只是把它当作是获得更高地位的捷径呢？

在海外传道会成立不久之前，这些问题在约翰·魏恩（John Venn）所起草的备忘录中就被慎重地讨论过了：

> 英格兰教会无论如何不能允许未经主教按立的人行使牧师的职责。鉴于目前在这个岛上已经改善了的社会状态，主教按立理所当然只会赋予那些教育和学识使他们能够与英格兰神职人员在社会中所持有的等级相称的人。然而，清楚的是，一位宣教士居住在粗鲁且不识字的野蛮人中间，不需要像在英格兰行使职责的牧师一样，有同样的才能、素养或学识。但是，按立所承认的不是在社会中教养程度的高低。一个人一旦经主教按立，即使只想着作为一名异教徒中的宣教士，也会拥有行使职责的权力，并且，在英格兰的教会中享有任何他会被提供的圣职俸禄。在按立只以宣教为目的的人这件事上，这样的环境必然要求十分的谨慎。一个在恶劣的宣教站中的人，甘愿因此之故献上而等待差遣，他不是被社会中的追名逐利的欲望或更加舒适生活所影响，而是被为着异教徒救赎的赤诚之心所影响，对这样的人而言，有什么安全感可以提供给他呢？[15]

魏恩提议创立一种低一层级的、不按立的宣教士制度，冠以传道员（catechist）的头衔。他意识到这与常规的圣公会制度之间存在着

---

[15] 魏恩便函作为附录复印于 M. Hennell, *John Venn and the Clapham Sect* (London, 1958), pp. 280-84.

裂痕，他开始对早期教会历史进行补注，证明在早期教会中传道员是作为福音宣教士、护教家和归信者的教师而行动的——这些恰恰就是期待宣教士所做的事情。同样，在早期教会，传道员的职分被看作是更高层级职位的预备。因此，如果一个传道员在宣教地恰当地服侍，那就会是他最后获准按立的优秀经历。

毫无疑问，传道员的职分是圣公会差会为了能允许录用一位未经按立的人担当宣教士职责而设计的；它也被认为是必要的，因为在刚刚开始的时候，对在已被按立的或能被按立的人中产生足够数量的人，没有什么真正的期待。即便如此，在最坚实的差会支持者中，对这样的权宜之计有着很强烈的反对，于是这个权宜之计就被默默抛弃了。[16]

在差会建立之前的那些讨论中，正是那教会宪章之柱石西缅，他自己谈到宣教机构时说，"**我们什么时候开始做呢**？马上，一刻也不要耽误……**我们如何来做呢**？等宣教士来是没有希望的。将传道员送出去。"[17] 取消传道员的计划似乎证明他的话是对的。等宣教士来的确看起来是没有希望的。委员会写信给全国负责福音事工的人，但是没有一个能给出候选人。在剑桥，西缅当着他敬虔的本科生的面，提出了那问题，令人遗憾的是，没有一个回应。[18]

因此，海外传道会在几年内缩减了，以致到惹人反感的地步，发布报告，却无事可报，举行会议，都是关于他们希望在未来要做的事。毫无疑问，他们本来可以先有一个开始，如果他们能够派出一些与大部分早期浸信会、伦敦和苏格兰的差会宣教士背景相近的人；但是，他们坚持这样的人不应该被差派出去，除非他是经按立的，或者至少有经按立的人陪同，自然地这就将任何类似的可能性排除在外了。

与此同时，伦敦会已经开始运作，按照哈维斯所设立的原则，候选人被录用。一小部分在塞拉利昂开始运作，主要的力量放在太平洋

---

[16] Hennell, *John Venn*, pp. 243f.
[17] W. Carus, *Memoirs of the Life of the Rev. Charles Simeon M.A.* (London and Cambridge, 1847), p. 169.
[18] Hole, *Early History*, pp. 56ff., 61f.

群岛；在 1796 年，一个由 30 名宣教士组成的队伍，加上妇女和小孩，开始出发。[19] 其中四个是反国教派的牧师。其余的人有六个木匠，两个织工，两个裁缝，两个砌砖工，两个鞋匠，一个马具工匠，一个园丁，一个箍桶匠，一个帽匠，一个商贩，一个绅士的仆人，一个铁匠，一个医生（那时，这个工作主要负责锯掉受伤的四肢，仍然和理发师联系在一起），一个制棉工人，一个亚麻布制品商，以及一个家具工。[20] 除此之外，还有六个妇人和三个孩子。所有人都经过伦敦会委员会的审查。他们作为一个教会和家庭生活、布道、维持宣教，以及教授欧洲贸易（这可能是岛民很想学习的）。

第一个人在朴次茅斯（Portsmouth）遇难；有一位妇人晕船，之后的 27000 英里航行对她来说难以承受，他的丈夫也去世了。剩下的队伍就加快了速度，他们将人分散在塔西提、汤加（Tonga）、玛贵斯（Marquesas）各个群岛。一个人拒绝到岸上去；其他两个人在下一次船到的时候离开了。第一次暴力冲突爆发的时候，十一个人离开了，三十个人缩减到十五个人，妇人只剩一个。其中三个男人在暴力冲突时被杀了，四个人在一些年的服侍后回去了。三个人和当地的女人结婚，定居下来，两个人放弃相信基督教。

这里的三十个人明显是符合哈维斯所颁布的录用条件的，然而五年后只有极少数的人留了下来。其他的人在宣教中产生的生理、精神、道德、灵性的压力下崩溃了。对宣教的推动者来讲，这产生的许多问题中的一个是，哈维斯所说的教育和宣教事工无关这一观点是否正确。第一，语言是要学习的，塔西提的队伍中只有两个人像宣教士一样掌握了岛上的方言。再者，较不明显的是，有一种我们今天称为文化冲击（culture shock）的东西；还有就是在一个礼节、习俗和价值观与自己完全不同的社会中生活的经验。其中一些宣教士似乎难以有理智上的努力，用以解决这个问题并想出他们在那个社会中生活的意

---

[19] 那个故事很坦白地叙述在 Lovett, *London Missionary Society*, chapt. 3.
[20] 这一群人列在 J. Sibree, *London Missionary Society: A Register of Missionaries, Deputations etc. from 1796 to 1923*, Nos. 1-30; cf. Lovett, *London Missionary Society*, p. 127 针对他们的贸易。

义，可以想像到的是，他们欠缺的教育和狭隘的经验——因为一些人非常年轻——是可以被部分归咎的。

但是，说完这些，当有人看到那个队伍中剩下的核心成员，以上那些一般化的陈述就站立不住了。他们中间最出色的人物是亨利·诺特（Henry Nott）。他以充分的决断力成为他们中间的领袖；他很好地掌握了语言，是第一个用当地语言讲道的，他脚踏实地，用二十七年时间翻译了圣经，没有离开那个岛（除了几个月在澳大利亚结婚的时间），他学习希伯来语和希腊语，使自己成为一个更好的译者。他从未回去过，二十七年之后，他回到不列颠，亲眼看见圣经得以出版；做完这件事，他回到了塔西提岛，在那里工作，只有一次的休假，直到1844年去世，整个过程有将近五十年的时间。但是，诺特曾是一位砌砖工，没有多少正式的教育，当队伍出发的时候，他只有二十二岁。[21]

这是重要的，因为这在一定意义上说明哈维斯是对的：一些除了圣经和常识之外没有什么学识的普通人，成了最优秀的宣教士。除了他们个人的特质之外，他们其他的技能是很有价值的：他们在建设教堂、房屋、校舍方面，比起许多从伊顿和剑桥来的牧师要有用得多。除此之外，他们的背景也是一种优势。像诺特一样的人曾是体力劳作者或工匠，他们不习惯家中的舒适；他们从来没有想念什么事物，而那些事物对领圣职俸禄的神职人员来说是要去服从的一种缺乏。

超过半个世纪，这种类型的人中产生了英格兰和苏格兰最主要的宣教士"产品"。苏格兰人的建制并不比英格兰人的更加宽容。根据一个会议记录的杰作，著名的1796年苏格兰教会总会辩论，原则上允许了宣教，却在实践中阻止做关于宣教的任何事，[22] 直到1824年，公会才开始设立宣教，苏格兰的候选人可以到宣教地去，[23] 但只

---

[21] 参看 Sibree, No. 23; Lovett, *London Missionary Society*, pp. 117-305.
[22] *The Principal Acts of the General Assembly of the Church of Scotland* convened at Edinburgh, the 19th day of May 1796, Edinburgh 1796, sub 27 May.
[23] 最初独立的差会在苏格兰的不同的部分被建立起来；1797年，爱丁堡和格拉斯哥的差会都派人加入伦敦会塞拉利昂的队伍中。后来爱丁堡差会取了苏格兰宣道会的名字。

能通过苏格兰宣道会（Scottish Missionary Society）或者根据地在英格兰的机构，比如伦敦会。有许多人都是这么做；但是，也有许多候选人来自分离派的教会，特别是堡革会议（Burgher Synod）的教会，还有来自苏格兰公理会。相当典型的是（根据他们的背景而不是事业）第一批四位爱丁堡和格拉斯哥差会的候选人，他们都去了塞拉利昂：[24] 塞尔寇克（Selkirk）的亨利·勃林顿（Henry Brinton），是堡革神学院的学生；一位格拉斯哥的裁缝罗伯特·亨德森（Robert Henderson），放弃作为一名宣教士而成为无神论的讲师；[25] 克莱茨德尔（Clyesdale）的织工邓肯·坎贝尔（Duncan Campell）在塞拉利昂的腹地找到了奴隶贸易的船只停泊处；来自印威基辛（Inverkeithing）的园丁彼得·葛利格（Peter Greig）因他的财物而被谋杀。[26] 在1802年期间，海外传道会收到了一份申请，这份申请原本可以转变宣教的观念：剑桥圣约翰学院的成员、前一年的高级瓦格勒（Senior Wrangler）亨利·马丁（Henry Martyn）确信他的呼召，委员会对此感到欣喜。但现实情况却不允许。他的家庭破产了，马丁成了家中唯一的支柱。他再也不能做宣教士了：他负担不起。一些年后，他去了印度，他的短暂生命成了在现代宣教圣人传中最出名、也最感人的故事之一。然而，在严格意义上，他从来不是一位宣教士；他是不列颠东印度公司的牧师，领着稳定的官方薪水。[27] 一些在马丁之前和之后的杰出人物，有着同样宣教士的心肠和外表，担任不列颠垄断公司的牧师，其中的一位是克劳狄·布加南（Claudius Buchanan），他引发了公众

---

[24] 参见 William Brown, (Edinburgh *History of the Propagation of Christianity among the Heathen* and London, 1854), II, pp. 415-56. 布朗（堡革会议的一位牧师，因为身体的缘故不能去宣教地）是苏格兰宣教会的秘书长。

[25] 但是他体贴地将花在他的培训上的钱偿还给了差会。—W. L. Mathieson, *Church and Reform in Scotland* (Glasgow, 1916), p. 81.

[26] 葛利格简短的服侍出版了一册简短的传记。参看 George Smith, *Twelve Pioneer Missionaries* (London, 1900), pp. 122-36.

[27] 关于马丁的申请，参看 Hole, *Early History*, pp. 86f., 91, 93。其中指出，正式的候选资格与所注意到的有所不同，这在1802年几乎不成问题。马丁未达按立为牧师的年龄，直到1803年，他才被按立为执事。在此之前，委员会认为他去西非是徒劳的。

对印度宣教活跃且广泛的兴趣，在这方面他做的可能要比其他所有人都多；[28] 但是，他们的雇主没有将他们看作是宣教士，他们来宣教不是通过差会。

当马丁第一次申请海外传道会时，差会开始有了第一批常规的录用人员。在那之前，所来的帮助出人意料之外。[29]

通过伦敦的德国教会，差会与柏林的宣教神学院开始接触。促使英语世界中产生差会的力量在欧洲大陆也有影响；在欧洲大陆针对宣教士的神学院和培训体系发展起来。欧洲大陆宣教的推动者缺乏的是宣教士受训后派遣他们的渠道。所以，一份协议就在有人却没有渠道的机构和有渠道却没有人的差会之间建立起来，于是差会和欧洲机构之间长期的合作就开始了。若有人吹毛求疵，海外传道会就可以指出英格兰教会和欧陆基督新教教会特别是路德宗教会之间互认互信的悠久历史，指出圣公会的基督教知识促进会（Society for Promoting Christian Knowledge）长期使用丹麦和德国的路德宗牧师作为在印度的代理人。甚至有一种认识是（因为比伦敦更近地方就没有主教了），按立本地的牧师可以根据路德宗的礼仪由路德宗的牧师主持。从一开始纠缠海外传道会的现实问题就这样一下子得到了解决。现在不需要沿着拐弯抹角和不确定的道路，使劲去按着大部分主教所不接受的福音派原则去按立"普通人"了；宣教士可以接受德国的路德宗的按立。再也不需要用传道员的权宜之计去折磨委员会里对教会纪律固执己见之人的良心了。再也不用害怕不合适的人从宣教地回来，以获得一份英格兰的圣职俸禄了。接纳经过按立的路德宗宣教士，就好像是属于他们圣公会的，这种优势是多重的。

1802 年，头两个从柏林来的学生被接收了。他们留在英格兰继

---

[28] 特别是他的 *Memoirs of the Expediency of an Ecclesiastical Establishment for British India*…(London, 1805). 参看新的版本有戴维森（A. K. Davidson）写的导论，说明了 *Memoir and Christian Researches in Asia with Notices of the Translation of the Scriptures into the Oriental Languages* (Cambridge and London, 1811) 的影响。

[29] 关于接下来的部分，参看 Hole, *Early History*, pp. 84f., 114f.; Stock 1, pp. 82ff.

续学习神学、英语（因为候选人不知道英语，委员会也不会讲德语，这使得他们与委员会的第一次见面产生了问题）和苏苏语（Susu）。之后，他们回到德国接受路德宗的按立，1804 年，他们来到了塞拉利昂，这样差会就能差派它第一批宣教士踏上那块土地了，这是在差会建立五年之后的事。

那种关系——首先是与柏林，后来与巴塞尔和圣克里斯托娜（St. Chrischona）以及与其他欧洲大陆的团体之间更小层面的——不总是容易的，有着许多的摩擦。[30] 但是，德国人对宣教运作的贡献是巨大的。直到 1815 年一段时间里，海外传道会所差派的二十四位宣教士中，不少于十七位是德国人，只有三位是被按立的英格兰人。[31] 如果我们举最早、也最危险的宣教地西非为例，在同一时期，其总数更是惊人的：所有被指派的人除了一位校长之外，其他都是德国人。[32] 1815 年之后，这种情况发生了变化。那一年见证了两名海外传道会宣教士的启程，他们接受了圣公会的制度，在离开前两个人都以副牧师的职分接受了按立，[33] 也是第一个英格兰大学毕业生，像剑桥圣

---

[30] 参见 J. Pinnington, "Church Principles in the Early Years of the Church Missionary Society: The Problem of the 'German' Missionaries," *Journal of Theological Studies* NS 20 (2) (1969), pp. 523-32. 不是所有的学生都是路德宗的：一些是改革宗的。巴塞尔神学院是非宗派的。

[31] *Register of Missionaries (Clerical, Lay, and Female) and Native Clergy* (CMS, 1896 and 1905), Nos. 1-24.

[32] *Register*, loc. cit. 第一批海外传道会的宣教士伦纳（Renner）和哈特维格（Hartwig）首先去了塞拉利昂（严格上讲，那个名字用于弗里敦和它的市郊的区域），但明确的指示是要在内陆工作。直到 1816 年，运动的中心位于里奥庞加斯（Rio Pongas）地区，主要针对讲苏苏语的族群，有一个德国的员工，但是偶尔有指派到其他地方，如洛斯岛（Isles de Los），甚至有派往不列颠的占领区，戈雷岛（Gorée）。后来的重心转向弗里敦新的再俘房的人口，以及半岛的村落，于是里奥庞加斯的宣教逐渐收缩，它的员工就移到塞拉利昂。在 1824 年之前，有几个英格兰的校长去了塞拉利昂，但是没有经按立的宣教士去那里。.

[33] 威廉·格林伍德（William Greenwood）在 1813 年被按立为执事，作为助理牧师在纳茨福德（Knutsford）服侍 18 个月；托马斯·诺顿（Thomas Norton）在 1813 年被按立为执事，在 1814 年被按立为牧师，作为助理牧师在约克服侍。两个人在此之前都参与过宣教的服侍，他们在注释家托马斯·斯科特（Thomas Scott）底下学习过几年时间，斯科特负责海外传道会的训练。

约翰学院被按立的成员马丁一样。[34] 接下来一年见证了另外两位英格兰的神职人员以英格兰副牧师的职分出发赶往印度；[35] 那一年出发的德国人只在伦敦录用，而没有经过神学院。[36] 后来的一年，1817 年，十四名录用人员出发，是那之前人数最多的一次；七位是英格兰的神职人员，只有四位是德国人。[37] 从那时候开始，虽然德国人中产生了一些最辉煌的名字，但德国人只是作为录用人员的补充，来自欧洲大陆神学院的宣教士接受圣公会的按立逐渐成为正常情况。但是，路德宗的按立在海外传道会和欧洲大陆的联系机构之间所建立的良好关系的道路上成了绊脚石，[38] 尽管这在早些年间是极大的便利。正如所看到的，早在 1820 年，它就使合适的当地候选人的按立成为可能；[39] 也使之可能的是，像约翰逊（W. A. B. Johnson）和亨利·杜林（Henry Düring）一样的平信徒宣教士——他们曾极有效率地卸下牧

---

他们两个人都去了印度。(*Register*, Nos. 21 and 22).

[34] 威廉·乔维特（William Jowett）（*Register*, No. 24）是 1810 年第十二任的瓦格勒。他是马耳他差会的一位宣教士，后来成了海外传道会的文书秘书。

[35] 本杰明·贝利（Benjamin Bailey）和托马斯·道森（Thomas Dawson）曾作为副牧师在约克郡服侍，但服侍的时间要比前任短得多。(*Register*, Nos. 29 and 30).

[36] 亨利·杜林（Henry Düring）和 著名的约翰逊（W. A. B. Johnson）两个人都是汉诺威王室的，就像他们的同胞一样，他们都在汉诺威国王统治的其他地区工作过。约翰逊在伦敦经历了福音派式的归信，当他担任校长时，他参加萨里教堂 (W. Jowett, *Memoir of the Rev. W.A.B. Johnson* [London, 1862]). 克里斯托弗·乔斯特（Christopher Jost），和约翰逊和杜林一样在同一时间出去，和他们一样身为校长，他是伦敦萨瓦教会（Savoy church）的会员；萨瓦教会的牧师是斯坦科普夫博士（Dr. Steinkopf），他曾经是海外传道会和柏林神学院的联络人。

[37] *Register*, Nos. 31-44. 英国教士中一位被派往马耳他，其他被派往锡兰或印度。一位路德宗的德国人和两位英格兰的平信徒校长去了塞拉利昂，另一位德国人和一位校长去了印度。

[38] 参见 Pinnington, "Church Principles." 许多路德宗人士，并非不自然的，拒绝了第二次按立。

[39] 著名的穆斯林归信者阿卜杜勒·马西（Abdul Massih）曾作为海外传道会的传道人工作过；威廉·鲍利（William Bowley）（参看 *Register*, No. 68) 是一个欧亚混血，在印度的教会中做了杰出的工作。米德尔顿主教（Bishop Middleton）拒绝按立他们，因为他没有权柄按立印度的当地人。1820 年，他们接受了路德宗的按立；1825 年，他们被获准圣公会执事的按立。

师的职分——没有长途跋涉回到大不列颠，亦无请求主教时的不确定性，就在宣教地被按立了。[40]

我们已经注意到，在 1815 年之后，海外传道会录用模式发生了一个变化。在这里，暂时不去考虑原因，这些原因与宣教地对绅士们的年轻儿子突然间有吸引力是没有什么关系的，可能与差会新的组织方式有关系，那种组织方式使得在不同教区的许多人第一次感受到宣教事业和他们多少有点关系，[41] 这一定与一种新的晋升主教方式是有关系的。[42] 但值得注意的是，大不列颠录用情况好转的时期发生在宣教事工变得更加危险的时期：那时，海外传道会主要关注非洲在塞拉利昂殖民地的运作，任何想要去塞拉利昂的人会死在那里或丧失生命，这样的预设是合理的。[43] 在宣教运动历史后来的时期，无论何种因素给录用带来任何不利的影响，也不会存在这样的人身危险。

但典型的宣教士长久下来都是如此，就像第一代宣教士一样，出身卑微和有些许的成就。除了在某些个例中少数人可能在他们的母国确实是牧师，然而大部分人是从英格兰到宣教地的雇工、工匠、职员。从苏格兰来的宣教士（这种情况比英格兰更多）有的从农场来，或是从小农场来，比如詹姆斯·亨德森（James Henderson），或是从工厂来，比如李文斯顿（Livingston），或是从南下找工作的移民中来，比如莫法特（Moffat），他在一个英格兰的庄园是一名园丁。然而，提及

---

[40] 约翰逊和杜林没有接受神学院的训练，他们塞拉利昂的同事在 1817 年接纳他们为路德宗的制度。

[41] 参见 Stock, *History of the Church Missionary Society* 1, pp. 129-43.

[42] 亨利·莱德（Henry Ryder）是第一位福音派人士被封圣职，成为格洛斯特主教（Bishop of Gloucester）（1824 年转到利奇菲尔德）。在 1817 年，7 位英格兰教士出行前，6 位被按立，莱德参与其中，并且这是第一次，英格兰的副牧师不要求有按立的头衔。参看 G. C. B. Davies, *Henry Ryder, the First Evangelical Bishop* (London, 1958). 在海外传道会委员会中，除了莱德之外，还有其他几位主教对海外传道会愿意予以支持。

[43] 在 1820 年之前 27 名派往塞拉利昂的宣教士中，15 名宣教士死于那一年年底。在 1822 年，一共 12 名海外传道会宣教士（包括他们的妻子）死在塞拉利昂。P. D. Curtin, "The White Man's Grave: Image and Reality 1780-1850," *Journal of British Studies* 1 (1) (1959), pp. 94ff., and *The Image of Africa* (Madison, Wisc., 1964), 第三章和第五章提供证据表明，许多人因治疗死亡，不亚于疾病。

这些名字本身只是一种提醒，就是许多在家乡不会被考虑按立的人为了抵达宣教地，或为了更有效率在那里工作，他们都付出了理智上的努力，获得了学问和技能，而这些在他们往日惯常的生活中是不会被要求的。一个事实是，他们中有些成了传奇，以及相对不那么重要的事实是，许多人都展现了高水准的牧养恩赐，这些人在事工转型中都产生了各自的影响。

# 第13章 非西方基督教艺术的西方发现[1]

大体上讲，基督教可能是伟大宗教中最为综合性的。不像印度教，基督教没有扎根在特定文化土壤中单一的宗教文化；也不像伊斯兰教，它没有共同的语言和一种可识别的、遍及全球的文化框架。历史上，基督教拓张是连续的，从一个腹地转移到另外一个腹地，它在一种文化中逐渐褪色，伴随着它被移植到另一种文化中。基督教的拓张涉及到针对不同文化的连续的、世代的和本地语言的渗透。

基督教固有的脆弱性和它本地语言的特质对基督教艺术有着特殊的意义，这使得在一种规范的伊斯兰艺术的意义上去建立一种规范的基督教艺术成为不可能，若是如此，基督教文明就成了一种伊斯兰文明了。除了题材不同之外，最早的基督教艺术并没有什么特别之处：它所带来的风格、形式或技艺都已经应用在异教的罗马艺术中了。基督教艺术需要本地语言式的表达，一种在地感。道成了肉身，并且讲亚兰语；很可能带着加利利的口音。

基督教人口重心的大规模转移在这个世纪最为明显，因此对基督教艺术的未来有着深远的影响。1900年，可能超过百分之八十自称为基督徒的人都生活在欧洲或北美，现在可能有百分之六十生活在非洲、亚洲、拉丁美洲或太平洋地区。[2] 借鉴以前的基督教历史，现

---

[1] 首次发表于 Diana Wood, ed., *The Church and the Arts*, Studies in Church History 28 (Oxford: Blackwell, 1992), pp. 571-85.

[2] 数据是由此书中推出来的 D. Barrett, ed., *World Christian Encyclopedia* (Nairobi, 1982), esp. Global Table 2, updated by Barrett, in "Annual Statistical Table on Global Mission, 1988," *International Bulletin of Missionary Research*, 12 (1988), pp. 16-17.

在我们可以设想基督教艺术表达的一种全面性的转变，这种转变虽然可能是渐进的，但一定是多层次的。因此，这篇文章主要谈的是史前史（prehistory），关注的是现代宣教运动一个主要影响的早期记号。

1500年左右，当基督教的西方开始与南方大陆的文化展开持久接触时，从地理上讲，此时的基督教比任何之前或之后的时期都更集中在欧洲。它可以庆祝它在整个欧洲大陆，无论东还是西，所取得的胜利；芬兰和波罗的海地区的基督教化以及伊比利亚半岛对伊斯兰教的拒绝。欧洲的胜利和其他地方迎接黎明是同时发生的。在欧洲之外，基督教曾一度遍及亚洲和非洲的东北部，不过后来只是成了很小的飞地。直至1500年，欧洲基督教拥有着一个连贯、大体上同质的艺术传统。大致而论，艺术是基督教的艺术。"世俗的"艺术当然存在，但其角色基本上是次要的。基督教艺术有着一系列被认可的合适主题，并且它的图像记号（iconographic register）被确立了下来。那种基督教开始与亚洲和非洲的信仰进行接触，它自信满满，拥有着一种艺术表达形式，这种艺术表达形式在那之前就已经吸收了几种欧洲方言式的变体，并且无他途可行。在亚洲，那种基督教与其他信仰所塑造的艺术传统相遇；在非洲，艺术传统看起来是粗俗的、野蛮的，可能还是稚嫩的。

直到20世纪中叶，欧洲人的探险结束了。1947年，印度获得了独立，这预示了许多其他新的国家加入了民族国家的行列，就像欧洲所选择的欧洲大陆的未来。瓦斯科·达·伽马（Vasco da Gama）航行回家了。到此时，欧洲的宗教和艺术版图所发生的改变，超出了认知的范畴。基督教和非洲以及亚洲的接触有着一种不可预测的结果；事实证明，非洲人和亚洲人从欧洲人离开基督教的时候，就已经追随基督教了。欧洲艺术传统——在1500年如此连贯、如此稳定、如此地基督教——如今在主题和外观上已经呈现出支离破碎、犹豫不决以及压倒性的世俗化。甚至从基督教的库存里借用一个主题的时候，比如钉十字架，如此做可能只是人类境遇的一种说明，而非一种关乎至高者的陈述。主题的统一即象征的共同记录丢失了，再也挽回不了。当与其他艺术传统相遇时，欧洲人的自信也是如此丢失了；一个世代过去了，欧洲人曾经被非洲和太平洋地区艺术的力量和神秘所打动，却没有能够接纳它的本土内涵，或是没有能够发现其仪式或宇宙论的语境。

从基督教艺术而论，1950那一年见证了一次具有先知性意义的事件：梵蒂冈宣教艺术展览——可能至今为止仍是最为重大的、非西方起源的基督教艺术的一次庆祝活动。展览的创办者是刚恒毅（Celso Costantini）枢机主教，传信部（Sacred Congregation for the Propagation of the Faith 或 the *Propaganda Fide*）的秘书。那时，他已经是一部重要综合性著作的作者，致力于研究非西方世界基督宗教的艺术表达。[3] 在转向神学之前，刚恒毅是一个泥瓦匠学徒，被要求阅读建筑和艺术史方面的书籍。作为一位年轻的神父，他曾将艺术家、神父和其他一些人聚集在基督教艺术之友协会（Society of Friends of Christian Art）中，他还将教区以及教会的责任与博物馆的管理职责以及古董的照管联系在一起。从1922年到1933年，他是中国的宗座代表；根据他自己的记录，那些年间，他见证了两次革命，一个是中国自身的革命，另一个是宣教革命。他对后世的贡献中有一个是，坚持新的教堂以及其他基督教建筑在风格和材料上要反映中国的传统；他将其发展，并发表了一份在这方面重要的指导性文件。同样重要的是，他聚集了一群中国艺术家（那时没有一个是基督徒），来探讨用中国风格来表达福音主题的绘画。后来那群人中一些人成了基督徒，当中最为杰出的成员是陈煦（Luke Ch'en）。[4]

刚恒毅渴望一场艺术的文艺复兴，他看到那场文艺复兴正在从宣教的变革中衍生出来。他相信，新一代亚洲基督徒艺术家呈现了创作和基督信仰的新鲜视觉，西方人自己的审美传统正逐渐衰弱，总算可

---

[3] C. Costantini, *L'Arte Cristiana nelle Missioni* (Rome, 1940); *L'art chréiten dans les missions* (Paris, 1949).

[4] 刚恒毅汇编了五卷本的回忆录：*Foglie Secche* (Rome, nd); *Con i Missionari i Cina*, 2 vols (Rome, nd): *Ultime Foglie* (Rome, 1957). 法文的删减版可见 *Réforme des Missions au XXe siècle* (Paris, 1960). 他被指派到中国之前的生平，可见 *Réforme*, pp. 13-24.

以将视角转向他们了（就像文艺复兴的"最初元素"一般）。[5] 然而，把刚恒毅看作是美学的改革者或许是不对的。他记录自己在中国的岁月，主要表达的是他对中国主教辖区的关心。他到中国的时候，尽管天主教在中国已经有三百多年的历史，但在中国五十位天主教主教中没有一个是中国人。刚恒毅更关注的是基督教在中国太过强势的外国因素，对艺术和建筑的关心只是其中的一部分。[6] 新哥特式的天主堂与北京的宫殿和塔群格格不入；杭州新式经典的天主堂被说成是欧洲的，就像罗马的犹太圣堂被说成是犹太人的。[7] 现代基督徒应该追随早期的教会实践；孔子和其他中国圣人为福音所做的预备，就像是希腊哲学在地中海世界所做的，为基督教思想提供了一套相似的外衣。与其把当地艺术看作是基督教统一性的威胁，将外来的风格圣化以强调天主教胜过异教，不如回到教宗大格列高利向坎特伯雷的奥古斯丁所建议的原则中去，[8] 这实际上是传信部最初的原则，就是宣教士不应该将法国、西班牙和意大利同他们一起输送去。[9] 那三大重要的原则是：福音化，不是殖民化；尊重该国的艺术和文化；以及将外国的形式从神圣艺术中移除出去。[10]

刚恒毅被委以传信部的职务，使得这些观念很好地被带到中国以外的其他地方去。他们支持调适神学（theology of adaption）的发展，成为那个时期天主教宣教学中的普遍智慧；那种智慧在那个时期促成了梵蒂冈第二次大公会议（Second Vatican Council），也对那次事件做出了自己的贡献。寻找本地的艺术形式，也在其他地区发生。比如，在尼日利亚，一场实验开始展开，那场实验所被称颂的是，它让传统的雕刻师从事雕刻基督教主题的工作，正好及时地挽救了传统约鲁巴的木雕。[11] 在印度，统治集团总体上是支持的；耶稣会士赫拉斯神父

---

[5] Costantini, *Réforme*, p. 242.

[6] *Ibid.*, pp. 27ff.

[7] *Ibid.*, p. 239.

[8] 参看，在许多章节中，*Réforme*, pp. 223-36.

[9] *Ibid.*, p. 238.

[10] *Ibid.*, pp. 237-42.

[11] K. Carroll. *Yoruba Religious Carving: Pagan and Christian Sculpture in Nigeria*

(Fr. H. Heras)主动倡议,使用印度的文化资源,引致了对基督教绘画、建筑以及学术兴趣的发展。[12]

在刚恒毅的思考背后有着艺术本质上是一种**语言**的观念。在某种程度上讲,艺术是价值中立的,既不是"异教的",也不是基督教的;它在感情的表达、祷告或亵渎神明方面都同样作为工具。[13] 以同样的方式,尼日利亚实验的创立者坚持——与那个世代一些很响亮的声音相矛盾[14]——传统约鲁巴艺术是"人文的"而非"宗教的",因此可以用来表达基督教的主题,而没有任何与前基督教思想混淆的危险。[15] 这样简单的方法几乎不能用来处理印度艺术;但这些问题很少在刚恒毅对文化意义的阐释中显露出来。

基督新教的世界没有宗座代表或圣部,一方面揭示了许多十分危险的实践,另一方面很少有公开的讨论和原则的探讨。

追溯至 1883 年,海外传道会在印度旁遮普邦白沙瓦,与离阿富汗边界不远的地方开了一间教会。众圣纪念堂(All Saints Memorial Church)的建筑规模宏大,有巨大方形的外立面,中央是扇贝拱(在伊斯兰建筑中很常见),在每一边都有小的拱门,每一个小拱门都有一颗星放在顶上。外表有精致的阿拉伯书法,上面写着,"阿们!颂赞、荣耀、智慧、称谢、尊贵、权柄、能力都归与我们的神,直到永永远远。阿们!"建筑的每个角落都有细长的尖塔,一个巨大的穹顶覆盖了整个建筑物。只有穹顶上那镀金的十字架宣告了那建筑不是一座清真寺,而是一座教堂。内部的设计符合穆斯林的标志性建筑。一扇木制屏风,由当地工匠精心雕刻,被放在圣餐桌的后面,在它后面后堂有一个回廊式的过道;另一扇屏风放在耳堂,使得妇女可以守内

---

*and Dahomey* (London, 1967). 参看民族志学者法格(W. B. Fagg)所写的前言。
[12] 参见 J.F. Butler, *Christian Art in India* (Madras, 1986), p. 124. 赫拉斯(1888-1955)首先是一位历史学家,但他的作品触及印度文化的很多方面。参看感谢词 *Indica* 25 (1988), pp. 83-91; 和 M. Lederle, *Christian Painting in India through the Centuries* (Bombay: Heras Institute, 1987).
[13] Costantini, *Réforme*, p. 243.
[14] 特别是 Ulli Beier, *Art in Nigeria 1960* (London, 1960).
[15] Carroll, *Religious Carving*, pp. 70-2.

房制度。[16] 教堂的另一个地方给不希望遮住头或脚的拜访者腾出空间。墙上写着圣经的经文——用阿拉伯语、乌尔都语、波斯语和英语——这就像伊斯兰的建筑会有古兰经的铭文；而典型性的装饰被避免了。总的来说，白沙瓦的众圣堂可以被视为 1880 年代一个相当保守的差会的杰作。然而，它似乎没有引起很深的反思或很大的争论；为家乡支持者们出版的差会杂志自信地提供了落成仪式的完整叙述，[17] 就是这座"撒拉逊人风格、为使基督教敬拜场所适应于东方观念而设计的非凡建筑。"[18]

家乡的支持者们更多注意到半个世纪后的另一座建筑；那伟大的天主教堂建在多那喀（Dornakal），是由在印度之外享誉盛名的印度教士亚撒利雅主教（Bishop V. S. Azariah）设计的。[19] 亚撒利雅以印度基督徒代言人著称；为一个大体上都是新的基督徒社群而建的天主教堂，必须反映那种身份认同。但在印度，采用刚恒毅的艺术作为一种宗教上中立的语言的原则，要比在中国更不容易。一种印度人的文化认同一定意味着印度文化认同——除非它选择的是伊斯兰的认同。哪一种传统是最容易符合特别的基督教的需要和象征呢？亚撒利雅的回答尝试将以下二者有意地整合在一起：印度的基督教建筑应该反映民族过去的整体，而不是束缚于任何独立的传统。因此，亚撒利雅的建筑，既有穆斯林的穹顶尖塔，又有印度开放的庭院；[20] 最为明显的类比是在南方印度王子的宫殿里。这让人想起了多那喀天主堂的另一个特征，它的规模和概念的宏伟。然而被服务的基督徒社群大部分是由极度贫穷的底层农民组成。亚撒利雅想要把辉煌的一隅带进这些微小的生命中。一方面，大的建筑是一种宣告，就是无论印度政府会

---

[16] 内部和外表的照片可见于 D. J. Fleming, *The Heritage of Beauty* (New York, 1937), pp. 67-8.

[17] *Church Missionary Gleaner*, Nov. 1884.

[18] E. Stock, *History of the Church Missionary Society*, 3 (London, 1899), p. 471.

[19] 参看 C. Graham, *Azariah of Dornakal* (London, 1946). 针对天主堂，参看 pp. 11f., 99f., 114f. 格雷厄姆女士十分强调印度的反面；但是清真寺的尖塔是确定无疑的。

[20] 插图见于 J. F. Butler, *Christianity in Asia and America = Iconography of Religions*, 24:13 (Leiden, 1979), plate XIX.

如何，基督教仍在那里。另一方面，它是一种记号，就算是最贫穷的基督徒也分享着这富丽堂皇的一部分。亚撒利雅以他自己的方式来面对和解决印度基督徒艺术家中的元老乔蒂·萨希（Jyoti Sahi）所提出的问题：在主流文化与压迫联系在一起的地方，一种恰当的基督教反文化的艺术表达。[21]

教堂建筑，是为了敬拜而提供的合适场所，明显地迫使基督徒做艺术的选择。但特别在印度，绘画提出了极其重要的神学问题——不单是基督徒艺术家提出这些问题。

在印度文艺复兴的最早阶段，基督教圣经中呈现的基督形象有一种明确的影响。在20世纪，艺术很明显进入了文艺复兴的领域，当时就有桑蒂尼盖登（Santiniketan）罗宾德拉纳特·泰戈尔（Rabindranath Tagore）的印度文化大学，以及以泰戈尔的侄子阿巴宁德拉纳特（Abanidranath）为首的该大学的艺术学院。

从桑蒂尼盖登来的一些出色的艺术家使用了基督教主题。加米尼·罗伊（Jamini Roy）是他们当中最伟大的一位，常常画耶稣——一个比我们伟大的耶稣，一个不束缚于特定时期的耶稣。祂行走在水面上（像其他的神灵，祂在不同元素中无拘无束，在空气中，在火中，在水中）。它是福音的一种印度式解读。庞尼卡（K. C. S. Panikkar）[他不是一位基督徒，但曾是马德拉斯基督教学院（Madras Christian College）的学生]是另一位印度文艺复兴的艺术家，他经常画耶稣的肖像；一位属于印度的基督，与其他和平缔造者佛陀和甘地站立在一起，把祂的祝福赐给穷人、生病的人和赤身露体的人。[22]

但基督徒艺术家也到桑蒂尼盖登去；玛索吉（V. S. Masoji）（死于1977年）在那里成了一位教授。[23] 早期重要的人物中有罗马天主

---

[21] Jyoti Sahi, "Reflections on Biblical Images/Symbols in Relation to Indian Christian Spirituality," *Image*, 37 (1988), pp. 10-11.
[22] 关于罗伊和庞尼卡，参看 R. W. Taylor, *Jesus in Indian Paintings* (Madras, 1975), and Butler, *Christian Art*, pp. 125-9.
[23] 玛索吉绘画的例子见于 A. Lehmann, *Afroasiatische christliche Kunst* (Berlin, 1966), plates 161-6.

教的安吉洛·达·丰塞卡（Angelo da Fonseca）[24]（他和已经提到的赫拉斯神父有联系）和圣公会的托马斯（A. D. Thomas）。后者特别值得一提，因为他的画作在西方吸引了一些目光，这主要是因为 1948 年福音传布协会出版了《一位印度艺术家画笔下的基督生平》（*The Life of Christ by an Indian Artist*）一书，[25] 其中包含了二十四张图片。托马斯将他的灵感归功于一位西方宣教士用文字描述的基督图像，这副图像记录在斯坦利·钟斯（E. Stanley Jones）的《印度路途上的基督》（*The Christ of the Indian Road*）中。[26] 托马斯的基督画像当然将祂呈现为在印度路途上的印度形象，但祂是平静、浅色调的基督。祂有佛陀的笑容，不染尘世。

　　印度基督徒艺术家的工作环境可能是基督教至今所遇到最具考验的。那个环境包含了一种宗教文化，在其中基督的神性、祂最崇高的教导、敬拜、献身和爱的权利，可以被轻易地退让，只要那种所持有的认识没有表明一种独一无二或独有的地位，或者没有要求从一个社群向另一个社群的过渡。在印度，基督教行走在钢丝上。一方面是外来、陌生和完全可分离之制度的条件。另一方面面临着同化的威胁，即被同化为五花八门的印度教形式中的一支。[27] 印度基督徒艺术家不得不在那片土地上解释基督其人，因为那片土地产生了宗教历史上最有能力的创新者之一的释迦牟尼，那片土地也将基督重新解释为毗湿奴诸多化身中的一位。在很长的时间中，基督的形象在印度教会之外的艺术中有一席之地。富有救赎主题的神圣图像是在阿克巴（Akbar）宫廷中耶稣会士传福音的首要工具，因为这位君主喜爱绘画。在后来

---

[24] 参看 *The Art of Angelo da Fonseca* (Bombay, 1980). 这个小册子是为赫拉斯学会丰塞卡的绘画展览所写的，它包括了艺术家的一段陈述，以及莱德勒（M. Lederle）写的他的生平和作品的介绍。丰塞卡生在果阿，长在普纳，1910 年至 1967 年在世。

[25] 图像复制于 A. Lehmann, *Die Kunst der Jungen Kirchen*, 2nd ed. (Berlin, 1957). The SPG had earlier published *The Life of Christ by Chinese Artists* (London, 1943).

[26] E. Stanley Jones, *The Christ of the Indian Road* (London, 1925).

[27] 这些问题被详尽谈论过，见于 Taylor and Butler, *Jesus in Indian Paintings Christian Art* 贯穿他们的研究。

的莫卧儿（Mughal）绘画中，基督教主题富有自身的生命力，独立于传统的图像记号。[28] 印度文艺复兴携带基督沿着在那记号中没有提及的印度道路。庞尼卡将基督与佛陀和甘地（他们就像是印度的一样）并排的肖像画，与许多流行的集市版画相似。[29]

所有这些都说明了，在过去的一个世纪，非西方艺术已经成为探索福音和文化关系以及探索基督教和其他信仰关系的一种途径，其程度相当客观。事实上，艺术家、建筑师和教堂设计师所面对的这些问题要比许多神学解释者所面对的要更深，他们有时候在高派的神学家触及它们之前就将问题提出来了。但是，在基督教人口结构转变开始的时期，在关于基督教对非洲和亚洲的影响的更广层面的讨论中，基督教艺术却只是处在边缘的位置。

在 1938 年国际宣教协会（International Missionary Council）的坦巴拉姆（Tambaram）会议之前，基督教艺术从未进入过大型基督新教宣教会议的议程。在 19 世纪晚期的会议中能找到它会是一件令人惊奇的事情。1910 年的爱丁堡世界宣教大会（Edinburgh World Missionary Conference）太过关心西方教育和"文明"对非西方世界的影响，而没有考虑新一代教会独立的文化遗产。虽然 1928 年国际宣教协会的耶路撒冷会议关注亚洲的宗教观念，但那种观念如何显现在基督教中的问题不是谈论的中心。即便在坦巴拉姆，那种处理也是试探性的和草率的。最清晰的陈述是在"教会的内在生命"的部分。其中关于敬拜的部分，提议 7 是这样开始的：

> 我们已经注意到，一些年轻的教会对在敬拜中使用本地的艺术形式，如音乐和建筑，有一股强烈的热情；而另一些年轻的教会却强烈抵制。我们呼吁文学的出版要在所有人可以接受的价格范围内，举出不同国家在教会生活中所使用的音乐和其他艺术的例子，把当地艺术呈现

---

[28] 例子参看 F. zu Löwenstein, *Christliche Bilder in altindischer Malerei* (Münster, 1958).
[29] 巴特勒收藏的样品，藏于爱丁堡大学非西方基督教研究中心（Centre for the Study of Christianity in the Non-Western World, University of Edinburgh）。

> 出来作为献给我们主的祭，我们要将这样的灵感和喜悦传递下去。³⁰

在这里，有人嗅出了烫手山芋的气味，特别是关于谁来写和出产这样经济实惠的文学，没有给出任何的建议。随着这个提议继续展开，犹疑不定的印象逐渐增强。

> 我们希望，关于建筑与敬拜及见证之间联系的一些指导原则能够做出，以满足任何想要学习它们的教会或宣教团体。³¹

至于这些原则的唯一线索就只有一处参考文献的脚注，其中提到丹尼尔·约翰森·弗莱明（Daniel Johnson Fleming）写的两本书和《国际宣教评论》（*International Review of Missions*）中的一篇文章。脚注明显有编辑的痕迹；在会议进行的时候，那篇文章还没有出现。³² 在最后总算可以说得具体些，那个提议的结尾批评了那些热衷于移植他们家乡教会的音乐、建筑或艺术的宣教士，并且肯定了"帮助年轻一代的教会用属于他们民族遗产的形式来表达他们基督教的生命。"³³

从会议这个部分预备阶段的文章所保存下来的记录中，赵紫宸（T. C. Chao）的中文诗歌本被特别推荐。这本诗歌本使用中式的曲调和还有其他在中国的礼仪上的试验，记录中还带有一段含糊的声明："此外，还有赖歇尔特博士（Dr. K. L. Reichelt）的《道之友基督教会礼仪用书》（*Ritual Book of the Christian Church among the Friends of the Tao*）以及朱葆元博士（Dr. Chu Pao-yüan）的《本地崇拜形式》（*Book of Indigenous Worship Froms*）。"³⁴ 另一篇文章提到了安得拉邦（Andhra）

---

³⁰ *The Life of the Church International Missionary Council Meeting at Tambaram, Madras* (Tambaram, Series 4), p. 6.

³¹ *Ibid.*

³² 但是作者普利普-摩勒是在坦巴拉姆的一位代表，他对这个主题有很好的看法。

³³ *The Life of the Church*, p. 6.

³⁴ *Ibid.*, p. 8. 赖歇尔特有争议的观点（例如，参见 *Truth and Tradition in Chi-*

的路德宗礼仪中使用了印度的歌曲，³⁵ 另一篇记录了来自刚果新教协会的一个建议，即基督教的敬拜可以更加贴近地反映非洲的修辞实践，通过应用应答轮唱的方式，以及像在传统讲故事中歌曲和演讲交织一起的方式。³⁶ 另一方面，一次南非多宗派大会总结道：

> 在现阶段，想象南非年轻一代的教会在敬拜中采用除了当前形式以外的另一种形式，对我们来讲是困难的。我们想不到什么样的一种敬拜形式会更加贴近于非洲人民的生活，尽管它随着时间会发生演变。³⁷

对坦巴拉姆的艺术和建筑处理相当薄弱，这与该主题在当时宣教文献中出现不太多的情况相符合。1930 年代，它在国际宣教学会的会刊、主要的新教宣教杂志《国际宣教评论》中也很少出现。坦巴拉姆的报告编辑注释中提到的文章，是一位建筑师普利普-摩勒（J. Prip-Moller）撰写的。³⁸ 普利普-摩勒曾一度与艾香德（Karl Ludvig Reichelt）合作过，在他的努力下，建成了一个佛教僧侣能接近并研究基督信仰的场所；他帮助艾香德道风山（Tao Fong Shan）的机构建造了令人瞩目的香港建筑。

那篇文章反映了中国的经验，恳求进入中国建筑的"灵性"而非"细节"。那篇文章更关注的是，建筑如何作为群组，它们如何融入到周围的环境中去；它更关注大悬挑屋檐产生的影子的效果，而不是费劲地去复制弧形屋顶或多重的斗拱。一些基督徒被针对他们本地风格的宣教实践打了预防针，这或许是真的，但更重要的是要考虑在更

---

nese Buddhism, 1st English edition [Shanghai, 1927]，以及死后的作品 Religion in Chinese Garment [London, 1951]），以同样有整体的方式表达出来。参看 E. J. Sharpe, *Karl Ludvig Reichelt, Missionary, Scholar, Pilgrim* (Tao Fong Shan, Hong Kong, 1984); H. Eilert, *Boundlessness: Studies in Karl Ludvig Reichelt's Missionary Thinking* (Ringkobing, 1974).

³⁵ *The Life of the Church*, p. 12.
³⁶ *Ibid.*, p. 15.
³⁷ *Ibid.*, pp. 15f.
³⁸ J. Prip-Moller, "Architecture: A Servant of Foreign Mission," *International Review of Missions*, 28 (1939), pp. 105-15.

多数的非信徒身上所产生的影响。很明显地，作者相信，外国的影响越少展示在他们面前，他们越有可能去反思作为基督教建筑存在之理由的核心关怀。

在不列颠所做的直接与艺术相关的贡献中，有一篇1927年圣公会评论《东方和西方》（*The East and the West*）上的文章，是关于"非洲艺术及其可能性"（"African Art and Its Possibilities"），还有一篇是1931年在福音传布协会的杂志《海外教会》（*The Church Overseas*）上由三部分组成的系列文章，关于"宣教地的艺术"（"The Arts in the Mission Field"）。[39] 爱德华·施礼透（Edward Shillito）是一位在诗歌方面颇有成就的公理会牧师，他为伦敦宣道会做文字工作，出版了一本小书，叫做《所有匠人》（*Craftsmen All*）。一本更出名的书[40]是另外一名伦敦会的作家梅布尔·肖（Mable Shaw）所写的，那本书记录了在现在赞比亚所在之地的一所女子宣教学校内非洲人在敬拜中的倡议，由此吸引了许多目光。1933年，福音传布协会出版了《他乡的敬拜：敬拜的种族特征的研究》（*Worship in Other Lands: A Study of Racial Characteristics in Worship*）。这本书是由协会总部的员工汤普森（H. B. Thompson）集结而成的，其中的例子是福音传布协会的宣教士提供的。作者表达了一种希望，即其他差会从他们的材料出发可以继续书写后面的故事；不过似乎没有人这么做的。《他乡的敬拜》主要关心的是狭义层面的礼仪行为；马萨西的卢卡斯主教（Bishop W. V. Lucas Masasi）的影响是明显的，这位主教有点想要仿照非洲的仪式。[41] 但是，有一些建筑、音乐、戏剧和视觉艺术的具体例子。它实质上是零零碎碎的东西。卷首插图上的黑人圣母像稍稍有些让人不安，那尊圣母像是在南非的一个宣教工作坊中雕刻的，被形容为来自非洲的"可能是至今所展示最著名的艺术品"。这本书

---

[39] 有一些关于非洲（马萨西的卢卡斯主教）、中国和日本的贡献。

[40] Mabel Shaw, *God's Candlelights* (London, 1932).

[41] 参看他的著作，"The Christian Approach to Non-Christian Customs," in E. R. Morgan, ed., *Essays Catholic and Missionary* (London, 1928); reprinted as late as 1950 in *Christianity and Native Races* (London).

表面的特征一定是非洲的,但在其他方面纯粹是珀西·德米尔(Percy Dearmer)的。

在福音传布协会中所代表圣公会传统的部分相信,正如当时一卷纲领性作品的前言中提到,基督教可以"吸收和改变所有在其他宗教、文化和制度中善的和有永久价值的东西。"[42] 事实上,夸大整个时期宣教运动对文化的不敏感是流行的做法。正如我们已经看到的,直到二战和达迦玛时代的终结,已经有相当可观的非西方基督教艺术表达的语料库了。大部分试验性的作品是教堂建筑;普利普-摩勒在 1939 年为"美丽的建筑"发出请求,就是让建筑与已经被用来荣耀神的中国诗歌、书法和音乐放在一起。[43]《国际宣教评论》的另一位贡献者在 1942 年谈到了印度的音乐:"我熟悉的宣教士中没有一个反对使用它。大部分提倡使用它,甚至异常主动。"[44] 他的请求是,对它有一种更深的理解,而不只承认它和使用它。

然而,无论在它们自身之内还是在它们更广泛的影响中,艺术的诸多问题在战后时期的文学中都比坦巴拉姆之前的时期出现稍微多一些,这首先是与亚洲和非洲教会的自治有关,然后是与福音和文化有关。[45] 有一些出色的研究是关于非西方世界中基督教在场的更早方面——莫卧儿绘画、日本南蛮美术(Nanban art)、刚果的象牙制品——近些年来产生了很有价值的、在特定地区发展的记录,特别是印度。[46] 但是——如果我们把刚恒毅的作品和它所亮出的东西放在一边——在整个 20 世纪,似乎只有三位作家始终如一地让人们去关注

---

[42] Morgan, ed. *Essays*, p. v.

[43] Prip-Moller, "Architecture," p. 115.

[44] M. Pitt, "Take, for Instance, Indian Music," *International Review of Missions*, 31 (1942), pp. 205-10.

[45] 普世基督教协会(World Council of Churches)1961 年的报告尴尬地提到教会和艺术在历史上的紧密关系,以及关于艺术和社会的开放性问题。结论似乎是说,这个主题很重要,但是协会目前没有机制对此进行探讨。也没有提到新一代的教会在这个领域潜在的贡献: *The New Delhi Report: The Third Assembly of the World Council of Churches 1961* (London, 1962), pp. 181ff.

[46] 莱德勒、泰勒(R. W. Taylor)和巴特勒的著作已经在前面提到过:参看以上脚注 11, 19。

在整个非西方世界的基督教艺术中所发生的事,以及它神学和艺术的内涵。他们是美国的丹尼尔·约翰森·弗莱明、德国的阿诺·莱曼(Arno Lehmann)和英国的约翰·弗朗西斯·巴特勒(John Francis Butler)。

弗莱明大学毕业不久之后,他在印度旅行,当时看到了白沙瓦的众圣堂,以为这是一间清真寺。他对此兴趣盎然,从此探寻"基督教在民族之灵性家园的自然化,以及在神之家中所找到的多元基督教的经验。"[47] 在《美的遗产》(*The Heritage of Beauty*)(1937 年)中,他提供了三十多个遍及全球的神之家的照片及其注释,当中只有两到三个是新教的。亚洲是主要的地区,但阿拉斯加和太平洋地区并没有被忘记,并且在非洲也有一些可以识别的物件。[ 后者包括了当时已经消失的乌干达纳米伦贝(Namirembe)第一座天主教堂;从设计上看完全是一间非洲的屋子,但是面积巨大。] 弗莱明是纽约协和神学院(Union Seminary)的一位教授,他意识到,其中所涉及的不是"一个相对简单的、用砖块和泥浆做成的东西。"[48] 他大部分作品的主题是关于世界基督宗教的多元性和它大公性之间的基本关系。"世界基督宗教"是他喜欢的用词 [ 他其他的著作包括了《一个世界基督徒的标记》(*Marks of a World Christian*)和《世界基督徒面临的伦理问题》(*Ethical Issues Confronting World Christians*)],并认为基督教宣教的本质是渗透式的。他有着很强烈的世界公民的主张 [他写过《同其他信仰分享和同其他非基督教文化接触的方式》(*Ways of Sharing with Other Faiths and Contacts with Non-Christian Cultures*)]。但就算他是一个自由派(常常有提到霍金的地方)的话,那他也不是一个天真的自由派。《美的遗产》的一个特征就是,特定建筑所提出来的敏感问题得以确认并简洁列出。他也关心审美的问题,不仅仅是在建筑学方面。《美的遗产》一书中包含了一幅画作(陈煦所画);弗莱明后来出版《每个人都拿着他的画笔》(*Each with His Own Brush*),[49]

---

[47] Fleming, *Heritage*, p. 17.
[48] *Ibid*.
[49] Daniel Johnson Fleming, *Each with His Own Brush* (New York, 1938).

并思考更广的宗教象征主义的问题。[50] 他也有着先见之明，看到了基督教中的未来，因为本土非洲艺术被西方影响所带来的破坏所威胁。[51]

阿诺·莱曼见证了印度的宣教事工，撰写了一部重要的历史著作。[52] 在他担任哈勒 - 维腾堡大学（the University of Halle-Wittenberg）的宣教学教授期间所写的书中，莱曼发展出非洲和亚洲基督教艺术的系统研究（为了这些目的，其中也包含了太平洋地区）。一系列的研究从 1950 年代进行到 1960 年代，其中特别处理了源于非洲和亚洲的图画，这些图画表达了圣经的事件或主题。弗莱明强调的是建筑学，而莱曼主要关心的是绘画和造型艺术。在他后来的生涯中，莱曼进行了两个百科全书式的调查 [ 还有在《过去与现在之宗教》（*Religion in Geschichte und Gegenwart*）中的一篇文章 [53]]：《年轻教会的艺术》（*Die Kunst der Jungen Kirchen*）（1957）和《亚非基督教艺术》（*Afroasiatische christliche Kunst*）（1966）。两个调查都有极为丰富的插图。超过其他两个人中的任何一位（可能除了刚恒毅），莱曼记录了大规模且丰富的现代非西方基督教艺术，而且富有新意的。他更加突出的成就是，作为基础的数据收集是在德意志民主共和国编制的。

1937 年，约翰·弗朗西斯·巴特勒被委任为马德拉斯基督教学院的哲学教授；那一年，《美的遗产》问世。后来，他又服务于印度基督教文学协会（Christian Literature Society for India），那个协会所处理的不仅有书籍，而且有成百上千的聚会点和成千上万的基督徒所使用的海报、图画以及辅助材料。1951 年，巴特勒回到英国，再也没

---

[50] Daniel Johnson Fleming, *Christian Symbolism in a World Community* (New York, 1940).

[51] Fleming, *Heritage*, p. 85. 关于弗莱明的神学以及在美国宣教历史中的地位，参看 W. R. Hutchison, *Errand to the World. American Protestant Thought and Foreign Missions* (Chicago, 1987), pp. 150-8.

[52] Arno Lehmann, *Es begann in Tranquebar* (Berlin, 1955); E.T. *It Began at Tranquebar* (Madras, 1956).

[53] "Malerei und Plastik VII: Christliche Kunst in den jungen Kirchen," *RGG*, 4, cols 702-4. For 莱曼的其他文章的文献目录可见于 *Afroasiatsche christliche Kunst*; E.T., *Christian Art in Africa and Asia* (St. Louis, 1969).

有担任过任何学术职位。在他的余生中，他是卫理公会的出巡牧师（circuit minister），在不同的牧师住所进行着研究，研究的对象包含书籍、期刊、投影片，以及他所称为"宣教艺术"的东西的样本。他使用那个术语是经过深思熟虑的。他论证说，宣教艺术是在宣教中对艺术的使用；艺术家的国籍属于第二层次所要考虑的范畴。在三十年的时间里，巴特勒出版了一系列的文章，既有研究性的，也有通俗性的，还有少数的书籍，一些书籍已经发表，另一些还是手稿。[54] 建筑历史学家偶尔会注意到他，而神学家却不会。

在这三位基督教艺术非西方阶段的史前史历史学家中（如果这一章开篇的考虑是成立的话），巴特勒可能是最重要的一位。比起弗莱明，他更有深度；比起莱曼，他也更有广度。他的方法是基于对美学的哲学兴趣，有着精细的西方艺术和建筑学的知识作为背景。比起他的两位前辈，巴特勒更多地将非洲和亚洲教会的艺术放在艺术史和基督教史的语境中。因着同样的理由，巴特勒比他们更多地意识到拉丁美洲在基督教艺术史中的特殊意义，也更多意识到在混合的传统中所牵涉到的美学和神学的问题。他兴趣广泛，对莫卧儿艺术、在中国的郎世宁（Castiglione）和耶稣会士、"耶稣会士陶瓷"以及南蛮艺术都有涉猎。在他后期的著作中，巴特勒提到，文化传播的神学问题和艺术中的综合主义应该被置放在历史中去考虑。非洲和亚洲的基督徒艺术家们以及决策者们所面临的问题是基督教所特有的，而且对他来讲，基督教历史揭示了针对类似问题的一系列大致成功的解决方案。在提出这个论点的文章中，他选择题目是"宣教艺术的十九个世纪"（"Nineteen Centuries of Missionaries Art"）。[55] 他提出的问题涵盖了从经济学的问题"一位亚洲的基督教艺术家如何生存？"到"国际性"

---

[54] 最重要的书籍是 *Christianity in Asia and America* in the Brill *Iconography of Religions* series and the posthumous *Christian Art in India* already referred to. 他的贡献也见于 G. Cope, *Christianity and the Visual Arts* (London, 1964), 和 G. Frere-Cook, *The Decorative Arts of the Christian Church* (London, 1972). 他的文章汇编在爱丁堡大学非西方基督教研究中心巴特勒的收藏中。

[55] 实际出版的题目变成 "Nineteen Centuries of Christian Missionary Architecture," *Journal of the Society of Architectural Historians*, 21 (1962), pp. 3-17.

风格之影响的建筑学问题，以致还论及亚洲和非洲能否比西方更好地使用钢筋混凝土。

他也拾起了刚恒毅所暗示的一个问题：非西方基督教是否可以作为新兴艺术之文艺复兴的基体。巴特勒曾经写过一篇文章，题为"宣教能挽救现代艺术吗？"[56] 在文章中,他将非洲和亚洲旧有的文化——可能是陈旧的，但却是民族骄傲和自信心的基础——与欧洲将死的文化进行对比。那种文化已经丢失了其终极价值、它的社会联结和艺术可持续的经济基础；所以，西方艺术在一个危险的境地。非洲和亚洲的教会也有问题，但他们拥有着基督信仰以及非西方世界的文化资源，它们可以提供思想和技术的冲击，文艺复兴正是从这种冲击中发展起来的。可能会发生的是，宣教被证明是一个源头，现代艺术从中获得了救赎。

巴特勒活着的时候见证了1978年亚洲基督教艺术联合会的成立。[57] 许多亚洲国家现在都有了他们自己的基督徒艺术家联合会或协会以推进基督教艺术，这些亚洲国家的数目证明了运动的活力。无论救赎是否会从东方来到西方艺术中，正如他和刚恒毅所设想的；这仍然无从得知；但是，基督教艺术新的阶段已经开启了，毫无疑问，它的焦点位于南方大陆。而刚恒毅、巴特勒和莱曼是它的少数几位史前史的历史学家。

---

[56] J. F. Butler, "Can Missions Rescue Modern Art?" *Hibbert Journal*, 56 (1958), pp. 371-87.

[57] 该联合会的出现和东亚基督教会议（后来是亚洲基督教会议）的支持有关，以及和斯里兰卡教士尼尔斯（N. T. Niles）主动的推动有关。尼尔斯委托日本同志社大学的竹中正夫收集有关基督教主题的亚洲画家的作品。Takenaka 的 *Christian Art in Asia* (Tokyo, 1975), 是一卷纲领性的作品。R. O'Grady, "The Tenth Anniversary of the Asian Christian Art Association," *Image*, 37 (1988), p. 2.

# 第14章 19世纪作为学者的宣教士[1]

第一代宣教士们没有接受过高程度的正规教育,第二代宣教士们的平均教育水平也没有高出很多。甚至最有能力的宣教推动者也很清楚,他们不期待在受过教育的人群中能招募到人,在英格兰(这个研究大部分会用英格兰和苏格兰的模型),教会人士不希望普通的宣教士候选人被按立或(从英格兰地方教区牧养的角度)拥有按立的可能,这种情况持续了许多年。欧洲大陆的录用人员构成英国海外传道会早期招募中重要的部分,缓解了该委员会在这方面极大的尴尬。[2] 然而,针对宣教士的神学教育(以及更广泛的教育)从一开始就得到重视;因为只要一个人稍稍反观一下本国大多数牧职培训的情况,其认真程度便可了然。伦敦宣道会——非常奇怪的是,尽管它有着很强烈反国教的特征,但在宣教士职分的理解上,它是所有差会中最强调神职的——给它的候选人教授非常基础的科目,这做法在苏格兰和其他地方尚未被接受;早在教会宣教学院正式成立之前,圣公会的海外传道会针对监督和教学的方面就有它自己的安排。[3] 卫理宗的信徒有着为他们的传道人提供"在职"培训的传统,然而他们在这方面可能是最

---

[1] 首次发表于 Nils E. Bloch-Hoell, ed., *Misjonskall og Forskerglede: Festskrift till Professor Olav Guttorm Myklebust* (Oslo: Universitetsforlaget, 1975), pp. 209-21.

[2] 参见 A. F. Walls, "Missionary Vocation and the Ministry: The First Generation," in M. E. Glasswell and F. W. Fasholé-Luke, eds., *New Testament Christianity for Africa and the World: Essays in Honour of Harry Sawyerr* (London: SPCK, 1974), pp. 141-56 (重印于本卷第12章).

[3] 关于伊斯林顿学院的一个时期,参看 A. Hodge, "The Training of Missionaries for Africa: The Church Missionary Society's Training College at Islington, 1900-1915," *Journal of Religion in Africa* 4 (2) 1971: 81-96.

迟缓的；但即便在这里，原则一经确立，它就促成了独立宣教学院的出现。[4] 尽管如此，那个世纪的前五十年，标准产出的宣教士仍旧出身卑微，而且所受的教育比本国事工中拥有同等职位的人要低一些，不过这要排除那些在苏格兰教会（Church of Scotland）[和 1843 年后苏格兰独立教会（Free Church of Scotland）] 以及一些其他苏格兰的教会中的人。他的教育和思想造诣越好，他就越有可能被送到印度（或者后来去中国），那么他被送去非洲或西印度群岛（比如在 60 多年中，海外传道会只有一次差派过一位英格兰的大学毕业生去非洲，即便如此，也是因为当时环境特殊）的可能性就越小。[5] 只有到了 19 世纪最后的二十年左右，宣教士的招募急剧增加，福音的胜利在伊顿操场大大彰显，成群热情的年轻人从大学、公立学校和开西大会奔向每一块大陆的宣教前线。在同一时期，没有受过教育的候选人相应地增长（出于 1859 年的复兴及后来的影响，还有许多其他的因素）；他们中大部分人加入了新兴的"信心"宣教（"faith" missions），而信心宣教设立正式培训的时间虽然很晚，但最终还是做了。

19 世纪期间，招募的模式发生了变化，但是某些文字上的因素保持不变。第一，宣教运动发展并维持着一群见多识广的支持者。它是一场草根运动，以一周一便士的收集者、当地热情支持者和辅助人员为中心；它主要的机构是宣教杂志。但杂志不是运动唯一的文字储备。宣教畅销书——"宣教人物传"，如果有人可以用这样一个术语去表示那种大众文学的话，这种类型的文学将宣教士的工作描绘成圣徒传记（Acta Sanctorum）——在很早的时候就开始创办，并持续了整个世纪。一些令人高度尊敬的作品是本国知识分子撰写的——塔克女士（Miss Tucker）所写的《阿贝奥库塔或热带的日出》（*Abbeokuta or Sunrise within the Tropics*）（1853 年）相当流行，就是一个很好的例子，她还写了更多这方面的书籍；但最有影响力的一些是宣教士

---

[4] 萨里的里士满学院（Richmond College, Surrey）。
[5] 欧文（E. G. Irving）医学博士，一名退休的海军外科医生，在西非有为不列颠政府服务的经历，在 1853 年，他被指派到约鲁巴宣教，"作为宣教士世俗性问题的顾问。"

们自己所写的著作：约翰·威廉姆斯（John Williams）的《南方海域中的叙事和宣教机构》（*Narratives and Missionary Enterprises in the South Seas*）（1837年）以及罗伯特·莫法特（Robert Moffat）的《南非宣教的事工和场景》（*Missionary Labours and Scenes in Southern Africa*）（1837年）都不断地被重印和被人模仿。这样的记录是为了本国的宣教支持者所写的，因为同样的一群人也会阅读杂志；但从这些事的性质看来，它们有时候介绍一些材料，那些材料记录着不同程度的洞见和观察，对西方人来讲是新的知识。一些这样类型的作品不单只是宣教人物传，对更广泛的读者群来讲，已经进深到"诸多研究"的兴趣中：李文斯顿的《南非的宣教游记和研究》（*Missionary Travels and Researches in South Africa*）可能是最出名的代表作，但它绝不是第一本。威廉·艾里斯（William Ellis）的《波利尼西亚研究》（*Polynesian Researches*）（1829年）以及他更早的《夏威夷之旅记述：桑德威奇群岛自然历史的观察及其居民的礼仪、风俗、传统、历史和语言说明》（*Narrative of a Tour through Hawaii…With Observations on the Natural History of the Sandwich Islands and Remarks on the Manners, Customs, Traditions, History and Language of Their Inhabitants*）（1826年）等这些的著作，开始将宣教士介绍为学者，在这个过程中产生了一种新的学术类型和层次。

## 伦敦会的作家

以上提及的四位作家——威廉姆斯、莫法特、李文斯顿和艾里斯——都是伦敦会的宣教士。没有一个人拥有大学学位，李文斯顿在格拉斯哥获得的文凭不太高，却得来不易，算是四个人中相当好的代表了。他们是相当典型的。从差会1796年第一次辞别演说到1900年，伦敦会差派了1120名宣教士（包括后来嫁给伦敦会宣教士的妇女宣教士，但不包括其他的宣教士的妻子）。[6] 据保守估计，在这些人中，

---

[6] J. Sibree, *London Missionary Society: A Register of Missionaries, Deputations,*

至少 146 位或百分之十三用英文（有些用威尔士语）著书，或者用他们所服侍国家的语言著书。如果我们不把圣经翻译和其他翻译类的著作计算在内的话，将名单限制在那些已被知道、有原创性著作的人，仍然有 115 名，超过百分之十的宣教士，是这类作品的作者。在同一时期，151 名伦敦会去了宣教地的宣教士，持有大学文凭，或在他们服侍期间获得了文凭；66 名有医学的文凭，85 名有非医学的文凭（包括至少有一个人拥有两张文凭），他们中超过半数是在那个时期的最后三十年获得文凭的。在大学受训和文字出版之间，并没有明显的关联：虽然有可能的是，中国倾向于接收有最好知识装备的候选人，可以肯定的是，它促进了一些最好的宣教士学术。自然地，在那个世纪的头五十年或更长的时间中，随着老派的英格兰大学拒绝录取反国教派，大部分接受大学训练的伦敦会宣教士是苏格兰人。

如果我们来看一下这些宣教士的著述，115 名中有 22 名写的是关于语言学或词汇学、语法、辞典等等；一些是基础性的，一些是学术性的。所呈现的语言包括了中文（有多种形式）、梵文、印度文（Hindi）、萨摩亚文（Samoan）、图语（Motu）、赫雷罗语（Herero）、本巴语（Bemba）、马尔加什语（Malagasy）和现代希腊文。研究包括了罗伯特·马礼逊开拓性的中文辞典 [ 在 1815 年到 1822 年期间，经由米怜（William Milne）以六卷本出版 ]，还有其他汉学家如麦都思（Medhurst）、理雅各（Legge）、艾约瑟（Edkins）和欧德理（Eitel）的著作。9 名宣教士（其中四位在已经提到的 22 名当中）出版了从他们所服侍的国家得来的文本的英文版，它们各自有着不同的学术份量。所以，不仅孔子、孟子和老子出现在英文里面，而且从中国、马达加斯加，波利尼西亚来的诗歌汇编，也都开始出现在英文中；这些著作为了解原生社会提供了从其他地方不能轻易获得的途径，此外甚至还有一些中文科学文本的汇编。最巨大的一个成就无疑是理雅各的中国经典的学术版本。[7] 这个时期，伦敦会的宣教士中作为中国

---

*etc., from 1796-1923* (London, 1923) 提供了从伦敦会候选人记录中获得的带有简要个人信息的名单。

[7] *The Chinese Classics with Critical and Exegetical Notes, Prolegomena and Co-*

文学的译者要比印度文学的译者更出名些；虽然他们产生了印度文学的历史学家和评论家，比如，莱斯（E. P. Rice）写了《卡纳拉文学史》（*A History of Kanarese Literature*），[8] 埃德温·格雷夫斯（Edwin Greaves）[9] 贡献了印度基督教文学的描述性的目录，以及尤其重要的是约翰·尼克尔·法科尔（John Nicol Farquhar），他既是一位历史学家，也是印度宗教传统的解释者。

将近半数的宣教士作家（55 位）所写的著作可以被称为"描述性的、历史的、人类学的和文学的"。这一广泛的类别诚然涵盖了不同程度的主张、质量和水平的作品；它渐渐盖过了"宣教人物传"，但它又与后者区别开来，区别主要在于这类作品声称对另一种文化或在其中的教会或是两者进行分析或深度描述。这一类型的作者囊括了一些著名的人物和一些有名的书籍：米怜父子、艾里斯、约翰·威廉姆斯、约翰·菲利普（John Philip）、乔治·特纳（George Turner）、李文斯顿、查麦兹（Chalmers）、麦肯齐（MacKenzie）、麦高恩（MacGowan）、斯雷特（Slater）、吉尔摩（Gilmour）、西伯里（Sibree）、马修斯（Matthews）、威洛比（W. C. Willoughby）和法科尔；一些人思考大量科学的细节，一些人呈现了严肃的人类学记录，一些人展现了涉及口述和文字传统的历史学研究。

有些让人惊奇的是，在名单中只找到十一位宣教士所撰写的作品是关于有人称之为"比较宗教"的东西，这些宣教士在不同族群的人中工作，这些作品反映了这些族群**宗教**的学术性研究，或者反映了它们与基督教相遇而产生的意义——这些作品中很少是早期的。（或许不对的是，由此推断宣教士作为一个整体没有出版任何非基督宗教的研究——实际上，他们很深地影响了那个世纪中期标准的描述。）在这个领域的伦敦会作者有一些杰出的人物：中国宗教方面有理雅各、

---

*pious Indexes*, 5 vols. (Hong Kong, 1861-1872); *The Chinese Classics Translated...with Preliminary Essays*...3 vols. (London, 1869-1876); *The Sacred Books of China*, Sacred Books of the East series, 6 vols. (Oxford, 1879-1885), etc.

[8] 在亚撒利雅和法夸尔印度遗产系列中 (1915; enlarged ed. Calcutta, 1921).

[9] 参见 *Sketch of Hindi Literature* (Madras, 1918).

伟烈亚力（Wylie）、艾约瑟和欧德理；印度方面有马伦斯（Mullens）、斯雷特和法科尔；我们也应该记住艾里斯、特纳和其他作家的描述性著作，它们描述了他们亲眼所见的原生社会及其宗教的方面，这已经包含在前面的一种类型中。

另一种类型要比原本所期待的要小，就是关于政治，以及关系到宣教的同时代类似问题的小册子。我发现只有四位，（尽管我怀疑还有没有被统计在内的）他们处理鸦片的问题和宣教地区同时存在的其他势力［法国或塞西尔·罗德斯（Cecil Rhodes）］影响的问题。一些其他的问题，最典型的就是奴隶问题，肯定是描述性著作中一大重要的主题。

在描述性的著述之后，最大一类的作家（42位）就是"宣教人物传"的作者，他们当中包括了所有少年读物的作家。鉴于这样材料的庞大市场以及大多数休假的宣教士所做大量的代表性演讲，让人惊讶的是，这个类别没有更大一些。在这样的环境中，有人或许会惊讶，如此高比例的、更严肃以及高要求的描述性和分析性的作品是由宣教士所撰写的。

传记，特别是圣徒传记，是从宣教运动开始之前就已经成熟的文学形式，于是很容易被宣教运动接受下来。如果我们把自传考虑在内（除了那些属于描述类的"叙事"作品之外），十八名伦敦会的宣教士在这个时期创作了这种类型的作品。这些作品中大部分代表了一种特殊的宣教人物传，他们以教化、效仿和家庭敬虔为目的，但一或两部作品在规模上要更有野心些（并且至少一本是由重要非洲基督徒领袖的传记组成的）。

宣教运动产生了它自己的组织，并在数据上变得有意识，这可能要比整个西方教会要早许多。无论如何，五个在伦敦会名单上的人编撰了关于宣教士的管理和数据方面的作品；他们包括了约瑟夫·马伦斯（Joseph Mullens），其中一个开拓性的宣教士统计学家，还有柯多马（Thomas Cochrane），他成为20世纪宣教士调查的众多推动者之一。

一个小群体是由五位医学和科学的作者组成，他们提供关于热带疾病、中国的麻风病、马达加斯加的地质和植物以及相似话题的专著。其他许多人写了学校的教材，特别是在宣教学校使用的教材；一或两名宣教士写了诗歌或英文赞美诗（许多宣教士写了方言赞美诗，印度南部的伦敦会宣教士特别富有创造力，方言诗歌在这里还没有考虑到）或出版早期神学的著述。多才多艺的詹姆斯·西伯里（James Sibree）是一位受训的建筑师，写了两卷关于英格兰天主堂带有插图的著作。

可能最奇怪的特征是，只有很少数的宣教士写过神学方面的著作，尽管若把他们用所在地区本地语言写的通俗著作或学院教科书包括进去，目前我可以追踪到超过十二位的作者。他们神学著述的名单并不让人印象深刻：在五位写过神学或哲学著作的作者中，只有一位托马斯·埃比尼泽·斯雷特（T. E. Slater）写过一本重要且扎实的作品。[10] 只有三个名字是与圣经研究的著作有关：一本圣经辞典[主要基于哈斯丁（Hastings）]和一本马尔加什语词汇索引的作者，还有约瑟夫·皮亚斯（Joseph Pearce），他也是马达加斯加的，一些我还没能够追踪到的书信注释是由他所写的。[11] 有一本常规的（区别于本地的或宣教的）教会历史，还有两个"灵修类"作品的作家（两位都是女宣教士）。

## 苏格兰教会的作家

将同时期的伦敦会和苏格兰教会宣教士的文学产出率进行比较会是一件有趣的事：有趣的原因是，比起一般的英格兰教会和差会来讲，苏格兰教会代表了一种大体上更高的牧职教育标准，无论在本国还是国外；另一个原因是，这个时期苏格兰教会的事工有如此高的比例用以投入到印度不同的学院中，来自苏格兰的牧师特别地被指派

---

[10] 参见 *God Revealed* (Madras, 1876); and especially his *The Higher Hinduism in Relation to Christianity: Certain Aspects of Hindu Thought from the Christian Standpoint* (London, 1902).

[11] 西伯里 (p. 598) 谈到了哥林多前后书、腓利比书和帖撒罗尼迦前后书的注释。我还没有找到这些；他们可能在马达加斯加。

到这些学院中去。相应地，相当高比例的宣教士参与到高等教育中，在印度各个学院担任教授。

直到1900年，六十二名苏格兰教会的牧师（包括那些在分裂前被派出去而后来加入独立教会的人，但排除了东印度公司和政府的牧师以及针对犹太人的宣教士）在外国宣教委员会（Foreign Mission Committee）下服侍。[12] 这些人中半数拥有大学学位。（在其余的人中，六名宣教士被授予了荣誉神学博士学位，一名被授予了荣誉硕士学位）。62名中，有不少于24名在担任宣教士的时候或在之后（有一个例子是担任宣教士之前）是作家。然而，与伦敦会的人不同的是，只有三位宣教士在词汇或语言研究的重要领域做出了贡献，贝利（T. G. Bailey）从事旁遮普语（Punjabi），赫瑟威克（Hetherwick）从事钦延贾语（Chinyanja），以及约翰·威尔逊（John Wilson）早期从事马拉地语（Marathi）（其他许多人都做了翻译工作）；似乎只有一位翻译了印度文学。五位作家做的是宗教的比较研究。这些包括一些非常重要的研究，其中除了一位，其余所有人都是来自那个时期较早的时候——达夫（Duff）、威尔逊、约翰·麦克唐纳（John MacDonald）和马瑞·米切尔（Murray Mitchell）。描述性的、历史学的、人类学的和文学的研究主要集中在以下八位宣教士，包括达夫和威尔逊，达夫·麦克唐纳（Duff MacDonald）的《非洲或异教非洲的内核》（*Africana, or the Heart of Heathen Africa*）是一本具有开拓意义的人类学研究，记录了非洲的宗教。[13] 威尔逊、达夫和约翰·莫里森（John Morrison）三位都是著名的人物，撰写了有关印度宣教的政治学和社会学的册子，一位宣教士写了关于宣教士的管理问题，六位写了传记，以及十位，包括一些非常出名的名字，写了"宣教人物传"。

较之于伦敦会，传统的神学学科明显受到优待，至少有十四位，将近宣教士名单上总数的四分之一，贡献了这个类型的著作。但是，大多数哲学和神学的材料都是通俗的，威廉·哈斯提（William Hast-

---

[12] 这些名字可以在这本书中找到：Hew Scott, ed., *Fasti Ecclesiae Scoticanae*, vol. 7 (Edinburgh, 1928).

[13] London, 1882.

ie）的大部分重要作品都是在他离开印度之后写的。有三位教会历史学家（一位前宣教士后来成了著名苏格兰古文物研究者和系谱学家，不将其计算在内），三位是领袖和牧养方面的作家（包括了约翰·麦克唐纳，在他成为宣教士之前，他在这个领域就已经有名声了）。哈斯提翻译了大量的德国神学，托马斯·史密斯（Thomas Smith）翻译了卢瑟福（Rutherford）和英格兰清教徒的作品。还有一位数学家和（有可能）一位诗人。

伦敦会和苏格兰教会在文学产出方面的不同，主要反映了他们在宣教事工中不同的执着。苏格兰教会的宣教士更少参与这个时期本地语言的福音事工，在语言学方面的贡献没有伦敦会宣教士那样显著；随着他们参与高等教育，他们发现自己置身在一种与印度教以及其他印度主要宗教传统在文学上进行对抗的环境中，由此创作了基于文献资料的调查而写成的比较宗教的作品；他们不断地与知识分子接触，也被苏格兰教会人士特定的传统所加强，他们写了相当高比例的、针对一般读者的文学神学，这位读者可能是要使之归信的询问者或是对手。两个差会的宣教都对所服侍的文化和社会做了观察、分析和解释，都产生了扎实、详尽的作品。

## 海外传道会和学术

苏格兰和英格兰的反国教派都有他们自己的教育和学术传统；但19世纪宣教士的学术不仅仅只是这二者所结的果子。比如，海外传道会，是圣公会的和福音派的，反映了十分相似的东西。在它的职员中，它时常会有装备精良的欧洲大陆的特别是德国的宣教士，其中包括了，比如科勒（S. W. Koelle），他是非洲比较语言学之父，[14] 还有卡尔·戈特利布·普凡德（Karl Gottlieb Pfander），他是博学的辩论家，与伊斯兰教博士辩论；在那个世纪早期，从古老的牛津和剑桥大学以

---

[14] 特别参看，他的 *Polyglotta Africana* (London, 1854), and cf. P. E. H. Hair, *The Early Study of Nigerian Languages: Essays and Bibliographies* (Cambridge, 1967).

及都柏林的三一学院来的候选人极少，到那个世纪末，大量的候选人来自这几所学校；但是，在那个世纪大部分时间中，海外传道会主要的宣教士是由教育程度一般的人组成的，他们没有达到本国事工的常规标准。[15] 然而，这类型的人和那些有更好装备的人一起，对新一代的宣教士学术做出了贡献。

举例来说，声誉颇高的特吕布纳（Trubner）东方丛书的撰稿者中，就有三位是海外传道会的宣教士。哈金森（A. B. Hutchinson）翻译了花之安（Faber）的《孟子思想研究》（*Mind of Mencius*）。同一个人也负责了大量中文和日文的文献。然而，当哈金森被海外传道会接纳时，他已经有三十岁了，他所受最高层次的教育就是在伊斯林顿（Islington）的海外传道会学院。爱德华·塞尔（Edward Sell）的情况也一样，他撰写了特吕布纳系列中的《伊斯兰信仰》（*The Faith of Islam*）一卷；他还写了一本波斯语语法，并指导了印度方言的修订工作。他渊博的东方学问都是在宣教地获得的（坎特伯雷大主教在 1881 年授予他兰贝斯学士）。詹姆斯·辛顿·诺尔斯（James Hinton Knowles）撰写了特吕布纳系列中的《克什米尔的民间传说》（*Folk Tales of Kashmir*），他最初的学历要更低：在他足以能被录取进伊斯林顿学院之前，他不得不花一些时间在海外传道会的预备机构学习；同样，他在他自己的宣教地也被广泛地认为是一位学者。

约翰·巴彻勒（John Batchelor）是另一个不太可能作为学者的人，他是一群不寻常的宣教士中的一员，他们试验性在香港接受训练。他后来在 1879 年被指派为海外传道会日本宣教的一位"平信徒助手"；直到 1887 年，他才被按立为执事，那时他已经有几个月在伊斯林顿和剑桥瑞德利学院（Ridley Hall, Cambridge）的学习经历了，那是在"宣教紧急情况中"他突然要回到日本之前。然而，巴彻勒是在阿伊努人（Ainu）的地方长期居住的第一位宣教士，他成了第一个日本阿伊努语言和文化的西方倡导者。哈斯丁的《宗教和伦理百科全书》（*Encyclopaedia of Religion and Ethics*）中 25 栏的"阿伊努"的条目

---

[15] 海外传道会宣教士列在 Church Missionary Society: *Register of Missionaries, Clerical Lay and Female, and Native Clergy from 1804-1904* (London, n.d.).

见证了他知识的深度、他的洞见和训练。

名单当然可以有更长。中国基督教文献学会（Christian Literature Society for China）的吉尔伯特·沃尔什（Gilbert Walshe）也是《宗教和伦理百科全书》的贡献者。在被海外传道会接受并送去伊斯林顿学院之前，他是爱尔兰铁路上的一名文员。约翰·罗斯科（John Roscoe）在海外传道会的记录中是"一名工程师"，他去了预备机构，在伊斯林顿学习一年后，作为一名平信徒宣教士受差派，直到九年后的1893年他被按立。罗斯科成了一名出色的人类学家，他的作品《巴干达人》（The Baganda）（1911年）基于长期且认真的观察；他在后来对临近人群的研究中应用了他从詹姆斯·弗雷泽（James Frazer）那里学来的原则，利用了他关于干达社会丰富的知识背景。[16]

## 语言和文化

罗斯科说明了一种情况，即开拓型的宣教士被迫去进行学术的预备，以及去熟悉两个——那时尚未得到发展的——学术的领域。

> 二十五年身为非洲腹地的宣教士的经历，使我和当地居民建立起了亲密的关系；比起大多数人，我有更多的机会获得一些关于他们生活模式和思想习惯的知识，同时我也对他们古老的宗教思想变得越发熟悉。提供给我关于他们早期制度信息的巴干达人，没有一个知道英文的，他们也不会和英国人接触；他们的思想没有被外国的观念影响。

在一个开拓的环境中，宣教士所面对的，或者是完全的无效率，或者是一项训练；这样的训练即便没能让他成为学者，也会赋予他

---

[16] 参见，比如，*The Bakitara or Banyaro* (Cambridge, 1923); *The Banyankole* (Cambridge, 1923); *The Bagesu and Other Tribes of the Uganda Protectorate* (Cambridge, 1924); 麦基（Mackie）民族志考察报告的所有部分；罗斯科获得了剑桥大学的荣誉硕士学位。

学者的直觉和纪律。贯穿 19 世纪，宣教士就在开拓性的环境中。在 1880 年代和 1890 年代，罗斯科在乌干达经历着那个世纪最早几十年亨利·诺特（Henry Nott）和少数在早期波利尼西亚宣教灾难性的开端中幸存的人所知道的事。他们对这样情况的回应，是他们幸存的关键因素：他们的一些同事不能应对文化的接触所带来的影响，这是他们崩溃的原因。

如我们所见，语言学不是唯一间接地从宣教运动中受惠的一个学术分支，或者是一个宣教士为了有效率地工作而被迫进入的唯一学科。19 世纪伟大的人类学家是扶手椅上的先生，无论他们关于宗教的起源或未来的观念是什么，他们对田野中的宣教士工作缺乏应有的敬意。罗斯科提到，他应当感谢他的朋友和"显赫的老师"弗雷泽教授；[17] 但弗雷泽也同样亏欠像罗斯科一样认真收集可靠信息和对其进行分类的人。值得记住的是，玛拿（*mana*）一词首次进入人类学，是因为美拉尼西亚的宣教士科德林顿（R. H. Codrington）对其意义进行了解释。

## 对学术的认可

宣教士语言学的著作可能是首先得到认可的，认可他们正开启的新的学术分支。1817 年格拉斯哥大学授予罗伯特·马礼逊神学博士学位，接着在 1820 年，他在编撰中文辞典的同事米怜也获此殊荣。实际上，大约二十位 1900 年之前就开始事工的伦敦会宣教士，获得过荣誉博士学位（李文斯顿获得了两个，理雅各得了三个）：一些是从北美的大学，一个（李文斯顿）是从牛津大学，大部分是从苏格兰。62 名苏格兰教会宣教士中，不少于 19 位获得博士学位（达夫和托马斯·史密斯各获得了两个）。当然，许多奖项与宣教士的学术贡献没有太大的关系；并且，在苏格兰教会的这些人中，许多与他们宣教事工也没有太大的关系（在回到苏格兰本地堂区工作之前，许多受指派

---

[17] *The Baganda*, preface.

就任印度各学院教授职位的人都服务了相对短的时间）；一个名单包括了如马礼逊、麦都思、马瑟（Richard C. Mather）、理雅各、马伦斯、艾约瑟、约翰·查麦兹、里斯、贝利、达夫、赫瑟威克、达夫·麦克唐纳、托马斯·史密斯和约翰·威尔逊等人，以及译者中的先驱，像内斯比特（Nesbit）、麦克法兰（McFarlane）和特纳，他们在学术上的成就绝非不足。

更有意思的是，去留意一下宣教士在西方就任的学术岗位所属的领域。那些在19世纪就开始服侍的伦敦会宣教士中，有不少于四位在不列颠的大学中担任汉学教授：伦敦大学学院的撒母耳·基德（Samuel Kidd）（1837年）、牛津的理雅各（1876年）、伦敦国王学院的乔治·欧文（George Owen）（1908年）和同样在伦敦的威廉·霍普金·里斯（William Hopkyn Rees）（1921年）。在这些人当中，只有理雅各受过大学的教育［马克斯·缪勒（Max Müller）曾写信给他说："我怀着极大的兴趣期待你的到来，牛津对学者的向往要胜过其他一切，如果它不是要降级为一所高中的话"。][18] 法科尔像理雅各一样，是阿伯丁大学的毕业生，在1923年成为曼彻斯特比较宗教学的教授；威洛比是一位宣教士人类学家，在1919年成了康涅狄格州哈特福德神学院基金会（Hartford Seminary Foundation）非洲宣教的教授。另外，我注意到的一个例子是关于安德鲁·戴维森（Andrew Davidson）的。他受伦敦会指派，在马达加斯加进行了开拓性的医疗事工（在那里他用马尔加什语写了一本治疗法的著作），他在毛里求斯（Mauritius）接受了一份殖民地服务的任命，后来，他在爱丁堡成了"东方疾病的讲师"；在爱丁堡，他撰写了《地理病理学：传染性和气候性疾病的地理分布研究》（*Geographical Pathology: An Enquiry into the Geographical Distribution of Infective and Climatic Diseases*）（1892年）和《温暖气候中的疾病》（*Diseases of Warm Climates*）（1893年）。

苏格兰教会宣教产生了一位语言学家贝利，他在旁遮普服侍25年后，在1920年成了伦敦东方研究学院印度语和乌尔都语的准教

---

[18] 引用出自 H. E. Legge, *James Legge: Missionary and Scholar* (London, 1905), p. 243.

授（Reader）。除此之外，在爱丁堡新学院有达夫特别的布道神学（Evangelistic Theology）的教席，他曾请求建立该职位，托马斯·史密斯在他之后承接了该教席。麦克里伯斯特教授（Professor Myklebust）解释了这段历史。[19] 唯一另一个，也是两个名单中唯一一个传统神学学科的学术岗位，是1895年威廉·哈斯提在格拉斯哥的神学教席，这不能不归功于他在加尔各答痛苦且不愉快的五年。[20]

## 宣教士和神学

这给我们带来了最后这一点出于好奇的反思。我们研究发现不同群体的宣教士产生了一些重要的学者，有些是一流的，大部分都是有能力并勤奋。他们对新兴学科和研究领域的发展也有着重要的影响。但是，他们中很少着重地写过圣经研究、教义学、或甚至是宗教哲学方面的内容；那些人中很少表现出从他们宣教事工和知识中受过的任何强烈影响。神学在新的文化设定中是一个要被解释和论证的**基准**，它不是在它自身之中就会发展的东西。总体而言，这对整个英国宣教运动似乎是真实的情况。欧洲大陆的学术从宣教运动中所受的影响要更为直接；欧洲大陆的宣教士反思他们的工作，产生了一支神学学术的传统，实际上是他们发明了"宣教学"（"missiology"）。[21] 由亚历山大·达夫（Alexander Duff）所发起的布道神学教席的可悲命运就是一种象征，而这是19世纪所见证的与一位不列颠宣教学家最接近的事。那场不列颠运动产生了学术，但它从来没有被整合进神学学术之中。法科尔将基督教看为是"印度教的王冠"，这种观念有着深厚

---

[19] O. G. Myklebust, *The Study of Missions in Theological Education* 1 (Oslo, 1955), chapt. 4.

[20] 我略去了罗伯特·贾丁（Robert Jardine）的记录；在他宣教服侍之前，他曾经是新不伦瑞克大学（University of New Brunswick）的教授，但是后来他好像没有回到教学的岗位；博学的约翰·莫里森在圣安德鲁斯和爱丁堡短暂地教过学。

[21] 参见 Myklebust, *Study of Missions*.

的神学意义,[22] 但法科尔和他的门徒从印度的角度,而不是基督教的角度来追寻这些意义。已逝的、孤单的阿尔弗雷德·乔治·霍格(Alfred George Hogg)对原本要发生的神学学术的发展仍然拭目以待。

---

[22] E. J. Sharpe, *Not to Destroy but to Fulfil: The Contribution of J.G.N. Farquhar to Protestant Thought in India Before 1914* (Lund, 1965).

# 第15章
# 人文学和宣教运动：
# "最优异教徒之最优思想"[1]

19世纪初期的宣教士——大卫·李文斯顿（David Linvingston）将其形象地描述为"一位胳膊底下夹着一本圣经的矮胖男人"[2]——有着一种相当朴素的特质。他们来自钢铁厂或商店（如果他是英格兰人），或来自小农场、农场、或工厂（如果他是苏格兰人）；这如今是一种常见的现象了。他所受的正规教育并不高，而且如果他是一个圣公会信徒的话，他的社会和教育的成就不足以让他获得按立来参与本国的服侍。几乎同样被接受的是，直到19世纪末，情况发生了改变；不仅宣教士的人数急剧膨胀；而且各个大学和公立学校可以提供一定的名额，无论是为了非洲还是为了古老东方文明的土地。[3] 在一个世

---
[1] 首次发表于 K. Robbins, ed., *Religion and Humanities*, Studies in Church History 17 (Oxford: Blackwell, 1981), pp. 341-53.
[2] 参见 A. F. Walls, "Missionary Vocation and the Ministry: The First Generation," in M. E. Glasswell and E. W. Fasholé-Luke, eds., *New Testament Christianity for Africa and the World: Essays in Honour of Harry Sawyerr* (London, 1974)，重印于本卷第12章；Sarah Potter, "The Social Origins and Recruitment of English Protestant Missionaries in the Nineteenth Century." Ph.D. thesis (University of London, 1974).
[3] 参见 A. F. Walls, "Black Europeans, White Africans: Some Missionary Motives in West Africa," in D. Baker, ed), *Religious Motivation: Biographical and Sociological Problems for the Church Historian* (SCH, 1978), pp. 339-348 （重印于本卷第8章）。

代中，世界福音化几乎要被国际学生团体实现。⁴ 如今，典型的宣教士是一个受过常规教育的人，但那并不意味着引人注目的智识成就，也不意味着足以进入本国的事工。⁵

宣教运动培养了一批重要的学者，一些是一流的，绝大多数都是有能力且勤奋的。一些人发展了新的研究领域，开拓了新的学科，但他们当中很少有人在神学或圣经研究领域做出过任何重要的贡献，而且他们当中甚至更少的人表现出受到他们跨文化经验的明显影响。⁶或许值得考虑的是所有这些趋势与当前世俗学问之间的关系。

印度就是一个明显的起点，因为到 18 世纪末，印度曾一度被吸纳进西方人文学术的传统中，而且这与中国人和高尚的野蛮人成为学术讨论话题的方式相当不同。⁷ 约翰逊博士（Dr. Johnson）形容同时代塔西提岛上理想化的生活图景是为野蛮辩护的哀诉声，⁸ 并且他认为从太平洋的探险中没有什么重要的东西可以学到；⁹ 但是，当瓦伦·哈斯丁（Warren Hastings）推进东方学问的时候，约翰逊相当沉重、几近嫉妒地回复他，就如同回复一位高深学问的庇护主。¹⁰ 当威廉·

---

⁴ 那位美国老将毕尔逊（A. T. Pierson）解释了"不同时代中神的计划"，他对一个学生会议提到世界福音化如今藉着可以实现的多重工具和手段。"你们中没有一个达到二十一岁，但已经基本比亚里士多德和柏拉图活得更长。你们中没有一个获得大学的训练，但所知道的知识已经比一千多年前的伟大哲学家要更多。"(*Make Jesus King: The Report of the International Students Missionary Conference, Liverpool, January 1-5, 1890* [London, 1896]), pp. 25f.

⁵ 参见 World Missionary Conference, 1910, Report of Commission V. "The Training of Teachers" (Edinburgh and New York, 1910), p. 67："明显的是，教会并不保证有充分比例的最优异的智识结果。合格的人和授予荣誉学位的人的比例大概是一半，这大体上与念过大学的人差不多高。"

⁶ 参见 A. F. Walls, "The Nineteenth Century Missionary as Scholar," in N. E. Bloch-Hoell, ed., *Misjonskall og forskerglede. Festskrift till Professor Olav Guttorm Myklebust* (Oslo, 1975), pp. 209-221（重印于本卷第14章）。

⁷ 参见 D. E. Mungello, *Leibniz and Confucianism: The Search for Accord* (Honolulu, 1977).

⁸ Boswell, *Life of Johnson*, sub 1784 (Hill iv, p. 309).

⁹ *Ibid.*, sub 1776 (Hill iii, pp. 49f.); cf. sub 1769 (Hill ii, p. 73) and *Rasselas*, chapt. 2.

¹⁰ *Ibid.*, sub 1781 (Hill iv, pp. 68-70)："我希望，有志之士想要通过引介波斯语来丰富他国家的学问，来精确地知道东方的传统和历史；他会研究它古代的

琼斯爵士（Sir William Jones）出版了他开拓性的梵语经典的翻译时，他其实只是在追求一位士绅学者日常的业余爱好，他致力于吠陀经（Vedas），就像同类的英格兰文人绅士会花精力研究品达（Pindar）或马克罗比乌斯（Marcobius）一样。[11] 自从梵语被视为希腊罗马学问的一条深奥的分支以来，梵语的教席在西方的大学诞生了。[12] 但在印度，梵语有着另外一个实用的目的。因为梵语和波斯语是政府和行政部门的用语。因此，东方语言不仅仅只是一种像琼斯和考布鲁克（Colebrooke）这样有学问的律师们的爱好；像约翰·朔尔爵士（Sir John Shore）以及后来克兰罕姆的廷茅斯勋爵（Claphamite Lord Teignmouth）这样平庸但守本分的人物，也都有些许的储备。[13] 甚至最深奥难懂的也是实用的。举例来说，琼斯是加尔各答高等法院的法官，在很多年时间中他钻研《印度法律制度或摩奴法令》（*Institutes of Hindu Law, or Ordinances of Manu*），希望——它被证明是没有根据的——恢复查士丁尼式的（Justinian）印度法典，由此司法可以通过法典编纂得到改善。[14]（我们可以注意到，没有证据表明，学术的

---

建筑奇迹，追溯城镇废墟中的遗迹；在他归来之时，我们会知道一方族群的艺术和观念，迄今为止，很少东西是源于他们的……对印度大厦的一个文员来讲 [他的朋友约翰·户勒(John Hoole)]，翻译诗作 [塔索(Tasso)和亚里斯多(Aristo)的] 是一件新事；对孟加拉总督来讲，赞助学问是一件新事。"

[11] 在约翰·考特尼（John Courtenay）的诗"约翰逊的道德和文学气质"中出现这几行诗句：

悦耳之琼斯！他在优美的笔调中，

在阿拉格鲜花盛开的原野上，歌唱着卡姆登的竞技，

爱和缪思，装点着阿提克的荣美。

[12] 博斯韦尔（Boswell）和约翰逊决定在那个想象中的理想学院创立东方学（琼斯所教授的），他们将那个学院建立在俱乐部成员的基础上。（*Journal of a Tour to the Hebrides* 25.8.1773; Hill v., p. 108）。

[13] *The Life of Lord Teignmouth by His Son* 有着丰富的例子。参见 P. Woodruff, *The Men Who Ruled India* I, 2d ed. (London, 1963), p. 153: "反常的自命不凡，顽固的中产。朔尔花他闲暇的时间钻研波斯语——甚至没有假装比他过去懒散。"朔尔汇编了琼斯的首本回忆录。(London, 1804).

[14] 参看 A. J. Arberry, *Asiatic Jones: The Life and Influence of Sir William Jones* (London, 1946); P. J. Marshall, *The British Discovery of Hinduism in the Eighteenth Century* (Cambridge, 1970). 在琼斯去世后，考布鲁克打算出版翻译的印度法律纲要，为此，他从税务署被调动到东印度公司的服务部门。参见 T.

人文传统在增强对同时代印度人的理解甚至增强对此的某种期待方面有很多实际的影响。）[15]

有人认为，印度学（Indology）在1830年代遭遇到一种突发性的死亡。[16] 在狭义的层面上讲，如果印度学仅仅被认为是研究梵文文本的话，这样的判断是有某种基础的（尽管有人可以夸大这种死亡的突发性和它复活前的周期）。印度的行政用语从经典的东方语言转变为英语，这使得实用的动机没有了。但这种改变并不意味着所有印度学学问的死亡。早在1830年代很久之前，一种新型的印度专家出现了，他们的兴趣和习得与威廉·琼斯爵士的有很大的不同。

新型的专家就是宣教士。他们当中第一个、也是最伟大的一位是威廉·克里（William Carey），他从事梵文以及大量方言的研究；对大部分的宣教士而言，方言其实是最重要的：市场布道的语言和主要由低种姓的归信者参加的小型聚会所使用的语言。宣教士专家以描述作为基本的方法，由此树立起作为作家的权威：他直接描述他在印度的见闻，利用那些最有可能吸引不列颠读者的最为突出的话题——特别是那些已经对各种奴隶贸易的故事义愤填膺的读者。他们描写了寡妇同焚殉葬、庙妓、狂热崇拜者将他们自己扔在巨大的嘉格纳特（Jagganath）座驾前——所有这些都是由一个基督教国家负责的政府所默许的，不，应该说是积极支持。这种形式的文本所利用的观念、支持者、代理人和方法从根本上讲是废奴运动的。像东印度公司的随团牧师克劳狄·布加南（Claudius Buchanan）这一类的人，扮演了史蒂芬（Stephen）和麦考利（Macaulay）在此前争论中所扮演的角色：整合描述性的材料，以致读者不能避免受其影响。[17] 实际上，布加南

---

E. Colebrooke, *The Life of H.T. Colebrooke* (London, 1873), pp. 71-108.

[15] 参见 Woodruff, p. 383. T. S. P. Spear, *The Nabobs: A Study of the Social Life of the English in Eighteenth Century India*, 2d ed. (London, 1963) 暗示了不同的观点。

[16] H. H. J. Swanson, "The Development of British Indology 1765-1820." Ph.D. thesis (University of Edinburgh, 1979), 以很长的篇幅讨论了琼斯和考布鲁克。

[17] 简·奥斯汀是合宜的晴雨表：虽然她不热衷于福音派文学，但她阅读布加南的书，并被他触动 (Letter to Cassandra Austen, January 24, 1813, in R. W. Chapman, ed., *Jane Austen's Letters*, 2d ed. [London, 1952], p. 292). 或许重要

是新型宣教士出身的东方学术的普及者,而且衡量他成功的标准在于,一直到 1857 年的大叛变(the Mutiny)之后,宣教士所描绘的图景仍然主导了标准的参考著作。[18]

威廉·沃德(William Ward)的《印度人文本、宗教和习俗的记录》(*Account of the Writings, Religion and Manners of the Hindoos*)是宣教士的印度图景中最为博学的一个例子,也是许多西方记述的源泉;它是一个世界,这个世界远离了更早期学者的古典人文主义(Augustan humanism),那群学者是以东印度公司的管理作为他们基础的。就像在英国,奥古斯都式的梦想在印度破灭了。对许多热诚之人、管理者以及宣教士而言,梵语经典的世界似乎远离了印度人每日生活的现实。似乎是为了证明这一点,琼斯关于古代印度法律的杰作并没有被欧洲和印度负责审判的人和受审判的人使用。

有必要强调的是,印度的宣教画面在鲜活的本地语言的知识中被增强;强调这方面是鉴于如此多的注意力都集中到宣教运作的方面,宣教运作最为明显地与英文革命(Anglicist revolution)撞在了一起,并且宣教运作在苏格兰人的学院中兴盛起来,这一点十分显著。[19] 值得记住的是,这些学院是有影响力的,它们基本上针对年轻的婆罗门,所以常常是在少数群体中的实践,而在宣教的圈子中被批评为是浪费资源。从起源上看,这些学院很大程度上是苏格兰教会环境中的必然产物。温和派(Moderate)和福音派在教育宣教方面可以达成协议,而在其他活动方面达成协议是更加困难的。在两方的任何一方当中,很少人会觉得一个印度人的状态和一个高地天主教徒的状态会有很大的不同;有充分的先例表明,通过以圣经为中心的学校作为媒介,可以归化后者并引导他抵达天堂的庭院。达夫是一个福音派人士,被

---

的是,布加南的名字与那位关于奴隶贸易的作者托马斯·克拉克森(Thomas Clarkson)的名字联系在一起。

[18] A. K. Davidson, "The Development and Influence of the British Missionary Movement's Attitudes Towards India, 1786-1830," Ph.D. thesis (University of Aberdeen, 1973), 评价了布加南的影响。

[19] 参看 M. A. Laird, *Missionaries and Education in Bengal 1793-1897* (Oxford, 1972) 针对本地语言和英语教育。

拥有多数温和派的公会委派为宣教士；达夫准确地模仿了这个模型，将年轻的婆罗门所仰慕的西方学问、他们为要进入政府机构服务所需要的英语和以圣经作为参考书目的基督教形而上学，放在了一起。他相信，这一整体构成了一个地雷，总有一天会将印度教的堡垒炸毁；在此之前，它的外垒早已被西方科学思想攻陷了。[20]

有趣的是，达夫的继承者托马斯·史密斯在1860年利物浦宣教大会上感到了处境的艰难。他拒绝接受那种轻易的解决方案，即认为传道和教导是两种不同的传福音模式；他坚称，对一位宣教士而言，真正的焦点是教导**圣经之外的其他事**是否正确。他总结道，这是对宣教士精力一种合宜的使用，只要教师的首要目标是介绍和建立基督教。"我认为，如果教育在其合理的意义上，立志以教导来储备智慧，培养所有的天赋和能力，那么教育就是一种合法的方式来履行基督教宣教士的伟大使命。"至少在异教自身被植根在教育系统中的地方，它一定是合法的，就像在印度，当所有人从小到大相信道德的善与恶之间没有区分，神和被造物之间没有不同，由此就没有了责任。在那个国家，不仅有着学习的渴望，而且还有其他的世俗机构可以提供表面的需要，却从来没有触及真正的需要。[21]

换句话说，逻辑和道德哲学构成了苏格兰文科学位的主干，是对印度一种自然的福音预备。在这种环境中，宣教士自己需要那些装备——不是作为理解印度传统思想的方式，而是作为提供给印度传统思想的替代物的一种方式。人们就可以理解，当达夫看到他的地雷在苏格兰各个教会学院中被新黑格尔式的圣经批判拆除了导火线之后，他所感受到的那种背叛。[22]

---

[20] 达夫在印度度过二十年后谈到了教育理论："我们想到的不仅仅是不同的个体；我们看的是不同的群众……我们不单把我们的视野转向现在，还转向未来的世代……尽管你们间接地将足够多珍贵的个体从群体中分离出来的时候，对普通机制会有顽强的抵抗，但靠着神的祝福，我们奉献我们的时间和精力预备一个地雷，并埋了一连串，那么有一天会这将所有的东西从它最深的地方炸出，将其连根拔起。"(George Smith, *The Life of Alexander Duff* [London, 1881], p. 68).

[21] *Conference on Missions Held in 1860 at Liverpool* (London, 1860), pp. 118-120.

[22] 达夫的女儿描述了他在阿伯丁听了罗伯逊·史密斯（Robertson Smith）课

史密斯在利物浦大会上的听众是有教养的,但很清楚的是,不是所有人都相信高等教育可以作为一种宣教的方式,特别是关于它是否善用了资源的方面。但一位在会议上的听众比哈里·拉尔·辛格(Behari Lal Singh)牧师抱怨道,在印度事工的训练方面,如果苏格兰人的学院要培养具有与印度教徒和穆斯林的宗教领袖同等条件的牧师,他们离精通还很远,还不符合所要求的标准。一位基督教牧师学习梵语或阿拉伯语,应该如同他们学习希伯来语和希腊语一样。辛格回忆起一件往事,那时如果他不知道一点额外的希伯来语,他就可能已经被一个穆斯林的大毛拉(Maulvi)打败了;他的希伯来语知识不是从苏格兰人的宣教学院中学来的,而是从一位改教的犹太人那里学的。[23]

那时候除了苏格兰人之外,相对较少的宣教士所懂的希伯来语会比苏格兰人的学院所教给印度牧师的会更多:因为如我们所看到的,就算再过另一个十年,宣教士依然有可能是一个曾经远离人文教育的人。[24] 但是,在那个世纪,宣教士首先被认为是一位牧师。特殊的宣教运作,如医疗、教育、工业等,可能有平信徒;妇女对某些的宣教任务也起着关键的作用;但**典型的**宣教士常常就是一位牧师,他可能会有一个海外宣教站。宣教士学院,无论是非正式的(像伦敦会早期的安排)还是正式的(像在伊斯林顿的教会宣教学院),并没有认识到宣教士的特殊之处;它们只不过是提供人文和神学教育的地方,他们所学到的更接近于在本国事工中会获得的东西。举例来说,海外传道会的亨利·魏恩说过,如果一个人可以从大学和常规的神职人员中吸纳足够多的宣教士,那么就不需要培训学院了。[25] 换句话说,伊斯

---

程之后的忧虑。"他曾经不得不去读各色各样怀疑论的书籍,因为没有一本否定类型的书籍会找不到通往加尔各答的路,或没有一个欧洲大陆怀疑学派提出的论证不会马上在印度人的口中传讲。但是**它们是在教会之外**,并且他总是将这以下两种情况看得十分不同,一是从午夜的黑暗中走出来——当不同的个体正在摸索着他们的道路的时候……另一个是从正午福音之光的光芒进入到恶意的属世之理性的追问的有意翻转。"(Smith, *Duff*, pp. 450f.)

[23] *Conference at Liverpool*, p. 216.

[24] Ibid., p. 264. "更大比例的宣教士已经从中产的较低阶层中选拔出来,以及从稍低一些的阶层。"

[25] Letter to F. Monod, February 5, 1855, quoted in W. Knight, *Memoir of the Rev. H.*

林顿学院所提供的任何宣教士的特殊训练是偶然的，也是某种意外；它的主要功能是给来自下层中产阶级的人提供足够的语言、文学、神学、礼仪的教育，以符合作为神职人员的要求。

反之，要装备一个念过大学的人成为宣教士，只需要额外的一点学习。人文教育的基本储备会是基础，在此基础上，素质好的人（越来越多的差会强调宣教地所要求的智识的和灵性的素质）会懂得应对其他宗教传统或是复杂的、新的牧养情况所提出来的问题。1880年代和 1890 年代，随着宣教热情的浪潮在大学中涌开来，巨大的压力被摆在宣教和宣教文献的研究上，[26] 但是它被假定为非正式、私人的研究。灵性是运动基础，特别强调将最好的带给基督，许多人说，宣教地需要最优秀的人；[27] 但是，当这样说话的人谈到"理智上最优秀的人"的时候，他们似乎只是表达具有良好标准的通识教育。在

---

Venn: *The Missionary Secretariat of Henry Venn* (London, 1880), p. 247. 关于在这个时期宣教士的培训，参看 C. P. Williams "The Recruitment and Training of Overseas Missionaries in England between 1850 and 1900." M.Litt. thesis (University of Bristol, 1976).

[26] 志愿运动的美国一翼特别强调这一点；耶鲁的哈兰·比奇（Harlan P. Beach）在 1896 年的会议上给了特别解释性的谈话。(*Make Jesus King*, pp. 135-144). 那次会议的组织者宣称正要献出"集结到一起的至今最完整的宣教文献"，而且为宣教图书馆提供了不同的参考文献，定价分别为 1 美金、3 美金、5 美金、10 美金、20 美金。(*ibid.*, pp. 276f) 1900 年的伦敦会议进一步谈论了相关主题，由 J. H. Bernard and George Robson, editor of the United Presbyterian *Missionary Record: Students and the Missionary Problem. Addresses Delivered at the International Student Missionary Conference, London, January 2-6, 1900* (London, 1900), pp. 230-245, 并且提供了从 5 美金到 63 美金价格不等的藏书 (*SMP*, p. 547)。会议报告包含了一份 14 页近期出版的宣教士的书籍目录 (*SMP*, pp. 549-562).

[27] "很久以前，据说，如果一个人不足以胜任本国的事工，他就会被送到国外去做一名宣教士。感谢神……如今问题再也不是'他是否够好能留在本国？'，而是'他是否够好到国外去？'没有人因为太好而不能送到宣教地，很少人是够好的。" (F. Gillison, *Make Jesus King*, p. 34). "一个大学或学院中一半优秀的课程不是通过学习获得的，而是使他成为学生的东西，在宣教地在最底下的人当中工作，通常需要有最好装备的人……不要觉得花一辈子在被抛弃的神的子女中，会是舍弃你的天赋。耶稣基督舍弃了祂自己，但是那结果是什么？"(Georgina Gollock, *ibid.*, pp. 95f).

1896 年学生志愿宣教联合会（Student Volunteer Missionary Union）的大会上，有一篇文章是关于志愿者的理智预备。这篇文章被委托给一位医疗宣教士。伦敦会的纪立生医生（Dr. Thomas Gillison）相信，神已经通过他十三年在中国的服侍将一个信息放在他的心上：对宣教士候选人而言，迫切需要的是能够获得完整的医疗培训，即便这意味着需要再延迟三年才到宣教地去。[28] 比照之，他的理由被视为同样可以应用在其他学科的预备上，但后来会议上的发言人抓住机会说，他们没有接受完整的医疗培训也完成了任务。[29] 尽管纪立生十分坚持预备成为宣教士的人需要接受智识（以及体格）[30] 训练，但他谈到具体的智识追求方面时，至少可以说是，比较克制的……

> 学习历史，学习科学，若是你愿意学习神学，……但是，朋友们，不要让学习科学超过学习你的圣经。当一位牧师或宣教士应当学习他的圣经，却献上自己的时间去收集蝴蝶，或继续地理的勘探，这是让人伤心的场景。[31]

圣经，和人——对纪立生来讲，这些是作为宣教士的人应当学习的。所有其他的主题，任何其他的主题，都是有用的辅助工具，但仅仅是因为这些主题传授了**方法**，并且方法对一个繁忙的宣教士来说是**必要条件**。[32]

---

[28] *Make Jesus King*, pp. 33-37. 纪立生，爱丁堡大学医学博士，从 1883 年到 1918 年在杭州负责一所医院。（参看 J. Sibree, *London Missionary Society: A Register of Missionaries, Deputations etc. from 1796 to 1923* [London, 4 cd, 1923], No. 801).

[29] 参看 Egerton R. Young, *Make Jesus King*, p. 51; and, more guardedly, C. F. Harford-Battersby, *ibid.*, p. 236.

[30] "神将我们的身体赐给我们去照管，一个正在得罪神的人会认为去照顾他身体的健康是不重要的。那个人忽视去训练他的智识，将神交付给他照管的十种天赋中的五种舍弃了。" (*ibid.*, p. 34).

[31] *Ibid.*, p. 35.

[32] "对一个要去宣教地的人来讲，没有什么比他学习如何有条不紊更加重要的了。他会发现不同的责任压在他身上，如果他不知道先做什么，他会发现

在大会上，针对教授和指导教师，有一个特殊的两小时会议。据报告，这次会议"洋溢着超过其他环节的、强烈却安静的热情，这样的热情是整个大会的特征。"教师的会议似乎并不是关于候选人知识的预备；报告说，所有的讲话都聚焦在一个问题上，即"学生的灵性生活和工作如何可以最好地得到推动，以避免那种挫败其自身目标的干预？"——一种发展可见于学生委员会对祷告的回应。[33]

纪立生曾说："**若是你愿意**，学习神学。"一些人却看到，神学研究对热情的宣教志愿者来讲有着特别的危险。高登（A. J. Gordon）如此说道："我不知道学习希伯来语或神学比学习数学会来得更加神圣。"他是一位宣教支持者们极其尊敬的人。"我更进一步并证实教会历史正在不断证明的事，即对基督徒个人的生命来讲，追求这些学问而没有谦卑和敬虔地依靠神，是绝对有损的。"正在摧毁基督新教根基的，不是那些才华横溢和受教养的怀疑论者和不可知论者，而是那些守着神学教席的人。[34]

1900年的一月，在学生志愿宣教联合会的伦敦会议上，一个不同的音符被奏响了。组织这次会议的学生委员会，不仅将关于宣教士思想准备的另一场演讲，[35]而且还将题为"宣教工场对思想家的需求"的整个环节囊括其中。这一环节的讲话者是浸信会著名的约翰·克里福德（John Clifford），他将传福音的热情与自由的神学观点以及一种政治上直率的自由主义结合在了一起；另一个讲话的人布里斯托的格洛弗（R. H. Glover），他是福音派腹地的一位浸信会基督徒。克

---

落下很多东西没有做。"(idem).

[33] *Make Jesus King*, p. 264.

[34] A. J. Gordon, *The Holy Spirit in Missions* (London, 1893), pp. 201f. 高登不同意沙勿略的神学或方法，但称赞他所说的这番话："常常会让我想到的是，遍访欧洲的所有的大学，到所有学识比他们的善行更大的人，像一个疯子在那里哭喊，'啊，因着你的错谬，有多少的灵魂被挡在了天堂之外。'"(*Ibid*., p. 39). 学生志愿宣教联合会的组织者曾经希望，高登可以在1896年的会议上讲话，但是他在它举办之前就去世了。(*Make Jesus King*, p. 5).

[35] *SMP*, pp. 173-180. 演讲是瑞德利学院的校长德鲁里（T. W. Drury）做的，他曾经是海外传道会伊斯林顿学院的校长。(E. Stock, *History of the Church Missionary Society* [London, 1899], 111, p. 262).

里福德在开始时，对比了两位刚刚过世的伟大的福音布道家。慕迪（D. L. Moody）是才智过人，但不是一般意义上的思想家；而亨利·德拉蒙德（Henry Drummond）的宣教理论将影响思考者的理智条件考虑在内。宣教地需要德拉蒙德，也需要慕迪：

> 我们需要学生——那些人对待宗教的事实，就像理查德·欧文（Richard Owen）在化石中，就像约瑟夫·胡克爵士（Sir Joseph Hooker）在植物中一样；学科学的学生，严谨、认真、细心，厌恶不精确如同他们讨厌谎言一样，投身于真理如同投身于神一样；他们的审查严格，他们的推理没有瑕疵……通过反复的实验和观察的积累，消除了错误的可能性，并且用关于生命的真实的知识，来装备教会和它们的工人，没有这样的知识，精力会被浪费，错误会发生，工作会遭破坏。（*SMP*, P212）

在这里，宣教地的思想家主要是科学的观察者，收集事实；但他一定不是一个书呆子，也不会对古代东方令人叹服的文本和今日东方民间宗教之间教导的区别熟视无睹。再者，他必须是一位保罗式的哲学家，可以重新解释我们共有之人性所被隐藏的共性，因此可以打开将东方和西方思想分离的紧闭大门；他应该是一位建筑大师，能够处理在宣教地产生的、复杂的社会生活和发展的问题。（*SMP*, p. 214）

最后一方面是格洛弗发展的：像一夫多妻制和祖先仪式的事情，不是可以用一个微笑或一个文本被简单解决的问题，也不是藉着他所讲"伦敦东区人"的（比如，受文化束缚的）方法。并且，向非基督教族群表达尊重，以及向在非基督教族群的宗教和文化中已经存在的、他所称的"圣殿建筑材料"的发现表达尊重，彻底的思想准备是有必要的。（*SMP*, p. 266）

一个人如何达成必要的思想准备呢？格洛弗说，通过研究最优异教徒之最优思想（*SMP*, p. 229）。哲学中最伟大的名字仍然是柏拉图——一位异教徒的名字；研究柏拉图、索福克勒斯（Sophocles）

和欧里庇得斯（Euripides）（以翻译呈现的，因为格洛弗并没有明显高估他的听众在古语言方面的能力）要去效仿的道路，这是通过志愿之士对神的奉献（*SMP*, p. 222, 229）。阅读孔子也是最好的预备。英格兰人没有很好的形而上学家，因此和中国人讨论之前需要充分的练习。佛陀"在很多方面是最伟大的道德哲学家，"他"微妙而又有力地追踪行动对品格的影响……以及品格对命运自主的影响"（*SMP*, p. 222）。

最后，为宣教地预备的最好方式是充分利用绅士的教育。特别关系到神学教育，都柏林三一学院的伯纳德牧师（Rev. J. H. Bernard）后来谈了关于"提升宣教士教育的需要"，承认神职人员没有将世界福音化的责任放在它应有的位置上。而只有更好的牧职教育才可以解决这一点；但这所代表的不是神学课程大纲的扩充。"将过去几百年的宣教历史放进我们神学院和神学研究院的官方项目中，在时间上是不可行的。"<sup>36</sup> 针对少数的宣教士候选人，他没有设想什么特殊的学术储备——这些特殊的心灵显然是不可能成为德国人的样子。<sup>37</sup> 其次，所有圣职候选人，无论是其意愿在于本国事工还是海外事工，应当被鼓励自愿参与到古代和现代的宣教研究中，特别去参考古代的方面。（伯纳德自己终究是一个扎实的教父学学者。）最重要的是让他们获得牢固的神学技能。以弗所以及迦克墩公会议与穆斯林的争议高度相关，并且，十分让人好奇的是

> 如今东方的思想和亚他那修（Athanasius）那时候的思想几乎是一样的；而且，如果我们觉得，至少在印度和非洲，我们可以逃离基督徒当时所不得不面对的困难，这显然是不明智的。（*SMP*, p.237）

---

[36] *SMP*, p. 231. "你们不能在两年或三年内教给一个年轻的教士**所有东西**，这比教给一位医生或律师的还多。"

[37] 特别是，他想到阿拉伯语的研究，还有古兰经评述版的出版，这个版本"可以指出它的愚昧的所来何处……在这一大群学生中，或许有**一个**——或许是从我们的族群中，或许是从德国，那学者的保育室来——**一个**可以扛起这一个急待解决的任务，难道这样的想法是不合理的吗？"（*SMP*, p. 230）.

## 第 15 章 人文学和宣教运动："最优异教徒之最优思想"    259

直到 1910 年的爱丁堡世界宣教大会，各个差会明显对在神学课程中缺少针对性的宣教素材感到不满（*WMC* V, 39）。然而，典型的宣教士仍然是一位牧师。[38]（处理宣教士的预备问题的会议委员会对一个事实感到有些困惑，就是当被按立的宣教士没有他们平信徒的同事所拥有的专业能力的时候，经按立的宣教士却不得不来监督不同的教育机构。[39]）许多人仍然希望，宣教士的候选人和本国牧职的候选人应该放在一起受训，而且"对所有学生来讲，对宣教主题有一种更完善的处理会进一步丰富神学课程，甚至这会涉及到某些传统课程大纲的调整。"[40] 宣教士必须拥有他自己的国家和教会可以给他的最好教育；无论在哪个地方，它必须包括一种大学的教育，包含语言、历史、道德科学和哲学的学习。[41] 当委员会具体考虑合适的学科时，他们首先给予圣经最优先的位置，然后是自然科学，然后是哲学，然后是基础医学和卫生学（*WMC* V, 109-114）。

哲学受到了特别的强调。"一个在印度最重要的宣教士"描述到，哲学训练对一位宣教士来讲比神学训练更有价值。哲学能够使神学的学习事半功倍，减少在宣教地具有反作用的教条主义，哲学能够使地宣教士的观点被更好地理解，无论是对手的还是信徒的。（*WMC* V, 111f.）。

> 其他专家已经陈述道，理想的训练是牛津人文学科学院提供的，因为它在发展学生广泛和有深度的鉴赏力方面是最好的；在那个学院获得荣誉学位的人，为了能够适合在宣教地工作，只要求额外的一点严格意义上的神学就可以了。（*WMC* V, 118）

---

[38] "在绝大多数差会中，就像在它们所代表的宗派中，被按立的宣教士会并且将会被认为是在整个运动中代表的人物和最有能力的因素。"（*WMC* V, 115f.）.

[39] 参见 *WMC* V, 42f.

[40] *WMC* V, 80; cf. 122f., recommendations 3 and 4.

[41] *WMC* V, 122, recommendation 2. 但属于少数派的报告，经由 Father Kelly of Kelham, 240-245.

归根结底，宣教工场就和公务体系（Civil Service）一样：在任何事物上都有最好预备的是牛津的优等生。那些无法如此预备的人一定可以做到力所能及之事。神学成了留给神学家的工作，神学家就像是教会部队中的皇家骑兵团。

# 第16章
# 19世纪医疗宣教士的在地重要性：
# "宣教大军的重型火炮"[1]

医疗宣教历史是医疗职业历史的附带现象。一方面，医疗宣教可以被看作宣教运动后期的一个发展，同时贯穿整个19世纪医疗宣教需要解释和辩护；另一方面，它们可以被视为从运动最早的日子里就在场了。毕竟，当威廉·克里在1793年起航驶向印度的时候，他唯一的同事是一位医务人员。[2] 1796年，伦敦会差派去太平洋地区的第一支队伍就特别地包括了一位"外科医生"。[3] 事实上，历代的宣教士进行着某种形式的药盒事工，慎重地发药水，除去五花八门的赘疣，并进行着反复的试验。[卡拉巴尔（Calabar）的霍普·沃德尔（Hope Waddell）牧师观察道，"我们很快发现了甘汞对非洲热是不适用的，因为它在我们身上没有什么效果。"][4] 像大卫·李文斯顿一样，一些人学习医学，是作为他们宣教培训的一部分，但并没有因为

---

[1] 首次发表于 W. J. Sheils, ed., *The Church and Healing*, Studies in Church History 19 (Oxford: Blackwell, 1982), pp. 287-97.

[2] 约翰·托马斯（John Thomas）（1757-1801），浸信会宣教的莽汉，曾经在威斯敏斯特医院学习过，并且是一名海军外科医生，也是一名私人诊所的外科医生兼药剂师。参看 C. B. Lewis, *The Life of John Thomas, Surgeon of the Earl of Oxford East Indiaman, and First Baptist Missionary to Bengal*, (London, 1873).

[3] 约翰·吉勒姆（John Gilham）（1774-？），外科医生，在名单中是第13号，见于 J. Sibree, *London Missionary Society: A Register of Missionaries, Deputations, etc. from 1796 to 1823*, 4th ed. (London, 923).

[4] Hope Masterton Waddell, *Twenty-nine Years in the West Indies and Central Africa* London, 1863), p. 452.

如此就成为任何一种特殊类型的宣教士，或是因为如此普通宣教士不像所期待中的福音事奉者而因此稍有逊色。这与一战时普遍发展起来的医疗宣教是不同的，这种不同的产生是由于医疗专业的发展，而非宣教思想的发展。比起 1830 年的时候所想象的，1914 年那种专业在医治疾病和提升健康的方面变得超乎寻常的高效；在西方社会，它已经成为一种垄断性的制度。索伊尔（Mr. Sawyer）先生和艾伦先生（Mr. Allen）[5] 一跃成为芬莱医生（Dr. Finlay）[6]，这样的结果就反映在那句格言里：在没有一张证书授权他这么做时，一个人就无权处理有关药水和赘疣的事情。当专业的医疗宣教士在 19 世纪中叶开始引起人们注意的时候，他在一位圣职人员的弟兄旁作一位卑微的平信徒助手；而到了那个世纪末，各个差会开始负责大学的整个医学系，并教导医院去服务整个中华帝国。从英国宣教看来，在 1850 年，英国医学总会（General Medical Council）被赋予了各种权力，使得这种发展实际上成为不可避免的事情。

宽泛一点说，经由它们辩护者[7]游说的医疗宣教理由，可以在以下四个主题得到理解，并且尽管随着时间推移，着重点无疑不断变化，但从医疗宣教最初开始，我们就发现了所有四种类型的动机。有着为了宣教而被催促去仿效或顺服的理由；耶稣"到处奔波，行善事"，以及主命令去"医治有病的人"，这样的文本反复被引用。有着人道

---

[5] 译注：索伊尔先生和艾伦医生是狄更斯（Charles Dickens）的小说《匹克威克外传》（*The Pickwick Papers*）中的人物，他们是医学生；该小说出版于 1836 年。

[6] 译注：芬莱医生是克朗宁（Archibald Joseph Cronin）的小说《乡村医生》（*Country Doctor*）中的人物，他是一位医生；该小说写于 1930 年代。

[7] 可能最重要的单篇辩护文是 John Lowe, *Medical Missions: Their Place and Power* (Edinburgh, 1886, many later editions). 约翰·罗威（1835-1892），从 1861 年到 1868 年在印度南部的内伊伊尤尔为伦敦会服侍（他在 Sibree 的 *Register* 中是第 569 号）. 像他的前辈里奇（C. C. Leitch），他既获得了行医资格，也被按立过。他在建立内伊伊尤尔医院时贡献很多。从 1871 年到他去世，他是爱丁堡医疗差会的秘书长，爱丁堡医疗差会为医疗宣教候选人的研究提供了背景、实际训练和资金的帮助，许多差会从他们那里招募了医疗宣教士。罗威的书有一位印度的政府官员威廉·缪尔爵士所写的推荐序言，序言提示到，这位严肃的官员相信罗威可能高估了对医疗宣教的**总体**需求。

或慈善的理由，对没有必要之苦难的必要回应；实用的理由，将医疗储备与宣教死亡率以及效率联系到了一起；战略的理由，这是因为在其他形式的宣教无人问津之时，医疗宣教有其可接受性。

有趣的是，在那个世纪最后的二十年里，人道动机在宣教士招募的膨胀期是最为明显的。人道动机成了支持者们的源动力，他们因着不计其数的异教徒年复一年地与基督隔绝而被触动。美国乔治·道康特（George D. Dowkontt）写的一本小书发行广泛，恰恰是同样的机构出版了《基督徒》（*The Christian*）和开西运动的文献。[8] 这本书题为《谋杀百万人》（*Murdered Millions*），他指出，因冷漠所犯的谋杀要比蓄意谋杀更坏，因此，如果基督徒通过医疗宣教的手段无法降低世界的死亡率，那么他们会为大规模的谋杀而有罪疚感。道康特说，异教徒的现状是如此值得同情，此时为他们永恒的未来去着想，其意义甚小；我们应当反思一下一些人所做的事，他们将福音和医药占为所有，而不给有需要的人。[9]

1860年，在利物浦宣教大会（Liverpool Conference on Missions）的"第一场宣教士社交晚会"上，皇家外科医学院会员雒魏林（William Lockhart），作为第一位名副其实的伦敦会差派的医疗宣教士，对那由衷的鼓励做了回应（因为他自己是一个利物浦人），谈及医疗宣教：

> 它们在开始时是由英格兰和美洲的不同差会发起的，为了效仿主"到处奔波，行善事"、"医治百姓各样的疾病"。因此，所从事的实验是差派外科医生赶往不同异教的土地，通过医治他们的软弱，尽全力赢得百姓的情感和信心；这时，他们的心思意念得以转向"伟大的医治者"，主要医治他们更深的罪之痼疾。[10]

---

[8] G. D. Dowkontt, *Murdered Millions* (London, 1894). 美国的版本要更早。道康特，医学博士，从1881年起担任国际医疗差会（International Medical Missionary Society）的秘书长。

[9] *Ibid.*, p. 20.

[10] *Conference on Missions Held in 1860 at Liverpool...edited by the Secretaries to*

像许许多多其他的护教家一样,雒魏林强调的是医疗宣教的战略动机——医疗宣教是开启道路的手段。一再被强调的是,这不是他们首要的动机,他们不需要因此而称义;但事实是,从历史上看,这一个动机可能是最具决定性的,至少从决定什么时候开始以及在哪里开始医疗宣教的角度来看。雒魏林自己曾是华北第一名新教宣教士;只有当他开放他的房子开展免费医疗之后,他才能够开始传达他的来意。在利物浦大会的时候,海外传道会发现克什米尔是难以触及的地方。1862 年,拉合尔宣教会议(Lahore Missionary Conference)将克什米尔交给了亨利·魏恩,他对这个问题,即一位医务人员可以提供所需要的开始,保持谨慎的态度,如果不说他对此怀疑的话;最终,海外传道会还是迈出了不同寻常的一步,任命了一位从苏格兰独立教会来的医生。[11] 年轻的埃尔姆斯利医生(Dr. Elmslie)[12] 发现,如果他被看到提供了有效的医疗服务,他就可以做公开的祷告,他的传道人就可以每日给病人、他们的亲属和不同的受病毒感染的人讲道——实际上在这个地方,传福音的宣教士曾经被抵制。不久之后,一位当地的酋长愿意以同等的条件支付给他自己的一个医生,就像他在英属印度地区工作一样,并且对他所做的其他事没有任何附加的条件;旁遮普医疗差会恳求爱丁堡医疗差会为他们找到这样的一个医生。[13] 在一次学生志愿宣教协会的会议上,一位热情的演讲者说,医疗宣教士是"宣教大军的重型火炮。"[14]

---

the Conference (London, 1860), p. 100. 雒魏林 (1811-1896) 在 Sibree 的 *Register* 中是第 384 号。他所写的一本书题名为 *The Medical Missionary in China* (1864).

[11] CMS Archives GAC 1/16 49-50 Venn to Balfour, November 27, 1863, April 7, 1864, June 1, 1864. Cf. CMS CI 1/26, 356, Venn to Sir D. F. McLeod KCSI::"我们医疗宣教士过去的经验一致地是不愉快的。我沉浸在一种希望中,就是我们可以有更大的成功。"

[12] 关于威廉·埃尔姆斯利(William J. Elmslie)(1832-1872)参看 Anon. [John Lowe], *Medical Missions as Illustrated By Some Letters and Notices of the Late Dr. Elmslie* (Edinburgh, 1874) and *Church Missionary Society Register of Missionaries and Native Clergy from 1804 to 1904* (London, 1905), No. 657.

[13] CMS Archives GAC 1/16, Letter of November 7, 1866.

[14] Herbert Lankester, M.D., *SMP*, p. 494.

最重要的是，医疗宣教就像重型火炮一样被使用了：在回应较少的地区，在伊斯兰社会，尤其是在中国。举例来说，从雒魏林 1838 年的委派到第一次世界大战爆发，伦敦会差派了大约 80 名医疗宣教士和 27 名护士。在这期间，所有的 987 名宣教士中有 107 名是医疗宣教士，这个比例不小。在医生当中，只有 8 名在伦敦会的中非宣教地服侍，其他 6 名在马达加斯加；伦敦会提到在马达加斯加对他们的宣讲有着明显的回应；在太平洋地区，该差会最古老的宣教地，有健全的教会和最多的基督徒人数，但只有两名医生。然而，有 20 名在印度服侍，不少于 48 名在中国服侍。[15] 一位在波斯的海外传道会的女医生向学生志愿者们哭喊，"在这一整片土地上，只有 8 名符合资格的医疗宣教士。"[16] 波斯绝非反应积极之地。肯定还有更庞大且回应更积极的人群，他们的医生要少得多。

这导致了这样一种言论，即设立医疗宣教的所有动机都为越来越多的投入提供了论据。致力提供一位医生，意味着要求越来越多的医生投入其中，或者如果医生生病或请假，那里的宣教可能会土崩瓦解。[17] 即便如此，大量的工作还是加在他们身上，这令工作条件产生了不可承受的压力。五名在中国的浸信会差会的医生，大部分都是年轻人，在六年内都因疾病或过劳而死在自己的岗位上。[18] 这样的结果是，需要越来越多的医生来代替伤亡的医生，或者来提供救济——更不要说那些需要跟进的新的、迫切的机会了。

它不单单只是医生的问题。不仅给担任牧职的宣教士提供一些医学培训的想法逐渐淡薄了，就像医生的主要功能是维持宣教同工的健

---

[15] 计算是基于 Sibree's *Register*. 鉴于有几位不只在一个宣教地服侍，不同宣教地的总数合计超过 80 名。

[16] 艾美琳·斯图尔特（Emmeline M. Stuart），曾经是学生志愿宣教联合会的随团秘书，将这个请求从伊斯法罕送来。(*SMP*, pp. 512f.).

[17] 参见 R. Fletcher Moorshead, "Heal the Sick," *The Story of the Medical Mission Auxiliary of the Baptist Missionary Society* (London, 1929), p. 50, 记录了一间印度医院在应对传染病时失去了唯一的一名医生。

[18] 詹金斯（H. S. Jenkins）和 罗伯逊（C. F. Robertson）死于 1913 年，约翰·路易斯（John Lewis）死于 1916 年，托马斯·斯科利（Thomas Scollay）死于 1918 年，以及 爱德华兹（G. K. Edwards）死于 1919 年。

康，这样的观点也一样淡薄了；[19] 而且，有人说差派医生而没有医院，这使得对医疗人员的使用没有效率。然而，在雒魏林和埃尔姆斯利的时候，一家医院在医生的房子里就可以设立起来；一个世代之后，一所医院意味着不同的建筑、设备、合格的医护人员、本地职工的训练机构——当然针对的是辅助人员，可能是护士，有时候是医生。[20] 随着标准的设立，医学知识的增长，更换陈旧的建筑[21]，以及增加新的、相对昂贵的设备的要求也增加了，这些情况在本国进步的医院中当然是理所当然的，年轻的——他们通常是年轻的——宣教医生正是在这种新的条件下得到训练以及获得经验的。回到1860年代，埃尔姆斯利正在偏远的克什米尔宣教中使用麻醉技术；感谢神，他在那之前参加了辛普森（J. Y. Simpson）在爱丁堡教授的课程。但时代变了，他属灵的继任者们呼吁他们的支持机构给他们X光的设备。

主张医疗宣教士也就是主张要有最高的质量。弗莱彻·摩尔黑德（Fletcher Moorshead）长期担任浸信会医疗宣教士辅助机构（Baptist Medical Missionary Auxiliary）秘书一职，他指出战后医疗宣教士所要达到的基本的正式资质有着相当高的平均水平，同时指出他们对知识增长所做出的贡献，而且这种传统颇有份量。[22] 甚至在志愿宣教最

---

[19] 浸信宣教会（Baptist Missionary Society）原本将刚果宣教中的医疗功能视为对宣教士的医疗照顾，无偿帮助"任何附近生病或寻求帮助的欧洲人或本地人"(Moorshead, p. 28)。有许多同时代的证据表明，在非洲一些地区宣教受挫，是因为没有专业的医疗建议。参见，例如 *The Catholic Church and Zimbabwe*, ed. A. J. Dachs and W. F. Rea (Gwelo, Zimbabwe, 1979), chapt. 1 和 M. Gelfand, *Gubulawayo and Beyond: Letters and Journals of the Early Jesuit Missionaries to Zambesia 1879-1887* (London, 1968); *passim*。浸信会在扎伊尔宣教的头十年付出了惨重的生命和健康的代价。

[20] 早在1866年，埃尔姆斯利在海外传道会阿密萨的一次会议上宣读了一篇文章，提议在旁遮普应该有等同于爱丁堡医疗宣教会一样的机构，来帮助组建本地的基督徒医生（Lowe, *Elmslie*, 79）。少数"本国"基督徒被正式认可医疗宣教士，它的重要性需要有单独的研究。

[21] "旧有医院的设备没有效率，并且有着结构性缺陷，就像我们主的比喻中所讲旧皮袋。"（Moorshead, p. 129，一战后的浸信会医院）实际上，本国委员会中来的代表们带回了骇人的记录和寻求恢复的紧急建议。

[22] R. Fletcher Moorshead, *The Way of the Doctor: A Study in Medical Missions* (London, n.d., ca. 1926), pp. 181ff.

活跃的时期,医学生被要求完成所有的课程,并且如果有可能的话,去获得适当的研究生经历。毕竟,"他将不得不成为全科医生、顾问外科医生、眼科医生、耳科医生、牙医以及其他所有。"[23] 但长时间的医学培训是昂贵的。道康特感叹道,优秀的志愿者没有由于异教世界的缘故而获得医学训练,然而许多神学院却免费教授神学。[24]

在学生志愿宣教协会大会上,一位演讲者是杭州著名的梅藤更(Duncan Main)。梅藤更清楚地意识到他工作的人道动机;他回想到,当他是一名学生的时候,他会赠送一本福音册子给爱丁堡的一个贫民窟,他收到的回答是"很遗憾,我不能吃它。"但是他的说明很明显强调的是战略动机,为了展示如何将人带向基督。"通过对人的身体做工,得到他们的灵魂,那是所有医院实践的目标和方向"(*SMP*,501 页)。

逐渐变得明显的是,医疗宣教的战略方面,归根究底是福音性的,需要在医疗技术上的投入。游走行医或门诊服务的工作在医学上或传福音上都不够有效。

> 举例来说,一个人腿残了,他为此受了很多苦。你走进去问他:"你未来生命的希望是什么呢?"他回答说:"这样的痛楚将会如何呢?"带这个人进入一个小房间,治好他的腿,把他放在舒适的床上,离他而去。一个半钟头后回去,他会说,"你刚刚讲的未来生命是什

---

[23] Lankester, *SMP*, pp. 49ff. 在中国的伦敦会托马斯·纪立生(Thomas Gillison)博士在 1896 年利物浦会议给出了相似的建议。(*Make Jesus King*, pp. 33-37)。在 1891 年克利夫兰的学生志愿大学上,其中的一个主题是"立即起航:优势,及其如何保证"。尽管如此,道康特谈了医疗事工,他回答了一个问题,即一个人是否应该参加全时间的课程还是参加短期课程,"我会说,除非你上了全时间的医疗课程,要不然你不要出去。除非你有一个学位,不要让人叫你医生,不要胆敢挂着头衔"(*Report of the First International Convention of the Student Volunteer Movement for Foreign Missions*, 1891, p. 91; reprinted Pasadena, Calif., 1979)。关于全时间的训练方面,有一些相反的建议的例子,最为明显的就是中国内地会的策略。

[24] Dowkontt, *Murdered Millions*, p. 20.

么呢？"[25]

另一位在中国的宣教士对越来越多病人家属反对使用麻醉而感到困惑，他发现这是因为很多接受麻醉的病人开始与教会产生了联系。[26] 换句话说，手术的认真程度或住院时间的长短和对治疗的宗教回应之间有着直接的关系。梅藤更很清楚其中的意思。

> *每一位医疗宣教士被差派出去，他们一通过语言考试，就应该有经费建立一家医院。他不仅应该获得完全的资质，而且应该拥有完善的设备。*（SMP, 501-502页）

委员会的会计坐在他的听众当中，一定有些不安。残酷的事实是，医疗宣教非常昂贵，特别是是否医疗宣教所配备的设备会像医疗人员所要求的那样是至关重要的。从医院变成教学医院是一个很自然的步骤，后来（在中国）成了常规的基督教医学科系，这些科系拥有医学和科学方面的教授、药剂师，以及其他通过差会所提供的必要条件。[27] 宣教可以留给一个国家什么样更好的遗产，给新的教会什么样更好的礼物，什么样更确切地供应他们工作的方式是需要继续的呢？然而，在医疗标准持续提升的压力下，甚至简单得多的医院在资源上也会有很大的压力。相对于在西方，资金流动得更广，也会更有效地得到利用，这种情况或许真实的；但募集资金需要大量的努力，而且医疗宣教辅助机构独立的募捐与总体上宣教的奉献有着相互竞争的危险。伦敦会在马达加斯加的医疗宣教有一个成功的开始，但它的保障依赖单一的捐赠人。当捐赠人改变他的想法，宣教就瓦解了，于是宣教医

---

[25] Ibid. 关于梅藤更（David Duncan Main）(1856-1934)，就像埃尔姆斯利医院，是一位苏格兰人，他参与了海外传道会的服侍。参看 K. de Gruchè, *Dr. D. Duncan Main of Hangchow, Who Is Known in China as Dr. Apricot of Heaven Below* (London, n.d., ca. 1926) 和 A. Gammie, *Duncan Main of Hangchow* (London, n.d., ca. 1934).

[26] Moorshead, "*Heal the Sick*," p. 94.

[27] 伦敦会战后的任命，例如，包括了一名生理化学副教授和北京协和医学院的两名药剂师 (Sibree, Nos. 1388, 1428, 1429).

生就离开了，他在毛里求斯成了政府外科医生。[28] 许多人建议医疗宣教可以是自给自足的。道康特提到，太多的医疗宣教士提供免费服务，使自己消耗殆尽；如果这些医疗宣教士一天可以花一点时间医治六个可以支付起他们实际费用的病人，他们可以减轻支持他们宣教的负担。[29] 后来，面对医院需要有材料和设备的情况，弗莱彻·摩尔黑德指出，针对自费病人"优越的住宿条件"和"报酬性费用"的政策，可以给当地带来收入。[30] 因此，财政上进退两难的困境导致了道德上进退两难的困境，直到战后的环境、难以预料的高价印度卢比和中国金的影响以及经济大萧条带来了影响深远的变化，就像在西方宣教大多数其他方面一样。[31]

医疗宣教高昂的单位成本以及他们特殊的性质，自然地产生了独立的经费。通过另外一条的路径，医疗宣教对宣教的管理有着另外一种根本的影响：它们很大程度促进了宣教士的去圣职化。

早在 1860 年利物浦大会上，有人认为牧职和医学专业应该保持各自独立。一位医务人员说，"我所属的那份 [ 专业 ] 足够把一个天使的脑袋填满，如果你企图在上面嫁接更高、更尊贵的神学专业，你会同时干犯神圣并让人成为一个庸医。"[32] 鉴于此，有趣的是，几个有圣职的宣教士回到本国去获得医学上的资质，并且有些迹象表明，其他人想要这么做并且不得不被劝止。[33] 同样有趣的是，1914 年之前，

---

[28] 参见 R. Lovett, *The History of the London Missionary Society*, vol. 1 (London, 1879), pp. 771-773. 相关的医生，安德鲁·戴维森（Andrew Davidson）(Sibree, No. 584) 写了一本厚重的 *Geographical Pathology: An Inquiry into the Geographical Distribution of Infective and Climatic Diseases*, 2 vols.(Edinburgh, 1892) 并且在爱丁堡大学教学。

[29] *Murdered Millions*, chapt. 4.

[30] Moorshead, *The Way of the Doctor*, p. 191.

[31] Moorshead, "*Heal the Sick*," pp. 122f. 记录了浸信会的状况，包括医院百分之八十的经费要从地方服务中获得的一项要求。

[32] J. D. Macgowan, American Baptist Missionary Union, Ningpo, *Conference on Missions Held at Liverpool*, p. 275.

[33] 例如，伦敦会的塞缪尔·希克曼·戴维斯（Samuel Hickman Davies）(Sibree, No. 640)，一位经按立的宣教士，在 1805 年他回到爱丁堡学习医学前，在萨摩亚（在那里医疗事工并没有发展起来）服侍了二十年的时间。他获得资

不少于 19 名的伦敦会医疗宣教士，大约是总数的四分之一，是有圣职的宣教士的子女。[34]

然而，医疗宣教士专业的自主性，并不意味着他与福传或属灵的关切没有关系了。实际上，梅藤更对学生志愿者表示，医生仍是福音布道者，与任何担任牧职的宣教士一样；鉴于其工作中医疗和福传方面的紧密联系，医生必须对二者负责。普遍认为，一位医疗宣教士必须适合两个方面的工作。海外传道会的医生和医学委员会的秘书赫伯特·兰切斯特（Herbert Lankester）主张让福音宣教士附属于医院，以此为负担过重的医务员工减负——但十分清楚的是，他仍然想让医疗负责人主管所有宣教的服侍，既有身体上的，也有灵性上的（*SMP*, 497 页及之后）。1910 年的世界宣教大会发现有必要提及教育机构的问题；在不同的教育机构中，理想的情况是，有一位担任牧职的带头人，他或许没有他平信徒的同事所拥有的专业技能（*WMC* V, 42 页）。这是医学专业显著发展的一个标志，即那次大会不需要讨论医学机构牧者领袖是否可取的问题。[35]

因此，医生——越来越多的医生或许是女性——进入到一个领域中，这个领域曾经不可挑战地专属于牧师；在宣教地和本国管理中（许多差会发展了医学委员会作为附属机构，医务人员担任秘书，这些秘书十分清楚地知道由敬虔的、非专业人士组成的委员会所能做的事情）[36] 医疗宣教在宣教的组织中有效地占据了一个相当特殊的位置。

---

格后，在萨摩亚又服侍了五年，在他生了一场病后，在圣潘克拉斯医疗宣教接受了一份职务。后来，他在南印度的内伊尤尔医院担任代理牧师（1900 年）。关于亨利·魏恩打消土耳其帝国一位处境艰难的宣教士学习医学的事，参见 CMS Archives GAC 1/16 49-50, Venn to O'Flaherty, December 26, 1864.

[34] 一个 20 世纪的汤姆森（T. T. Thomson）是一位医疗宣教士的儿子。

[35] 委员会意识到了，在一个繁忙的医院中，医疗宣教士可能会被卷入到他工作的专业方面，但即便如此，委员会承认他的"总体灵性的疏忽"，忽略了"直接属灵"的事工，他或许需要将这部分的工作委托给其他人。(*WMC*, p. 138).

[36] 参见 Lankester, *SMP*, p. 499: "作为一个原则，有充分资格的医务人员会充分意识到他是多么的无知，然而，有时候一个非专业的委员会认为，只要获得了一个合法的资格，这就足够了。" 与 Moorshead ("Heal the Sick," chapt. 2, 在其中，作者明显地期待那位年轻的医疗人士胜过那令人可敬的候选人委员

与此同时，药盒宣教士的日子逐渐远去。使用药水和柳叶刀的牧者型宣教士处于被斥责为庸医的危险之中。

对于那些受宣教影响的人，基督教和医治之间的关系所意味的，是一个十分不同且广泛得多的东西。在结尾部分，或许需要充分去注意到的是，医疗宣教在世界的有些地区来得更早、更强烈、在数量上也更多，那些地方与西方一样，医治和宗教在意识中可以相对轻松地被分别开来。反之，在另一些地方，医疗和宗教在传统世界观中紧密地联系在一起，医疗宣教就来得晚些，也更不能引起人的注意。[37] 可能它会是另外一种情况；至少可以论证的是，鉴于"白人墓地"的经验，（除了令人害怕的外科手术）西方医学在英国医学总会的时代之前，并没有表现出比非洲医学明显高超的地方。话虽如此，许多人宣称相信并实践着非洲所提供的基督信仰，他们的比例之高，使得宗教和医治之间的特殊关系对基督教未来有着至关重要的意义，并且医疗宣教只是它故事中的一个元素——还不是最重要的一个。

---

会）。兰切斯特（海外传道会）摩尔黑德（浸信宣教会）两人是普通诊所医生，不曾服务过宣教士，但是他们在各自差会的医疗部门服侍过。兰切斯特被邀请为浸信会附属机构的建立提供建议。

[37] 有趣的是，1907年刚果浸信会医疗宣教的建立是在伯明翰的一次公开会议中自然产生出来的，在会议上，那位年迈的主席滔滔不绝讲起那个城市杰出的浸信会会友乔治·格伦费尔（George Grenfell）最近在刚果离世。委员会原本是要计划一个会议来支持在中国的工作 (Moorshead, "Heal the Sick," p. 56).

# 第17章 宣教运动之美国方面[1]

## 美国能教导宗教吗？

美国人太了解自己了，他们知道自己的天赋不在于宗教……美国人是伟大的；这一点毫无疑问。他们的伟大在于建设城市和铁轨，就像古代巴比伦人的伟大之处在于建设塔楼和运河。美国人有一种很厉害的天赋，就是提高马、牛、羊和生猪的繁殖率；美国人成群成群地饲养它们，宰杀它们，吃了它们，还输送他们的肉制品到世界各地去。美国人也是伟大的发明家。他们发明或改进电报、电话、应答机、汽车……毒气。美国人擅长享受生活直到极致……然后，他们的伟大在于民主。人民是他们的王和皇帝；是的，甚至是他们的神；美国人制定法律，就像他们建造农场和农具一般……更不用说的是，他们的伟大在于金钱……在从事任何认真的工作之前，他们首先会赚钱……开展任何的工作而没有钱，在美国人的眼里简直是疯狂……美国人的伟大在于这些事上，以及其他很多的方面；但不在宗教里，就像他们自

---

[1] 首次发表于 Joel A. Carpenter and Wilbert R. Shenk, *Earthen Vessels: American Evangelicals and Foreign Missions, 1880-1980* (Grand Rapids: Eerdmans, 1990), pp. 1-25.

我认知的那样……美国人为了看见或展示它的价值，必须计算宗教……对他们来说，大教会是成功的教会……以最低成本赢得最大数目的皈依者是他们持续的努力。数据是他们在自己宗教中展现成功或失败方式，如同在他们的商业和政治中一样。数字，数字，噢，他们多么看重数字啊！美国人终究是这个世界的儿女；要他们作为宗教教师去服侍……实属反常……事实上，宗教是一般美国人教导的最后一件事……美国人在所有文明人中是最不宗教的……人类下到美国去，学习如何过世上的生活；但是，要过属天的生活，他们要到别的地方去。美国人如此世俗，没有什么特别的错；这是他们国家的特质，并且，在他们的自我认识里，他们应该在其他领域去服务人类，而不是在宗教里。[2]

那一年是 1926 年；出处是在《日本基督教通讯》(*Japan Christian Intelligencer*) 第一卷；作者是内村鉴三 (Kanzo Uchimura)，他在那个年代是日本基督教的一位杰出人物。他是第一代基督徒，因美国宣教士而归信，对一些美国人怀着敬意和尊重。至于"我自己在基督宗教里的老师，"他如此称呼贾斯特斯·西利 (Justus H. Seelye)，内村写道，"我不得不在这样一个人面前低头，将我灵魂的思虑放在他那里，让他领我进入光明和真理之中。主耶稣基督的光照在他的脸上，击中他的心。"[3]

以这样一种外来的视角来开始审视 20 世纪的美国福音派宣教，是有一些原因的。内村作为一个基督徒发声，作为基督的门徒，他对基督的认识是从美国的源头来的。但对他来说，同样对于世界很大一部分人来讲，听到**美国宣教**这个词汇，首先听到的是**美国**一词。

---

[2] Kanzo Uchimura, "Can Americans Teach Japanese in Religion?" *Japan Christian Intelligencer* 1 (1926): 357-61. 其他关于美国人的观点，参看 W. R. Hutchison, "Innocence Abroad: the 'American Religion' in Europe," *Church History* 51 (1982): 71-84.

[3] Uchimura, "Americans Teach Japanese," p. 357.

这一章关注的是我们主题的史前史，几乎不会直接谈到作为其核心、过去百年中的福音派差会。一个世纪前，美国宣教的花朵开始绽放，这是与美国宣教的更早时期有着紧密的联系。照此"福音派"宣教，如其所是，属于第二卷的内容。我们故事的第一卷是美国宣教的美国性（American-ness）。

对于六十年前一位聪颖又不乏同情心的观察者而言，他曾很深地尝过美国宣教的滋味，**美国的**一词似乎表达出的是，首先，巨大的能量、资源的丰富和创造性———一种发现和解决问题的习惯——以及，作为结果，一流的技术。第二，它反映出对一种特定管理理论的依赖，一种在世界的大部分地区不会自然成长的理论。第三，它代表了一种处理金钱的随心所欲的方式，以及一种与之相应的、对大小和规模的关心。第四，它代表了内村所说的"物质性"，对生命的某些层面某种不成熟的认识，尤其是关系到超验世界的那些层面。美国人有一种将那些层面翻译成技术语言的倾向，即要被解决的问题，某种要被全部计算出来的东西———就像有人说的，圣殿里的靴子。内村，一位基督徒和归信者，而非佛教徒或神道教徒，在他国家的宗教文化里感受到一种对超验实在的认知；与此形成对比的是，大部分这些充满激情、自信的美国宣教士，与他们大部分的国人一样，还处在为初学者所预备的滑雪坡地上。

## 美国作为西方的终极发展

一位不列颠的评论家听到这样的分析，不会有任何自在的优越感。毫无疑问，内村所说的大部分的东西，对整个西方在东方的在场是同样适用的；美国在他的心思意念中是最挥之不去的，因为美国主导了西方在日本的存在，他自己也与美国人有如此多的联系。但是，因为美国代表着西方，美国显然是西方的，是西方特征最大程度的示范。美国人自己总是意识到，他们代表着西方决定性的、终极的发展。不是别人，正是鲁弗斯·安德森（Rufus Anderson），一位内村之前将近一个世纪的美国宣教思想家说的：

> 基督新教的联合形式——自由的，开放的，负责的，容纳所有阶层、两种性别、所有年龄层、不同群体的人——是现代的，几乎就是我们的时代所独有的。就像我们政府的形式，在一片广阔的大陆上有绝对的自由去工作，它是属于基督教文明进步的伟大成果，就在世界的归信达到这样"完全的时候"。如果没有公民和宗教自由以及社会稳定，或是没有目前大范围的阅读习惯以及普遍智慧，如此大而广的联合原本不可能达成，也不能被创造，或继续存在下去；它们也不能在足够广的范围内存在，在专制的管理下也不能以最充沛的精力为了世界的归信而行动，或没有目前让人惊奇的设备进行陆上的交流、进行海上世界范围的贸易。直到如今，人类的社会条件也从来没有可能为了对世界灵性的征服而有组织军队的必要。[4]

这个段落来自1837年的一篇讲道，名为"世界归信时代来临"。它是要辨明时代记号的一种尝试。许多同时代的西欧基督徒参与到一种相似的行动中；但他们的精力常常被吸引到诠释《但以理书》和《启示录》的新计划中去，即它们在犹太人归信方面的应用，或者欧洲外交中的东方之问。[5] 安德森识别时代的记号，可能在其特

---

[4] "The Time for the World's Conversion Come" 首次出现在 *Religious Magazine*, Boston, in 1837-38. 它被重印过几次，最新的一版载于 *To Advance the Gospel: Selections from the Writings of Rufus Anderson*, ed. R. Pierce Beaver (Grand Rapids: Eerdmans, 1967), pp. 59-70. 引用的段落出现在那一版本65-66页。

[5] 参见，有影响力的布道家约翰·卡明（John Cumming）是伦敦苏格兰教会的牧师，他的 *Apocalyptic Sketches: Lectures on the Book of Revelation* 于1948年在伦敦出现。他认为在第六个碗下幼发拉底河干涸预示是土耳其的衰落："从1820年至今，土耳其正消耗殆尽——新月的衰退……伴随着土耳其的势力衰弱，产生了对犹太族群的兴趣……这种兴趣的产生在于他们如今的命运"（12th ed., 1850, p. 494）卡明很大程度上受益于 E. B. Elliott, *Horae Apocalypticae; or, A Commentary on the Apocalypse, Critical and Historical*, 5

征上和在实用性上是美式的——虽然从某种意义上看，半个世纪前，威廉·克里就已经将其勾勒出来了，他对他那时美国的影响保持开放。[6] 安德森所识别的记号是，在符合神的的旨意情况下为了整个世界直接的福音化而提供的机会和能力的记号。它是一个实践的、以行动导向为风格的论证，是美国宣教的推动者的论证，涉及了皮尔森（A. T. Pierson）、约翰·莫特（John R. Mott）到拉尔夫·温特（Ralph Winter）。[7] 在所引用的这个段落中，特别有趣的是，安德森的世界归信时代来临的判断，不是单单基于有人说的技术标准的东西——进步的通讯、完备的海域使用能力，等等。同样重要的是，他那个时期政治、经济和教会的发展。

安德森盼望大使命的实现会通过他所说的新教的联合形式，即自愿社团（voluntary society）。世界归信时代到来的一个标志是，社会组织已经达到一个阶段，自愿社团能够茁壮成长。如安德森所表明的，这在专制体制下是不可能发生的；一个人是不会发现旨在世界福音化的社团会在两大西西里王国出现。但对自愿社团来说，比起专制主义的缺席，更多地壮大是有必要的。一个人需要一个社会系统，这个社会系统允许多元性和选择，并且在其中有着高度成熟的个人感受和个

---

vols. (London, 1844); 艾略特的作品开始于 1837 年，同一年，安德森的小册子问世。法国大革命后土耳其地位的改变，它从 1820 年开始衰弱（see 4th ed., 3:310, 415-17），艾略特对摩西·斯图尔特（Moses Stuart）（艾略特称他为"那位美国教授"）特别苛刻，将"甚至看起来更具体的东西"分解为"不同的一般化论述"。(5:522).

[6] 参见 William Carey, *An Enquiry into the Obligations of Christians to Use Means for the Conversion of the Heathens* (Leicester, 1791), facsimile ed. with introduction by E. A. Payne (London: Carey Kingsgate, 1961), pp. 67-69.

[7] 参见 皮尔森在利物浦学生会议上的贡献, *Jesus King!* (London: SVMU, 1896); John R. Mott, *The Evangelization of the World in This Generation* (New York: SVMU, 1900), chap. 6: "The Possibility of Evangelizing the World in this Generation in View of the Opportunities, Facilities and Resources of the Church," and *The Decisive Hour of Christian Missions* (New York: SVMU, 1910), chapt. 8: "Possibilities of the Present Situation"; Ralph D. Winter, *The Twenty-Five Unbelievable Years, 1945-1969* (Pasadena: William Carey Library, 1970).

人的自主性。自愿社团是更大社群的一部分，但不只是通过那个社群所承认的活动渠道而行动。很多社群绝不是专制的，但却不提供这些条件。在19世纪的美国，它们被提供了，这是从未有过，在其他地方也未有过。

对于自愿社团，海外运作意味着资金的盈余，以及能够自由地将它们转移出去。如果生产的盈余是微不足道的，或者如果盈余的移动被更大的社群控制着，那么它就不能够运行。美国为自愿社团的海外运作提供了最卓越的经济能力，就像美国曾经为它们的发展提供了有利的社会和政治环境。

明显的是，**基督教的**自愿社团意味着一种教会的观念，这种观念不会抑制它们的诞生，而且意味着一种教会组织的风格，教会组织不会因它们的活动而感到难堪。安德森认识到，唯有在他的时代，基督新教产生了一种组织形式，足以维持海外的宣教。他将这种新的新教联合形式形容为"自由的，开放的，负责的，容纳所有阶层、两种性别、所有年龄层、不同群体的人，"[8] 这几乎不能应用到任何教会体制的经典形式中，无论是主教制、长老会制或是独立教会的制度。事实上，在安德森的时代或很久之后的时间里，基督教国家的教会**不是**为了海外宣教而组织起来的；因着这个目的，它们被新教联合会，即自愿社团，夹击或颠覆。基督教自愿社团因着教会的原子化、组织的去中心化和分散，壮大了起来。19世纪的美国恰好产生了那些条件；到了20世纪，在美国教会和联合会之间的界限变得如此细微，以致教会自身经常是从一个自愿社团的角度被看待。

安德森的分析指向了他的时代的整个新教世界；但注意，他是如何轻易地从整个基督新教的世界过渡到一种可以应用在美国的陈述："自愿社团是现代、几乎就是我们的时代所独有的。就像我们政府的形式，在一片广阔的大陆上有绝对的自由去工作，它是属于基督教文明进步的伟大成果。"[9]

在1837年，一定会有许多敬虔的英格兰宣教支持者，因为那个

---

[8] Anderson, "Time for the World's Conversion," p. 65.
[9] Ibid.

暗示而感到震惊，就是美国民主是基督教文明最美好的果实。对他们很清楚的是，它很大程度上要归功给法国邪恶的无神论。然而，安德森将美国政府理论、美国大陆扩张和圣灵的指示联系在一起，而没有任何愧疚之意。美利坚合众国代表着，在神之下一个新的、更高阶段的文明。在宣教运动中，他在这样一个成型的阶段扮演着如此重要的角色；他把握到的是，宣教运动是西方政治和经济发展一个特殊时期的产物，其特征在美国以最为显著的形式表现出来。当那个时期结束时，提供指引不是在他的能力中——或是他的责任。

当安德森写作的时候，美国人在宣教士中是少数派。英国是最大的来源国；德国和欧洲其他部分提供其他宣教士。从19世纪末开始，美国的比重上升，直到第一次世界大战结束后，北美成了宣教士的主要来源地。[10] 自从第二次世界大战，那比例就迅速提高了。[11]

在20世纪的宣教中，北美扮演了逐步主导的角色，在那个世纪最后的部分，扮演了压倒性的角色。同一个时期见证了宣教士比例的上升，宣教不仅无疑地是美国的，而且坚持宣称"福音派"的名号。在这里，我们必须回到内村，并提醒我们自己，在**美国福音派宣教**的这些词汇中，大多数人首先听到、也是听得最大声的那个词是**美国**。现在，我们姑且抛开种种政治的联系，那些政治的联系无法避免依附于这个词，以及因此依附于与它联系在一起的那些词汇。或许，我们可以重新陈述内村的一个观察，以不那么挑衅的方式表达出来，就是说美国人所代表的基督教在根本上已经被美国文化的影响塑造了。因此，美国宣教是美国文化的产品，也是美国文化的供应商。

历史上基督教一个主要的特征是，虽然它跨越各种文化的边界，但它迅速适应文化，采取文化所支配的新的形式，在这种文化中它扎下根来。一种北美特色的形式的基督教应该出现，这是在预料之中的

---

[10] W. Richey Hogg, "The Role of American Protestantism in World Missions," in *American Missions on Bicentennial Perspective*, ed. R. Pierce Beaver (South Pasadena: William Carey Library, 1977), pp. 354-402.

[11] 参看连载的版本 *Missions Handbook: North American Protestant Ministries Overseas*，从1967年开始由加利福尼亚州蒙罗维亚的宣教高级研究和交流中心（Missions Advanced Research and Communications (MARC) Centre）出版。

事。基督信仰真正扎根在北美是不可避免的结果。这里，我们回想起一个让人震惊的事实。赖德烈正确地称19世纪为"伟大的宣教世纪。"但在世界其他地方，那个世纪从未见证过像在北美一样如此惊人的结果。[12] 19世纪主要的宣教成就是美国的基督教化。

关于所有这些，没有一个是不可避免的。毕竟，现代澳大利亚、新西兰以及某种程度上南非也是欧洲移民的产物，通常所来之处和北美的相同；但他们的宗教历史就相当不同。他们没有产生本土的"宗教传统"。即便新西兰的创始社群大部分有着强烈基督教的影响，但新西兰迅速发展成它自己的一位历史学家所称的"一种简单的物质主义"。[13] 1890年代，澳大利亚大学的世俗特质受到一种反宗教热情的辩护，这种反宗教的热情使约翰·莫特感到震惊，他所习惯的是美国教会和国家分离的原则，以及"世俗的"州立大学。[14] 在这个世纪，虽然澳大利亚、新西兰和南非讲英语社群的教会生活元素得以脱离欧洲的形式而得到重整，但比起北美来讲，整个宗教历史与欧洲的有更多相似的地方。

### 宣教和边疆

美国海外宣教是本国宣教的延续和扩展。20世纪美国宣教中所呈现的基督教，是被19世纪沿着边疆（frontier）[15]的基督教运动和新兴城市的福音化所决定的。美国基督教思想的整个氛围受到了扩张

---

[12] Kenneth Scott Latourette, *A History of the Expansion of Christianity*; see esp. vol. 4, *The Great Century in Europe and the United States of America*, A.D. 1800-A.D. 1914 (New York: Harper, 1941). 第5卷和第6卷处理世界其他部分的那个"伟大的世纪"。

[13] K. Sinclair, *A History of New Zealand* (Hammondsworth: Penguin, 1959), p. 278；但是注意辛克莱关于清教主义（Puritanism）在新西兰所塑造的道德观念的论述。

[14] C. Howard Hopkins, *John R. Mott, 1865-1955: A Biography* (Grand Rapids: Eerdmans, 1979), p. 161.

[15] 译注："边疆"一词在这个时期特别指向美国西部的拓荒时代。

的影响。早在 1837 年，安德森谈及"在一片广阔的大陆上有绝对的自由去工作"，谈及宗教的影响和"我们政府的形式"。同时代的欧洲看到很少关于扩张的系统思想；新获取的领土可能证明是昂贵的债务。[16] 直到那个世纪最后四分之一时间里，帝国的所得才成为主要的关心。按年代讲，美国是第一个现代的帝国势力，或者可能是仅次于俄罗斯，前者向东扩张，后者向西扩张，直到二者相遇。[17]

那种扩张的基督教的方面是充满活力的福音主义——基础的福音主义，基督福音元素的传递。这种传递所表述的术语，寻求个人的委身，却又意识到家庭的单元，并且创造和增强当地的互通共融；二者都引导着情感并允许一种大众文化的发展，在明显地脱离旧制度的同时，也暗示着一种与古老传统的连续。对基础的福音主义的关注不同于同时期大部分的欧洲思想。同时代的欧洲人意识到一种宗教的危机，但他们大体上都把它看作是一种**牧养的**危机。他们关心的是建造足够大的教堂，教堂选址得当，有正确的牧师来牧养他们；关心的是教会在国家教育系统中的地位；关心的是防止国家支持反教会或反基督教的影响。欧洲基督徒主要的想法是维护一个基督教的社会，就是西欧从黑暗时代以来的样子。它最热情的福音派基督徒在那个世纪中叶在不列颠达到了他们影响的高峰，他们仍然在想着为一个基督教的社会预备福音，如果它正在背教的话。

或许这不会是在一个新的社会正在明显兴起的地方，就像是在美国边疆。无论如何，基础的福音主义在这种条件下不得不是创新的和调适的；已经建立完善的东海岸为在边疆条件下的工作提供不了什么指导。尽管欧洲城市的工人阶层不属于教会，欧洲并没有被美国的经

---

[16] Anderson, "Time for the World's Conversion," p. 65; 参见詹姆斯·史蒂芬（James Stephen）担任殖民地秘书时给约翰·罗素伯爵所写的关于非洲的记录，"如果我们可以取得那整个大陆的主导权，它会是无价的财富"。（引用自 Christopher Fyfe, *A History of Sierra Leone* [London: Oxford University Press, 1962], p. 217.）

[17] Sir John Seeley, in *The Expansion of England* (London: Macmillan, 1883), 见证了美国和俄国作为两大世界势力的到来；不列颠可能是第三位，只要它和它的帝国发展出合适的关系。

验所打动，并不希望从中学习到什么；甚至英国挂着卫斯理之名的卫理公会的基督徒面对野营布道会（camp meeting）的方法，其反应也带着惊恐。[18]

随着世纪的推进，焦点从扩张的边疆转移到扩张的城市。美国基督教对扩张产生了同样的关注，扩张是基础的福音主义相同的根基，它被同样的创新和适应性所支持。福音运动是在美国城市特殊的条件下产生的，正如特殊形式的基督教思想——复临运动、末世运动、圣洁运动——在它的气氛中传递。基督教在美国的城市扩张；欧洲不同的新兴人口中心没有看到可与其相比的回应。

## 美国基督教和自愿协会

欧洲人和美国人的经验中一个根本不同的构成要素是空间。[19] 19世纪的美国基督教在一系列看起来无所限制的空间里发展起来。在这些环境中，藉着一种创业家的精神，它是扩张的和有效率的。在一个持续宽广的基础上的缓慢策略，被等级制的机构紧紧地控制，可能是自我挫败的，就像欧洲倾向于去从教区作为"领土"的角度去思考一样。北美基督教变成多重形式的和分散的。总有空间留给一个受启发的个体；对异乎寻常之人，甚至有着充满前景的运作范围。鲁弗斯·安德森可以将美国看作是自愿社团的自然领地。自愿社团的原则是：

---

[18] 1807年卫理公会大会产生了以下的问答：
问：关于那被称为野营布道会（Camp Meetings）的东西，大会的决定时什么？
答：我们的决定如下，即便这样的布道会在美国是被允许的，它们在英格兰是非常不合适的，它们可能时有害的；并且我们拒绝承认与它们的任何关系。
英国中部工业区一些带头的工人阶层的卫理公会会友坚持使用这种方法，是因为他们的排外和原初循道联合会（Primitive Methodist Connexion）的成立。导火索是美国那位非常规的传道人洛伦佐·道（Lorenzo Dow）。参看 Holliday Bickerstaffe, *The History of the Primitive Methodist Church* (London: Joseph Johnson, 1919).

[19] 克莱德·库里·史密斯（Clyde Curry Smith）发展了这一点，见于 "Some Demographic Considerations in American Religious History," *Bulletin of the Scottish Institute of Missionary Studies*, n.s., 3 (1986): 14-21.

明确所要完成的任务；找到将其实现的合适方式；为了那个目的，联合并组织一群有同样想法的人。当这样的原则被应用到塑造和维持基督门徒的教会事业的时候，教会和自愿社团之间的区别在欧洲总是最基本的，然而在美国有时候几乎就会消失。在原则上，一群教会会众或整个宗派可能和一个自愿社团没有什么区别。在冲突或争议中，一个人可以离开和加入——或甚至开启——另一个。

实际上，在宣教中心化和将宣教联系到本国教会结构的方面，美国领先于欧洲。在欧洲和美国，有效的海外宣教并非是从教会的官方机制中开始的，而是从自愿社团开始的。从一个很明显的角度来看，社团在欧洲（尤其在不列颠）继续成为管理宣教的主要方法，甚至当海外宣教的观念在教会被普遍接受的时候，各个宗派有效地"采纳"他们宗派的社团。然而，直到美国的内战时期，大部分的宗派成立了自己的社团理事会（在这个过程中，他们自动地将美国理事会留给公理会的会友）。[20] 但是，自愿原则再一次接管了：美国宣教明显的教会化，是宗派理事会之外的新兴社团增加而出现的序曲。这么多精力支出的影响是要将促使边疆福音化产生的许多态度和价值转移到海外。

## 宣教和金钱

塑造了美国基督教和表达在美国宣教中的美国生活的另一面是，在 19 世纪进程中，国家经济基础的转型，以及在 20 世纪，美国作为世界最大的工业国的出现。在与欧洲相似的进程相比较的过程中，某些不同点出现了。在经济和社会领域，一方面是创业家精神的努力和效率，另一方面是财富和社会的回报；这两方面的联系在美国更加清晰。在欧洲，长久以来有着地位的不同来源，而不是金钱，有的是财富的来源，而不是工业的产出。进一步，美国工业转型的发生是和我

---

[20] Valentin H. Rabe, *The Home Base of American China Missions, 1880-1920* (Cambridge: Harvard University Press, 1978), pp. 15-17.

们所提到的城市基督化处于同一个时期。在英国和大部分欧洲，工业化进程伴随着基督教的衰落。无论出于什么原因，创业家的活动、有效的组织和公开融资之间的结合是美国的商业特征，也成了美国基督教的特征。美国宗教组织松散的结构，根本上是社会性的而非教会的，这使得有权力的平信徒（比一个有钱的商人更有权力的平信徒是什么样的？）在活动的塑造中扮演了主要的角色。莫特最后几本书中的一本有一个章节叫做"19世纪最伟大的布道家"。[21] 德怀特·慕迪（Dwight L. Moody）是最伟大的布道家，一个理由是他培养和调动了基督徒商人，这些基督徒商人慷慨地支持本国和国外的宣教。莫特自己使用了富有的平信徒网络，热情并坦然无愧地从富裕阶层请求资金作为学生组织工作的常规部分，并且依赖一些特别富有的人来支持许多特殊项目的资金。[22]

在新兴的美国宣教活跃的时期，显而易见的是，美国文化的全方位——商业方法、有效组织和经济回报的结合——无可置疑地被接受为不仅是生活的事实，而且作为某种可以献给神、在基督徒的活动中可以被利用的东西。美国理事会的一位官员甚至写了一本书，叫做《宣教的商业》（*The Business of Missions*）。够了！他写道：

> 军队、策略、火线、战壕、征服、十字军！我们正生活在一个商业的时代，我们前所未有地相信商业的结果。我们所属的是一个工作进行中的教会，而不是一个争战的教会。[23]

---

[21] John R. Mott, *The Larger Evangelism* (Nashville: Abingdon-Cokesbury, 1944), chapt. 3.

[22] 针对莫特将征募看作正常流动组织的一部分，参看 Hopkins, *John R. Mott*, pp. 172-173. 关于莫特作为筹款人的方面，参看 Rabe, *Home-Base*, pp. 152-154. 在莫特的吩咐下，内蒂·麦考密克（Nettie McCormick）女士持续地资助不同的岗位，参看 Hopkins, pp. 205-7, 220, 273, 454. 莫特1912年到1913年昂贵的世界巡游（其中包括，从爱丁堡到亚洲）是由五十位友人资助的，包括麦考密克女士和约翰·洛克菲勒（John D. Rockefeller）。

[23] Cornelius H. Patton, *The Business of Missions* (New York: Macmillan, 1924), foreword. 这份献辞陈述道："如果你是一名基督徒，也是一个实践之人，这

这就是一个典型的美国视角。欧洲宣教总是非常乐意拥有富有的支持者，有时候在新的项目上非常依赖他们。不同寻常的捐助人，比如怪人罗伯特·阿辛顿（Robert Arthington），可以促进一个全新的努力方向。[24] 但那个时期不列颠的信心差会看到了美国宣教的扩张，特别担心组织会将圣灵推开，哀哭玛门成了这世界的神，强调宣教呼召牺牲的方面（通常是经济方面）。他们常常对任何形式的征募（solicitation）犹豫不决，宁愿看到从穷人的十一奉献中、而不愿从有钱人的富足中寻求帮助。扩大的组织和对金钱的"属世"的关心，是旧有的宣教中他们所痛恨的特征。[25] 需要进一步调查的是去对比宣教的账目中征募实际的相对重要性和富有的捐赠者；但在风格上的不同是确定无疑的。美国宗教文化在关于金钱的事上没有**限制**。

## 教会和国家

如果有一条教义是一个作为整体的美国基督教的特征，使它在许

---

本书是献给你的。"章节的题目包括"一个持续的关注"，"伟大的伙伴关系"，和"我们的意思是商业吗？"帕顿轻蔑地拒绝一份影印出来的请求，那份请求表示"国外的基督教对美国是最好的商业机会"（p. viii），但他邀请读者期待"那一天，当你可以支持你的宣教士作为你个人的代表，代替你在国外，当你可以建造或配备一间医院，一所学校，一个住在，当你可能可以资助一个以不计其数的方式祝福人类的机构，这些方式是你所追寻的。"(p. 264). 关于帕顿，参看 Rabe, *Home Base*, pp. 136-37.

[24] Gustav Warneck, *Abriss einer Geschichte der protestantischen Missionen* (Berlin, 1901), p. 222, 将阿辛顿刻画为"一个慷慨但常常奇怪的富有的英格兰宣教的友人"。阿辛顿的恩赐是负责说服（不列颠的）浸信会差会在扎伊尔开始运作。他给浸信会差会和伦敦会留下了大量的遗产，但特别说明它应该用来做新的事工。差会不得不向支持者们解释，差会不能用阿辛顿的钱支持机构已经开始的事工。参看 *114th Annual Report of the Baptist Missionary Society…to 31st March* (London, 1906), pp. 10-11, 17.

[25] 戴德生是中国内地会创立者，中国内地会是不同新兴的差会的原型："我曾决定不会使用个人的资助请求，或收款，或发放收款册子……我们相信，如果我们**更少**请求资助，**更多**依靠圣灵的能力，依靠属灵生命的成长，那么摩西的经历 [因为礼物的过量而不得不宣告停止献礼] 会更加普通……或许在很多例子中，神所想要的**不是**金钱的奉献，而是个人奉献于祂海外的事工，或献上儿女。"（*A Retrospect* [London: CIM, n.d.], pp. 110-13)

多方面与它所延续的欧洲序列区别开来的，一定就是政教分离的教义。这一教义的广泛接受度是因着一个世俗而非神学的命题，它是从婴儿时期的美国历史处境中出现的。美国教会接纳它作为一则信条，美国宣教将其带到各种各样的海外领域。影响是矛盾的。美国差会倾向于认为自己是非政治性的：如果教会和国家处在不同的领域，它还能是别的情况吗？非美国人在他们的活动中看到了持续的政治意涵：教会和国家是居于相同的领域，或者两个领域至少有所重合，它还能是别的情况吗？

殖民政府经常带着不同程度的正当理由，对美国差会潜在地破坏属民的顺服有所侧目。[26] 在印度国家运动时期，英国管理者对在那个国家工作的美国人特别敏感。我们已经提到了美国作为第一个现代帝国；它也是第一个殖民地的独立运动，一个人可以看到美国运动如何强有力地吸引印度和非洲第一代的民族主义的领袖们。对政教分离的坚持，鼓励去否定被认为不属于凯撒的东西；在这样的情况下，凯撒可以轻易地采取进攻。

在美国宣教中所表现出的分离教义的另一面，很轻易地与前千禧年派的思想结盟。这是一种认定教会完全"属灵"的概念的趋势，这将它并入一种条件，这种条件区别于政治行动所在其中发生的世界。旧有的欧洲重洗派首先提出了政教分离，他们至少意识到，在其自身当中它是高度政治性的教义；事实上，坚持它，会让你被人装进一个袋子，然后被扔进莱茵河，政治的意涵一定清楚地被识别出来。相反，

---

[26] 在 1920 年之后，北美的宣教组织试图在印度事工，它们被要求清楚地认识到，"合法的政府应该被致以所有应有的尊重。并且，尽管仔细避免涉入政治的事务中，鉴于它可能会在这样的事务中适当地施加它的影响，它的影响应该施加于与相关政府的忠诚合作上，这是它想要的和它的目的。而且，它只会雇佣将在这样一种精神中工作的代理人。"从欧洲大陆国家来的宣教士仍然被要求做出更加严格的个人保证。参看 George Thomas, *Christian Indians and Indian Nationalism 1885-1950: An Interpretation in Historical and Theological Perspective* (Frankfurt: Peter Lang, 1979), p. 132. 关于美国宣教士拉尔夫·基坦（Ralph Keitahn），他在 1930 年从印度被驱逐，以及对他的宣教机构所施加的压力，要求与他撇清关系；参看 Thomas, 191-92, and Keitahn's own *Pilgrimage in India* (Madras: Christian Literature Society, 1973).

现代美国差会有时候展现出一种稀奇的政治上的天真,好像通过反复声称教会和国家是分离的,他们无论如何就可以使宣教活动去除政治意义了。甚至他们在场的基本政治意涵,更不用说爱国主义,总是没有被认识到。

## 神学和常识

我们几乎没有空间去提及一个相关的、高度复杂的东西,具体来讲就是北美不同神学(North American theologies)的发展。在这个领域,我们必须向马克·诺尔(Mark Noll)的著作表达敬意,他探讨了苏格兰常识哲学在美国的影响,特别是他所称的"方法论的常识"("methodological common sense")被严格地应用在神学之中。[27] 他在他的《系统神学》的开篇中提到了查尔斯·贺智(Charles Hodge)一段生动的声明:"圣经对神学家而言就是自然之物对于科学家。他的事实仓库和他弄清圣经教导的方法,就如同自然哲学家所采用的来弄清他所教导的东西一样。"[28]

司可福(C. I. Scofield)和其他人的时代论方案(dispensational schemes)在相同的原则上取得进展;在当前这个世纪,他们的影响在美国宗教的主流中仍持续着。这种方法将圣经用作是采石场,宝石在其中是无条件之事实的声明,为什么这种方法至今更多是美国的特征,而不是世界其他部分的特征呢?新兴基督教社群的兴起,就好像它重启基督教一般,并且看到不需要与前十九个世纪的教会历史联系在一起,这种方法是否要归功于这种边疆新风格的基督教呢?

无论如何,"方法论的常识"导致了美国基督教的两种特征,这与现代福音派宣教的研究特别相关。第一,它使得美国基督教中很大一部分强烈地意识到信仰宣言,通常是以无条件事实的目录陈设

---

[27] Mark A. Noll, "Common Sense Traditions and American Evangelical Thought," *American Quarterly* 37 (1985): 216-38.
[28] Charles Hodge, *Systematic Theology*, 2 vols. (New York, 1872), 1:10. 贺智第一个段落的题目是"神学一门科学"。

出来；基督信仰的一种渐进式的定义以这些术语跟进，直到主题范围被简洁地限定，即从创造的模式论述到主之再来与其他"末后事物"之间的联系。在这里，我们再次看到典型的美国解决问题的路径在起作用：确认问题、应用正确的工具、解决方案出现。然后转移到下一个问题中去。相反地，欧洲的运动产生于福音复兴运动，在信条上几乎没有什么创造力；当他们希望定义他们的信仰并见证他们不同的信仰的时候，他们大体上会去看古代的信经和 16 世纪的宗教改革家。

另一个有关联的结果是，将方法论的常识应用在神学上，这已经成为美国的趋势，就是使用新的扩展了的信条作为对团契的测试，以及作为分离的一个基础。或许分离的原则是自由联合原则的逆反命题；自由联合原则藏在大多数 19 世纪美国基督教背后并为其提供了动力。在美国教会增长独特的历史环境中，教会的概念几乎常常被吸收进自愿社团之中，我们很容易将团契等同于联合会。不可避免的结果就是教会的原子化。这再一次与欧洲福音复兴传统的继承者相反。

只有内村自己可以说，是否这些特征与他想的所有美国优点中最不成熟的趋势有任何关系，我们将此称为在圣殿里穿着大靴子。另一种类型的研究提出了一个问题，是否北美产生了基督教家庭中一条新的主要分支；北美文化因素所深刻塑造的福音主义 - 基要主义和那种更老的、根本上是北欧福音派基督新教之间的分离，是否与后者和拉丁基督教之间的破裂在类型上是相似的。这样一种研究也可以反思美国自由主义的特殊性质（虽然它和宣教运动之间的直接关联更是成问题的），这与那种欧洲的现象有着明显的不同。

## 一种美国基督教

不用跳入这么深的水中，我们仍然可以认识到一种特殊的美国基督教，在美国文化中形成并被美国文化塑造的一种基督信仰的表达。在众多特征中，把它从其他基督教的表达中凸显出来的是强烈的扩张主义；发明的准备；最充分利用当代技术的意愿；理财、组织和商业的方式；属灵和政治的两个领域在思想上的分离，与一种历史性的民族章程和价值观之最优秀的信念结合在一起，如果那不是普世相关的话；从处理问题和寻找出路的角度的一种接近神学、福音主义和教会生活的进路。

这些标记中没有一个，而且它们的影响中没有一个，与历史的美国基督教所见证着的普世基督教、复活之基督的福音有着同等的重要性。但从来没有人遇到过普世基督教本身；我们只是曾遇到基督教本地的一种形式，即从历史上、文化上被限定的一种形式。我们不需要害怕这一点；当神成了人，祂成了在历史上、文化上被限定的人，在一个特定的时空中。祂所成为的，我们不需要害怕去成为。拥有基督教本地的形式没有任何错误——只要我们记住它们**是**本地的。

有时，本地的特征在本地性之外可以有一种重要的影响，或是直接的或是催化的。倘若北美的福音化是那个伟大的宣教世纪中最显著的成功，其成功的完整意义尚未突出，直到北美在 20 世纪初期成为宣教士的主要来源地。在 19 世纪，美国突然作为太平洋的一股力量出现，在一个英国仍是主导的宣教士差派国的时期，产生了一种美式的宣教观念。但英国在远东的视角是被中国贸易塑造的；日本似乎太远了，而不能成为立即的关注。美国超越常规教会结构的创新，通常在与欧洲教会十分不同的背景中有非凡的影响力。举例来说，学生志愿宣教联合会基本上是属于英国国内教会历史的一部分，也是英国宣教历史一部分，并且在很多方面是一个彻底的"本土"组织；但它在某些方面要归功于美国学生运动。[29] 约翰·莫特的美国商业头脑导致了国际宣教组织的产生，连同这所引发的一切事；一个人只需要反思一下，同时代唯一的替代选项是英国"老男孩"的网络，他就可以意识到这样的贡献是有多么的重要。莫特的商业头脑甚至意识到在研究方面投资的必要，并且作为结果，法科尔被临时调派到印度教的学术研究中去——在那个蒸汽船的年代，为了宣教的缘故，他将时间分为

---

[29] Ruth Rouse, *The World's Student Christian Federation: A History of the First Thirty Years* (London: SCM, 1948), chapt. 1; and John C. Pollock, *A Cambridge Movement* (London: John Murray, 1953).

在印度和在牛津两个不同的时间段。[30] 通过一种具体的方法来面对特定问题的美国进路，已经被无限次证明过了，比如，威克理夫圣经翻译会（Wycliffe Bible Translators）这样企业的出现。

突出的本地特征甚至会被传递到其他文化中去，在那里它们就获得了它们自己的生命。一位宗教历史学家或许断定，复临主义（Adventism）毫无疑问是十九世纪美国条件下的产物；但正是复临主义的教导使得马拉维的非洲社群去寻求神国的实现。[31] 复临主义的教导已经赋予了美拉尼西亚宗教运动一种新的形式；[32] 与耶和华见证会（Jehovah's Witnesses）联系的一种特殊形式的复临主义，在一些地方已经是强有力的了，比如东非和中非的基塔瓦拉运动（Kitawala）[33] 和尼日利亚的神国协会（God's Kingdom Society）。[34]

在 20 世纪初期，五旬节主义体现为美国基督新教的一种小众的反常形式；如今对成百上千万的拉丁美洲基督徒而言，这是信仰和实践的自然表达。约翰·亚历山大·窦伊（John Alexander Dowie）是一个苏格兰人，但如果他留在苏格兰的话，没有人会听说过他。只有在美国，他可以在锡安城将他的伟大实验付诸实施。[35] 我曾经与南非

---

[30] Eric J. Sharpe, *John Nicol Farquhar: A Memoir* (Calcutta: YMCA Publishing House, 1963), pp. 61-63.

[31] George Shepperson and Thomas Price, *Independent Africa: John Chilembwe and the Origins, Setting and Significance of the Nyasaland Native Rising of 1915* (Edinburgh: Edinburgh University Press, 1958).

[32] Gottfried Oosterwal, *Modern Messianic Movements as a Theological and Missionary Challenge* (Elkhart, Ind: Institute of Mennonite Studies, 1973). 关于太平洋的复临派，参看 Charles W. Forman, *The Island Churches of the South Pacific* (Maryknoll, NY: Orbis Books, 1982), pp. 52-54.

[33] H. J. Greschat, *Kitawala: Ursprung, Ausbreitung und Religion der Watch-Tower-Bewegung in Zentralafrika* (Marburg: Elwert, 1967).

[34] D. I. Ilega, *Gideon Urhobo and the God's Kingdom Society in Nigeria*. Ph.D. dissertation (University of Aberdeen, 1983).

[35] 关于锡安城（Zion City），参看 Grant Wacker, "Marching to Zion: Religion in a Modern Theocracy," *Church History* 54 (1985): 496-511. 关于南非的锡安教会，以及与窦伊的联系，参看 Bengt G. M. Sundkler, *Bantu Prophets in South Africa*, 2d ed. (London: Oxford University Press for International African Institute, 1961).

锡安圣公使徒会（Christian Catholic Apostolic Church in Zion of South Africa）（班图）一起过复活节；随着他们在主复活的日子起舞，念着"我有一个锡安，那是我们的家。"我知道，我正在看的是一个纯粹祖鲁（Zulu）的基督教的发展。然而当年长的领袖给我展示了他的按立证书时，证书上面有窦伊的签名和伊利诺伊州锡安城的印章。在所有这一切中，我们甚至还没有提及非裔美国人在非洲基督教企业的多方面影响。这要求一个独立的研究。几个世代中非洲埃塞俄比亚主义（Ethiopianism）[36]的完整故事，当前这个世代中南非黑人神学（South African black theology）的兴起，[37]在这些中的每一个，美国黑人的影响都是至关重要的；它们始终提醒我们，某种本地的现象在一个十分不同的本地性中会是多么相关和充满活力。

## 一个改变的世界

到目前为止，我们主要关注的是起源和史前史——关注的是赋予美国基督教的那些因素，以及作为我们研究的特殊对象福音派宣教这样一种独特的样式。若是没有稍稍一看它们如今所在其中运行的世界，我们就很难下结论。更不用说，它在一个世纪的进程中是被翻转了的一个世界。它是一个以海洋作为基础的西欧帝国逐渐远去的世界。它也是一个基督教世界的重心在其中发生变化了的世界。在所有南方大陆，特别在非洲，不仅有着空前的基督教扩张；相应地，在一些旧有的基督教腹地，最为明显的是在西欧，有着空前的衰退。

让我们考虑一些后果。

---

[36] 参看 Sundkler, *Bantu Prophets*; for different types of black American influence, see Walter R. Johnson, *Worship and Freedom: A Black American Church in Zambia* (New York: African Publishing, 1977); Theodore Natsoulas, "Patriarch McGuire and the Spread of the African Orthodox Church to Africa," *Journal of Religion in Africa* 12 (1981): 81-104.

[37] 参看 Basil Moore, ed., *Black Theology: The South African Voice* (London: Hurst, 1973), published in the U.S.A. as *The Challenge of Black Theology in South Africa* (Atlanta: John Knox, 1974) 发起人是詹姆斯·康恩（James H. Cone）。

1. 基督教国度（Christendom），有着几个世纪历史的概念，指的是某些属于基督教社会的国家，而其他的国家处在它之外，这个概念已经宣告了它的终结。基督徒如今在全世界范围内比他们在之前的时代更加分散；然而他们在不同的社会之中也更加分散。尽管新的基督徒数量在增长，但我们看不到不同新的基督教**国家**（states），一定不是在旧有的基督教国度的意义上。**基督教**这个词不再有领土的含义。

但宣教运动得以成形正是基督徒集中到某些特定的地理区域。正如最近的 1910 年世界宣教大会可以区分"宣教完全"和"宣教尚未完全"的地域。宣教运动是基督教国度最后一次的绽放。今天，在 1910 年显示为"宣教完全的地域"成了世界最为明显的主要宣教地。

2. 在宣教运动的高峰期，基督教是与特定形式的文明以及一种先进的技术结合在一起的。那种技术以最大的诚意被献上，它的影响无疑是有益的，并且那种技术在同样的确信中被接受下来。这种关联如今不是那么明显了。第一，与高端技术明显相关的国家，并不一定和基督教是有联系的。第二，大部分基督徒今天所居住的地区，在技术能力上相对较低，没有什么希望接触高端技术的国家所获得的东西。第三，基督徒曾经做的、关于与福音相关联的技术之祝福的自信宣称已经让位给，对它效率的困惑、它具有邪恶的摧毁性力量的观念和对它控制的欲望。

3. 但是，一些国家有着一种宣教和技术之间的特殊关系。在一些没有什么支撑的国家中，就是那些自愿贫乏、技术失败、政治不稳定或经济灾难问题突出的国家，不同的宣教机构通常同心协力（正如有人说的，宣教整合）（Missions Incorporated），它们如今在那个国家中有着最为灵活、有力和有效率的组织。宣教机构可以让人自由地在整个国家飞行，无论是在国内还是到国外去；它们为有病的植物引进机械和服务；它们有可以工作的无线电话；它们可以分配资金，获得外汇，迅速发送跨国的信息。它们有时可以做政府自己不能做的事情。本地教会，无论是独立的还是本土的，做不了这些事情，除非它能作为外来宣教机构的联络站。[38] 最后，宣教整合持有的所有力量的影响会是什么样的呢？

4. 宣教运动发生了，它的发生是通过某种宗教的条件与允许自由结社的政治体系的共存，以及与允许资本流动和盈余出口的经济结构的共存。在欧洲，那种共存不存在了；此时它正在北美发生。其结果是，"海外宣教士"如今更多是北美的而不是欧洲的。美国宣教士可以作为中立者的角色而采取行动，并免去那加在大不列颠人身上的骂名；在这种情形下，罗伯特·史比尔（Robert E. Speer）可以欢呼雀跃。此时，美国在世界中的地位与一个世纪前在欧洲帝国中宣教运动的地位十分不同。[39] 一位宣教士的效率，或甚至是真诚，有时候会被衡量，衡量所宣讲的信息在多大程度上反映了他或她所来自的那个国家；那个国家的可见度在世界中越高，这种度量更可能会被使用。我们最好考量下，在何种程度上宣教运动继续被作为一个独立的、可识别的现象而存在？它一定被视为，或好或坏，美国海外在场的一部分。

5. 在旧有的宣教运动中，宣教士的生命是有代表性的，从基督徒牺牲模范的角度。宣教士为着基督弃绝所有，他背离国家和家庭，冒着贫困和疾病的危险。现在，宣教整合大体上使生命维持在一种可忍受的水平成为可能。现在处在艰难中的人是那些所谓的支帐篷者（tent-makers），他们承担一个职位（可能与宣教士日常所担当的职责相差无几），领取当地水平的薪金，分享着本国同事的住房条件、沮丧和不安全感，当他们的合同到期时，就要留下他们自己的设备。

6. 基督新教的宣教运动通过自愿社团的方式发展起来，美国将其优化，应用到海外宣教的目的中去。由此产生的宣教机构为了他们的

---

[38] 参看 W. McAllister, "The Heart of Africa Mission and the Unevangelized Fields Mission and the Subsequent Churches." Ph.D. dissertation (University of Aberdeen, 1986).

[39] 同时参看 G. E. Post (of the Syrian Protestant College, Beirut) in *Report of the Centenary Conference on the Protestant Missions of the World*, ed. James Johnston, 2 vols. (New York: Revell, 1889), 1:322: "那个英格兰人紧握双手——身体的力量；神不受限于你们政治的错综复杂，已经使另外一支的安格鲁-萨克逊人控制住头脑和心灵。"

任务而被出色地设计：组织基督徒在一个国家中的资源，用来在另一个国家宣讲福音和建立教会。那意味着，正在进行中的任务主要是付出给予；那种设计根本上是一种单行道交通。但伴随着基督教世界新的样态，需求出现了，然而针对这些需求的完美工具尚未设计。现在，所需要的工具是**双行道**的交通：为了分享和为了接收。

7. 我们已经论证了，基督教在美国是在一种特殊的本地形式中发展的。但基督信仰在非洲、大洋洲、亚洲的大部分地区的扎根，以及在拉丁美洲的重塑，已经产生了其他本地形式的基督教。这意味着，北美的基督教将会是几种本地形式中并存的一种。在不同的本地基督教（local Christianities）中，我们会看到一种竞争吗？相遇的过程总会呈现困难、兴奋和发现。当一方坚持它自己的本地特征具有普世的有效性时，那么这种相遇最主要的危险就会来临。

## 结论

宣教运动是教会历史的转折点之一；基督信仰在世界中的整体样式已经被它转变。美国在当中功不可没。但宣教运动的历史从来都不是在基督教历史学术的中心；就像宣教的实践一样，它是在热心家的领域中，而不是主流的传统中。从结果上看，奇怪的是，我们对基督教历史中一些最为关键的事件和过程几乎一无所知。像此次题为"一个世界福音化的世纪：北美福音派宣教，1886-1986"这样的会议，使我们能够既探索我们可以知道的，又可以为我们尚不能知道的做准备。在当代学术中，可以有更多一些有回报的任务。

非洲和亚洲基督教的历史学家已经看到那个宣教时期作为一个持续着的故事中的一个片段，有时候是相当遥远的一个。宣教运动本身有其自身的延续性；一个国家的基督徒群体将会继续听到另一个国家的群体的话语；基督徒群体将继续分享他们的信仰、生活和事工。但那运动将改变且超出认识的范畴，它将需要所有的调试能力以应对不同的情况，那是美国所展现其天赋之处。迄今为止，基督教的传布经常包含跨文化传播的一个时期，随之其后的是一种新的本地形式基督教的出现。但是，我们所有的本地形式都是暂时的，都是本地基督教过程中的一部分，由此，"我们众人……得以长大成人，满有基督长成的身量。"（《以弗所书》4:13）[40]

---

[40] 在这一章，我可能没有考虑美国宣教的所有方面中最重要的一个，就是与美洲原住民相关的方面。确切地说，现代宣教运动正是从这里开始的。新教基督徒首次发现，正是在北美，他们自己每天与一种未被犹太 — 基督教传统影响的文化有着日常的接触。另一方面，就像在澳大利亚，它刻画了宣教历史中更悲伤且更发人深省的篇章。我也意识到，我将美洲天主教宣教的特别的方面搁置一旁，只是一笔带过那个悠久的、在某种程度上独立的非裔美洲人的传统。关于这一点，参看 Walter L. Williams, *Black Americans and the Evangelization of Africa 1877-1900* (Madison: University of Wisconsin Press, 1982).

# 第18章 差会与教会幸运之颠覆[1]

## 一

令人吃惊的是，在19世纪的教会研究中，几乎没有人注意到自愿社团，因为它对西方基督教产生了深远的影响并且促成了世界基督宗教的转型（通过它在差会中特殊的形式）。现代自愿社团起源于17世纪最后的几十年。它在18世纪被赋予了新的用途，在19世纪发展了影响、补充和绕过教会和国家生活的种种新途径。我们让美国宣教政治家鲁弗斯·安德森描述它的进程。在1837年，安德森写了"世界归信时代来临"一文，[2] 他列举出时代的记号，那些记号对他似乎意味着，时候将近，那时预言会实现，地上会充满属神的知识，犹如诸水覆盖海洋一般。[3] 这些记号中的一些与技术进步有关；触及整个世界的物流从未如此容易。"直到当前这个世纪，基督教国度的福音派教会才真正以世界归信为目的被组织起来。"[4] 安德森为此指出典型的基督新教的组织形式，自愿协会（voluntary association）：

---

[1] 首次发表于 *The Evangelical Quarterly* 88 (No. 2, 1988): 141-55.
[2] 这本小册子已经出版多次，自从它出现在 *Religious Magazine*, Boston, 1837-38. 它最近重印于 R. Pierce Beaver, ed., *To Advance the Gospel: Selections From the Writings of Rufus Anderson* (Grand Rapids: Eerdmans, 1967), pp. 59-76，并且，鉴于这是最容易获得的版本，它因此作为主要的参考。
[3] *Ibid*., p. 61.
[4] *Ibid*., p. 64.

……我们在差会、圣经协会、书会和其他类似社团中所看到的，不限于教会的牧师，也不限于任何职业，而是联合所有的阶层，拥抱不同群体的人；完全自由的、开放的和负责的……资金的捐赠人是真正的联合……不同的个人、教会、会众，他们自由地在一起行动，通过这样的代理机构，为着共同兴趣的目标……基督新教的联合形式——自由的，开放的，负责的，容纳所有阶层、两种性别、所有年龄层、不同群体的人——是现代的，几乎就是我们的时代所独有的。[5]

安德森在这里认识到自愿协会几个重要的特征：它的工具性特征，它相对近期的起源和它特殊的结构。它不同于以前所有结构的地方在于，它有开放的会员制，平信徒与牧师一样也参与其中，以及它的组织是植根在大量的会员中，会员觉得自己对它负有责任并会慷慨解囊予以支持。就像他是新英格兰公理会的会友，他提到，这样的协会只在拥有一个开放、负责的政府模式的国家中会出现，在这些国家中，基督新教在此之前就为公民自由预备了道路；宣教机构是大幅提升的地域交流和大幅增长的国际海上贸易的受惠者。当然，他是正确的，一个自愿社团在同时期的西班牙或那不勒斯很难发展起来；并且他给我们一个早期的线索，就是正如我们所知，差会的兴起是源于抓住了西方政治、经济和社会发展的一个特殊阶段所提供的机会。

让我们回到差会的工具性特征。正如安德森所讲，在一个自愿协会中，不同的个人、教会和会众为着一个共同利益的目标，自由地在一起行动。它从根本上是一种实用主义的方法，为着一个特定目的的一种工具设计。第一批现代宗教社团是在17世纪末伦敦严肃的高派教会（High Church）的会众中兴起的。它们的兴起，是为了回应诸如德国出生的安东尼·霍纳克（Anthony Horneck）的宣讲，他呼召会众要有更加敬虔和圣洁的生命。成群热心的人聚集在一起祷告、读经和探访穷人；其他人聚到一起，斥责亵渎神并试图清除街上的娼妓，

---

[5] *Ibid.*, p. 65.

以此来"移风易俗"。⁶ 他们正在寻求对重要的宣讲的一种实践上的回应；就像回答"我们要做什么呢？"的问题。他们面对许许多多的猜忌和敌意——为什么某些人聚集在一起呢？这些聚会为什么是必要的呢？难道教会的服侍对他们来说不够好吗？面对这样时代的背景，任何群体的聚会带着政治上不平或对教会不满的表象。然而，为了在基督徒生活中互相支持，或是为了更有效地表达基督教的教导，社团增长越来越多。⁷ 同时，有些（相对少数的）教会人士认真地思考在教会正常的领域之外福音化问题，他们意识到没有一种新的结构的话就会无事可成：于是就有了基督教知识供应协会（Society of Providing Christian Knowledge）和圣公会传道会（Society for the Propagation of the Gospel）的建立。这些不是真正意义上的自愿社团；它们拥有议会制的宪章，它们的管理和英格兰教会主教之间的联系被特别地注意到。⁸ 作为结果，它们能够做得很好的事情大部分都是教会原本所做的事；就是按立和装备圣职人员。这些社团确实促使这些有所装备的圣职人员被差派到国外去，大部分去了美洲地区，在美洲他们致力于将英格兰殖民者从长老会和恶行中解救出来。一些创立者

---

⁶ 关于背景参看 W. K. Lowther Clarke, *Eighteenth Century Piety* (London: SPCK, 1946); N. Sykes, *Edmund Gibson, Bishop of London 1669-1748: A Study of Politics and Religion in the Eighteenth Century* (London: Oxford University Press, 1926).

⁷ 参看，比如 J. S. Simon, *John Wesley and the Religious Societies* (London: Epworth, 1921), 和 *John Wesley and the Methodist Societies* (London, 1923).

⁸ 参看 W. K. Lowther Clarke, (London: SPCK, 1959); *A History of the S.P.C.K.* and H.P. Thompson, *Into All Lands: The History of the Society for the Propagation of the Gospel 1701-1750* (London: SPCK, 1951). 重要的是，在他介绍了英国圣公会传道会的起源后，汤普森的第一个部分处理了"美洲殖民地，1701-1783年"，并且"大觉醒年代，1783-1851年"的前面四个部分处理了本国和加拿大的情况。传道会的首要任务主要是和英格兰殖民者一起的。托马斯·布雷（Thomas Bray）是它成立之时的灵魂人物，有着更广阔的异象（参见，Thompson, p. 17）。但实际上，像托马斯·汤普森（Thomas Thompson）（参见，Thompson, pp. 67ff）这样的人是少有的。他作为马里兰的牧师，在1750年代到西非去探访种植园奴隶的起源地。当他成了乔治亚（Georgia）一名宣教士，年轻的约翰·卫斯里希望给美洲原住民传道；实际上他几乎看不到这些人。

所捕捉到的一个更广阔之宣教领域的异象，直至 19 世纪都没有被意识到；一位伦敦人迫不及待地想要看到这样由社团发起的机构，然而他发现自己十分受挫。[9]

教会结构只可以做它们已经做过的事；一种新的概念需要一种新的工具。威廉·克里 1792 年研讨会小册子的标题很有说服力。他称之为《探索基督徒使用方法让异教徒归信的责任：考虑到世界不同国家的宗教状况，以前行动的成功和进一步行动的可行性》（*An Enquiry into the Obligations of Christians to Use Means for the Conversion of the Heathens. In Which the Religious State of the Different Nations of the World, the Success of Former Undertakings and the Practicability of Further Undertakings, Are Considered*）。[10] 关键词是"**使用方法**的责任。"克里的小册子中，有神学，有历史学，也有人口学；但这本小册子的核心在于基督徒的责任，为的是寻找恰当工具的途径，去完成神加给他们的任务。

在《探索》最后的部分，在确立基督徒的责任、追溯以前试图履行责任的历史、指出当时世界中的责任范围、摧毁认为履行责任是不可能的论证之后，克里试图找到合适的方法。这些方法中第一个是联合祷告。"曾经所经历的恩典中最为荣耀的工作是对祷告的回应，并且正是按着这样的方式，我们有最大的理由去设想，我们最终期盼的圣灵荣耀的灌注将会被赐下。"[11] 他写作时，所面对的背景是一场提倡日常祷告的运动，这场运动是由于阅读四十多年前约拿单·爱德华兹关于"合一祷告"的呼求而引发的。[12] 爱德华兹自己曾被带

---

[9] 参见 G. D. McKelvie, *The Development of Official Anglican Interest in World Mission 1788-1809, With Special Reference to Bishop Beilby Porteus*. Ph.D. thesis (University of Aberdeen, 1984).

[10] 1792 年在莱斯特（Leicester）出版，并多次重印。一个带有佩恩（E. A. Payne）所写的导论的复制本由 Carey Kingsgate Press (London, 1961) 出版。

[11] Carey, *An Enquiry*, pp. 78f.

[12] *An Humble Attempt to Promote Explicit Agreement and Visible Union of God's People in Extraordinary Prayer for the Revival of Religion and the Advancement of Christ's Kingdom on Earth, Pursuant to Scripture—Promises and Prophecies Concerning the Last Time* (Boston, 1747).

领做出呼告，这是当他得知成群结对的青年人跟随苏格兰西部的坎巴斯兰（Cambuslang）复兴聚会祷告的时候。[13] 克里继续陈述他关于联合祷告作为一种有效方法的论证。自从每个月的祷告聚会在克里自己中部地区的浸信会的圈子开始以来，"就如同它们一直以来不是强制的并且是微弱的，有人开始相信神已经听见，并以一种方式回应了它们。"第一个证据是，参与的教会有了总体上的增长。这里没有想过本国宣教和海外宣教之间的区别——为"基督国度增长"而祷告的人对两方面都会关心。[14]

其他的证据是，长期困扰并分裂教会的问题的厘清，并且从在习惯的地方之外开始宣讲福音的机会开始了。甚至更多的机会被期待，由于"公民和宗教自由的传播，这伴随着教皇制度（popery）精神的衰弱"。像克里一样的英格兰反国教派不害怕为了公民和宗教自由而祷告，他们中的一些人在法国大革命的不同方面中看到了反基督势力的动摇。事实上，在苏格兰教会的大公会和其他地方，反对宣教主要与这些人有关，他们被认为在"公民和宗教自由"的外衣下藏着革命的目的。在这样的气氛下，克里对议会第一次尝试"废除非人道的奴隶贸易"深感欣喜，并且他希望它可以被跟进；让他欣喜的还有塞拉利昂基督教自由定居点的建立。[15]

那么，从聚集不同的小组为着共同的方向祷告这样中规中矩的尝试中，一个人能看出什么来呢？教会中的复兴、神学上更清晰的认知、新的福传的开始、法国大革命、驳斥奴隶贸易、基督教的一个西非前哨站？克里说，这些"不要被看作是小事。"他看到，把他自己浸信会圈子中的事件和那个时代的大规模运动所发生的事件放在一起没有什么不协调的地方。在两个方面，神都在动工，而且

> 如果一种神圣的牵挂普遍存在于代表他们救主国度的不同基督徒聚会中，在此之前，我们可能已经部分地看到

---

[13] A. Fawcett, *The Cambuslang Revival: The Scottish Evangelical Revival of the Eighteenth Century* (London: Banner of Truth, 1971).
[14] Carey, p. 79.
[15] *Ibid.*, pp. 79-80.

了，不仅仅一扇为了福音而开放的门，而且许多人来回奔跑，以及知识长进了；或是努力使用那些神按着我们的能力所加给我们的方法，比起一般的从天上来的，有着更大的祝福。[16]

他继续说，祷告可能是一件所有宗派的基督徒能够坦诚地在一起做的唯一事情；但我们必定不能不去寻找可用的方法，以此来争取我们所祷告的事。然后，他用当时的商业世界做了一个类比。当一家贸易公司有了执照，推动的人会在适当的基础上尽其所能运转企业。他们小心地选择他们的仓库、船只和船员；他们会去找每一点有用的信息。他们在海上会遇到危险，碰到不友好的气候和人，在焦虑中冒着风险并为其付出，因为他们的心思是想要成功。他们的**利益**牵涉其中；基督徒的利益不就是在于弥赛亚国度的扩展吗？

因此，他提出了他的方案：

> 设想一下，有一群认真的基督徒、牧师和个人，他们自己要组建成一个社团，制定许多的规则，尊重计划的调节，以及要有被雇为宣教士的人，支付费用的方式，等等。这个社团必须由有心在工作的人、宗教上敬虔的人和有坚持不懈精神的人组成。必须要有一个决心：不能录用任何不符合这种描述的人，或不能挽留无法很快就回应的人。[17]

从这个社团的成员中，一个委员会可以得到任命，来搜集信息——就像贸易公司一样——募集资金，审核潜在的宣教士，并为他们的工作装备他们。所有这些在今天听起来都是陈词滥调，因为我们已经习惯了五花八门的委员会，以及顾问、会员和捐献的理事会。因此，要记住18世纪普通的基督徒对这些东西完全不熟悉，是一件困难的事。大部分基督徒只是从教区教堂（parish church）的角度考

---

[16] *Ibid.*, p. 80.
[17] *Ibid.*, pp. 82-83.

虑，连同它被任命的牧师，或如果是英格兰反国教派或苏格兰脱离派（Scots Seceders）的话，就从堂区（congregation）的角度考虑，堂区招募自己的牧师。作为"工具性的"社团，基督徒的自愿协会联合在一起去完成既定的目标，这尚处在最初阶段。重要的是，克里——一个恪守本分和谦卑的人——从商业的角度做了这样的类比；组织一个社团就像运营一家公司。他正在寻找合适的方法去完成一项任务，那个任务不能通过教会常规的机制完成。我们可以一个又一个地举出其他一些早期的差会；无论是由建制的英格兰教会的福音派支持者建立的海外传道会，或者英格兰反国教者热情维持的伦敦宣道会，或者是苏格兰不同的机构。从他们的起源上看，它们同样是实用性的。一个简单的事实是，那时候所建立的教会，无论是主教制的、长老会的、公理会的，都**不能**有效地运作海外宣教。基督徒相应地"使用方法"如此做了。

从来没有一种自愿社团的**神学**。自愿社团是有关神的神学玩笑，当他们把自己太当一回事时，祂藉此温柔地嘲弄祂的百姓。怀着高高在上的神学和教会原则的人，通常是宣教运动的敌人。当（更确切地说，如果）年迈的瑞兰德（Ryland）向克里吼道："年轻人，坐下；当神想要使异教徒归信时，祂会做的，不用你或我的帮助，"（那些故事中有一个可能不是真的，但**应该**是真的）他仅仅就是表达了一个世纪前所确立的、标准新教式的教义，那是作为反对罗马天主教徒的辩护文。当罗马天主教徒指向他们17世纪在美洲、非洲和亚洲传播信仰时，天主教徒问新教徒，"**你们的**宣教士在哪里呢？"对此有一个已被接受的神学上的回答。它是以一个著名的新教的论证开始的，就是使徒的职分只此一次。"你们往普天下去……"的命令是主对使徒所讲的，那受托之事在使徒的时候已经完成。将它加到自己身上为要实现它，如今是一种自以为是和属肉体的事；它是将使徒的职分加在自己的身上，那是教皇自己所犯的错误。对克里来讲，将这个论证归谬并不是一件难事。他问他浸信会同会的会友，那么，为了浸礼所做的辩护在那里——难道那不是和使徒的职分一样吗？[18]（圣公会的）海外传道会是在热诚的实用主义者如亨利·魏恩和查尔斯·西缅（Charles Simeon）的坚持下发起的。他们从他们一些更教条的福音派的弟兄们那里有了麻烦，这些弟兄们担心圣公会的公祷书在宣教地不会被持守；同时，许多爱尔兰的教会人士将差会看作偏离了抗争罗马的"真正"工作。

## 二

正如所见，自愿社团可能是非神学的发展（untheological development），但它有着巨大的神学影响。它的兴起是因为教会体制的经典模式，无论是主教制、长老会制、公理会制，或是联合会制（connexional），没有任何机制（总之在18世纪末的形式中）去处理差会之所以形成所要做的任务。藉着它的成功，自愿社团颠覆了教会体制的经典形式，同时不能与它们中任何一个相适应。理解这一点，我们需要记住的是，这些形式对18世纪的人是多么牢固和不可改变。几个世纪以来，他们都论证说每一个都是基于圣经和理性——并且所有三种形式保留了下来，将基督徒放进不同的等级，明确地对他们进行分类。人们为着这些形式之纯洁的缘故献上自己，为了它们流了自己的血，随时愿意为了它们准备流人的血。那时，突然变得清楚的是，存在一些事情——不是渺小的事情，而是大的事情，就像世界福音化这样的事——超出了这些辉煌的福音真理系统的范围之外。这种实现拿去了神学肋骨上的僵硬。克里如此说：

> 对我来讲，如果有任何的理由希望我可以在任何一位弟兄、基督徒同胞身上施加任何的影响，我更希望对我自己宗派的基督徒……在这里，我的意思无论如何不是要将它限制在基督徒的一个宗派之内。我全心希望，每一

---

[18] *Ibid.*, pp. 8ff.

个衷心爱我们的主耶稣基督的人，可以以某种或其他方式参与其中。但在目前基督教国度分裂的状态下，比起是否他们要开始联合开展事工，让每个宗派分别参与到事工中可能是更好的。对我们所有人而言，空间是足够的……如果没有不友好干涉的发生，每一个宗派可以带着美好的意愿对待别的宗派，盼望并为其成功祷告……但如果所有都混合在一起，它们个体间的不协调可能会……很大程度妨碍他们公开的用处。[19]

因此，克里以宗派式的宣教为基础所给的理由纯粹是实用性的。他在**神学**上没有反对联合宣教；实际上，他邀请所有的基督徒参与事工。但是，建立一个社团，你必须从你所在的地方开始，与原本就形成了一个核心的人一起，与原本就有内聚力、互信和团契的人一起。如若让怀疑和信任缺乏进入的话，社团就注定灭亡。当然，从与克里相同的教会合一的神学前设出发是可能的，并且可能会得出一个关于差会基础的不同结论。大差会（The Missionary Society）的创立者们也是这样，如此称呼是因为希望它可以囊括所有有美好意愿的人，无论是主教制的、长老会制的或是公理会制的。然而，随着其他差会的出现，它马上变成了为人所知的伦敦宣道会。在它的启动仪式上，一位讲道者哭喊"看啊，我们在这里一同聚集，去参加**偏执**的葬礼……我再说，那要使她从坟墓中复活的人是要被咒诅的。"[20] 见证了这一点，创立者们制定了他们称之为"基本原则"的东西：

> 我们的计划不是差派长老会、独立教会制、主教制，或任何其他的教会秩序和体制（关于这一点，或许在不同认真之人中会有不同的观点），而是差派可称颂之神的荣耀的福音到异教徒那里：福音应该被留给（就像它从来应该被留给）人的心灵，神会从他们中间呼召他们进

---

[19] *Ibid.*, p. 84.
[20] David Bogue. 该讲道的总结和引用载于 R. Lovett, *The History of the London Missionary Society 1795-1895* (London: Oxford University Press, 1899), 1:55f.

入祂圣子的团契之中，好让他们自己取得这样教会体制的形式，就像对他们显示出最符合神之道的样式。[21]

有可能去论证的是，这基本原则实际上是公理会的一个原则——特别是那括号中的"就像它从来应该被留给"；一个人可以进一步认为这是为什么伦敦会没有从根本上变成一个由公理会会友所支持的差会的原因。然而，更重要的是要注意到，伦敦会的创立表明，在18世纪末，出现了一些令人难以想象的事情：针对主教制、长老会、独立教会和卫理公会的基督徒共同行动的基础。这共同的基础就是一个社团，即针对从不同的基础出发但有着共同目标的人的一条共同路径。

那个社团变成了大公精神的载体。它不是那精神的源头，而是那精神的产物和表达它的一种方式。克里为着促进教会联合的理由，提出了一种的宗派社团；伦敦会的创立者们提出了一个无宗派的差会，为的是非常相似的理由。在这些年代里，教会人士和反国教派可能会在餐桌上或在咖啡馆里见面和交谈，但没有任何渠道让他们可以在一起**行动**，直到这种渠道在自愿社团中被提了出来。但是，社团对传统结构所发起挑战要比这一点更深刻，而且正是不同的差会将这个挑战最为完全地呈现出来。差会的创立是为了福音的传播；这是教区和堂区根本存在的理由。但差会**不是**教区或堂区，而且它们是以一种十分不同的方式进行运作。它们不会被任何教区或堂区得以联系在一起的经典系统消化掉——即使差会自身带着明显宗派性。

一种新的教会体制在老的体制旁边成长，寄生式地附在那些原本看似永久的形式上，它们被反复论证，直到无话可说。

于是，不稀奇的是，整个19世纪，不同的社团增加，去处理各种具体的社会弊端或满足各样具体的社会需要。同样不让人惊奇的是，紧随在1859年复兴运动之后，一组新的差会出现了，许多差会带着所有的善意，重新燃起古老的无宗派结构的希望；同一个时期也看到许多新的差会，为的是本国中没有明显地被正常的教会机制所覆

---

[21] Lovett, *History*, pp. 21f.

盖的地区宣教和福传。

## 三

根据安德森的说法，自愿社团的一部分特殊意义是，它不限于教会的牧师。这一点指出自愿社团颠覆了旧有教会结构的另一种方式：它改变了教会结构的权力基础。正是自愿社团首先使得具有真正重要意义的平信徒（除了一些在国家中拥有职位或特殊地位的人）超越教区或堂区的层次。随着社团发展，无论是圣职人员或是平信徒，那些原本在他们的教会没有特别影响的人成了在社团中具有重大影响力的人。这一点在海外传道会的历史中可以得到很好的说明。海外传道会始于一群不重要的、有圣职的无名之辈。他们少数是伦敦的牧师，甚至不是所有人都享有圣职俸禄，一位是剑桥学院的会员，一些是从乡下来的人——他们中间没有一个是主教，或是执事，或是执事长。从影响力来看，他们唯一大一点的影响力在于他们得到一些出色的平信徒、显赫的议会成员的支持，诸如威廉·威伯福斯和亨利·桑顿（Henry Thornton），他们足以成为根基牢靠的副主席或称职的会计。实际上，当有需要向坎特伯雷大主教谈起有关差会事务的时候，平信徒威伯福斯不得不担当此任；因为在那群人中，没有一个圣职人员有足够的分量与大主教谈话。[22] 但在整个 19 世纪，有任何一个大主教的**主教辖区**比亨利·魏恩的更广或更重要吗？魏恩在那个世纪中叶的三十年中担任海外传道会的秘书长，在教会中仅仅是一位很小的受俸牧师，但没有一个主教有如此大的主教辖区。几乎没有主教能有更多的圣职人员，没有一个主教对他的圣职人员有如此多的直接影响。[23] 一些他的前辈和继任者都是平信徒，其中最出名的是丹德森·科茨（Dandeson Coates）。随着那个世纪的进展，更多激动人心的发

---

[22] 参看 Michael Hennell, *John Venn and the Clapham Sect* (London: Lutterworth, 1958), chapt. 5.

[23] 参见 W. R. Shenk, *Henry Venn, Missionary Statesman* (Maryknoll, N.Y.: Orbis Books, 1983).

展出现了。医疗和其他专业人员在某些差会担任领导层的位置，那些位置曾经是属于牧师和神学家的。后来就有了妇女，她们在差会的组织和领导层扮演着一定的角色，这种情况要比她们在生活其他的领域出现要早得多。一位在以色列的母亲，如格拉顿·金尼斯女士（Grattan Guinness），不仅是一位女赞助人，一位受认可的伯蒂特·库茨男爵夫人（Baroness Burdett Coutts），还是一位激发者、鼓励者和组织者。宣教士韦尔斯利·贝利（Wellesley Bailey）认识到促成麻风病人宣教（Mission of Lepers）的需要，但组织者和核心却是可敬的都柏林的萍姆小姐（Miss Pym of Dublin）。另一个寂静的革命在教会里发生了；仅仅因为差会从来没有在教会系统中被消化，没有人对按立妇女有所刁难，或者对她们在教会中不出声有什么刁难。多少世纪以来，教会体制结构被教义性的解释圣化，并且在护教神学中受到抑制；如果自愿社团是主所开的神学玩笑的话，那么庄严的教会体制结构到了19世纪末已经变成了一出热闹的喜剧了。

## 四

安德森也谈到，自愿社团"拥抱不同群体的人"。这指出了自愿社团另一个关键的特征。自愿社团的存在依赖常规的参与；而它在本地的层面发展出获得那种参与的途径。克里的提议是在一小群新英格兰中部地区浸信会的基督徒基础上实现的，他们彼此之间早已熟识。伦敦会是一件大得多的事务，部分是因为它的赞助人有像大卫·布格（David Bogue）和乔治·伯德（George Burder）这样的人，他们在他们的宗派地区要比克里在他的宗派地区要显赫得多；即便如此，在连贯性和动力的方面，伦敦会仍依赖某些地区坚定的支持者，特别是伦敦和沃里克郡（Warwickshire）。海外传道会最好地说明了这一点。它的开始是一群志趣相投的牧师谈论的结果，在很长的一段时间里，正是这一群牧师在伦敦聚集，与整个国家的担任福传圣职的朋友联络。将近十五年时间，海外传道会在不列颠找不到任何候选人。

他们可雇佣的候选人几乎都是从德国来的，这是与欧洲大陆差会联系的结果。[24] 从 1814 年左右，情况渐渐改变，其中的一个原因一定是海外传道会开始了新的组织形式的实践，这种组织形式已由圣经公会（Bible Society）开创：地方组织的辅助性协会的网络。地方教会宣教协会（Local Church Missionary Associations）因着地域而有所不同，从像布里斯托（Bristol）这样的大城市，它们可能得到重要的贵族和市民的支持，到相当小的农村教区或其他自然单元（比如，从 1814 年开始，有一个剑桥妇女协会（Cambridge Ladies Association），在城市或大学有任何一般的协会之前）。海外传道会转型了。它不再作为在伦敦聚集的圣职人员的委员会；它变成了一群人在教区聚集，为了了解来自印度或西非来的消息，以及宣教杂志的热情读者。它的支柱不是一位遥远且出众的秘书长，而是到处收集——从一些人那里一周只要一个便士——和推销《宣教记录》（Missionary register）的采集员。地位和收入最为卑微的人成了捐赠者，成了海外事工的拥护者，他们在其中感到自己成了分享的一分子。差会的招募模式发生了改变。它开始从本国接受宣教服侍的邀请。这种情况的发生是在宣教事工正变得显而易见的危险的时候，是在宣教士死伤人数在某些宣教地特别多的时候。这种原因一定是与那种发展有关，藉此差会植根在整个国家地方的基督徒当中。差会有了地方的化身，发展出分布广泛的参与者，赋予平信徒的委身和热情发挥的空间。

## 五

宣教杂志在这个过程中所扮演的角色还未得到学者们充分的重视。不同的自愿社团，特别是差会，创造了一个新的阅读群体，并利用它引起公众舆论的注意。这个进程的根源在于废除奴隶贸易运动，当然，该运动受到许多人推动，同样的一批人积极支持着不同

---

[24] 关于早期宣教士的招募，参看本卷第12章，"宣教士的呼召和事工。"

的差会。奴隶贸易的废除可能是现代宣传手段所取得的第一次胜利，通过对大众媒体的使用来教育和带动公共舆论。差会逐渐接管了相同的角色。1812 年见证了第一本伟大的宣教杂志《宣教记录》的诞生。《记录》刊印来自全世界的消息，并在宣教努力的大公精神影响下，刊印来自所有机构的消息。在所有的乡村中，它被热情地阅读着。这些杂志的发行，要比其他有声望的杂志像《爱丁堡评论》(Edinburgh Review) 和《每季评论》(Quarterly Review) 来得更广，它们进入士绅阶层乡间别墅的图书馆中。宣教杂志到许多人那里去，他们可能从来没有阅读过期刊。这些杂志有助于塑造观点，开发图像和形成印象，它们树立态度。它们对 19 世纪大众参考书的影响不可估量。《宣教记录》或其他宣教杂志的普通读者很明确知道他认为不列颠政府对孟加拉的寺庙税、或印度寡妇的自焚殉夫、或鸦片贸易、或奴隶贸易方面应当做什么。大量的读者群产生了，读者关心并且知道他们乡村之外的世界，或许在这个国家中没有其他群体是这样的。

举一个例子就够了。在那个世纪中叶，海外传道会开始参与到约鲁巴兰阿贝奥库塔伊格巴州（the Egba state of Abeokuta）非洲内陆的第一个现代教会之中。当伊格巴眼看要陷入被达荷美王国（Kingdom of Dahomey）征服和奴隶贸易的危险中，海外传道会利用其在政府范围内的影响力为伊格巴获得了道德和一定程度补给上的支持。[25] 强大的达荷美军队撤退了，亨利·魏恩注意到不列颠"从女王陛下的政府官员到一周一便士的拾荒者"普遍的满意。他没有夸大其词；女王陛下的官员们因着差会所整理的证据而行动起来，毫无疑问，不计其数的每周一便士的拾荒者屏息以待，跟进在非洲的事件，并感谢宣教士将阿贝奥库塔和它的教会拯救出来。但在 1850 年代，有多少英国人听过阿贝奥库塔，或者能够分清楚达荷美国王和示巴女王呢？那些人之所以可以这么做，是因为他们从宣教杂志所提供的关于世界的窗口获得了他们的知识。

---

[25] S. O. Biobaku, *The Egba and Their Neighbours 1842-72* (Oxford: Clarendon Press, 1957); 参见 J. F. Ade Ajayei, *Christian Missions in Nigeria 1841-1891: The Making of a New Elite* (London: Longmans, 1965), pp. 71-73.

## 六

19世纪最后的一些年见证了大量新差会的发展，它们中许多属于新型的"信心宣教"，在信心宣教中，中国内地会是先驱和原型。它们代表了自愿社团的一种发展，而不是一种完全的背离。它们体现了原本在旧差会中所体现的原则，并将其带至逻辑的结论。在某种程度上，信心宣教代表了一种新的改革运动，回到首要的原则中去；当它们想到耶书仑渐渐肥胖、粗壮，它们就像西斯特教团修士（Cistercians）和卡尔特教团的修士（Carthusians）一样，重新宣称本笃会（Benedictine）的理想。它们持续着自愿社团在教会方面的革命性影响，协助教会去圣职化，给予妇女的能力和恩赐有新的发挥空间，增加了国际性的维度，这种国际性的维度是在一个国家框架内成长的教会中几乎没有一间可以有的表达方式。自愿社团的时代之后，西方教会再也不是同一个了。

正如克里表明的，差会是为着一个特定目的而使用的途径。最初的目的是克里所说的"使异教徒归信"。旧的和新的社团二者的目的本质上都是福音性的；从它所被构想的程度来看，理论上讲，当教会被建立，宣教就稳步向前。在实践上，它并非这样，可能不能按那样的方式发生。随着新的教会出现，社团被视为交流的自然管道，通过它，援助、资金、材料、专业技术得以流动。正如我们所看到的，不同的社团发展出其他的角色，作为教会和公众的教育者，作为不同族群和政府的良心。在1830年之前，所有这些角色都是建立在不同的差会中，并且它们仍在那里。

但是，19世纪教会人士的恐惧和19世纪宣教士的盼望都没有迅速掌握一种情况，那就是非洲人、亚洲人和拉丁美洲人会成为基督徒人口的大多数，并且他们身上这么快就要背负世界福音化的主要责任。教会历史的新篇章已经开启，不是从宣教运动的失败，而是从它的成功开始的。如今或许合适的是，重新审视"使用方法的责任"和我们的"方法"所导向的目的。为着福音的目的而建立的差会，可以产生严格意义上的双边联系，因此，作为"我们"事工结果所形成的教会，仅仅与"我们"有着关系。这是达到基督完全长成的身量吗？种种关系很容易变成以经济为主导的；当通常谈论的话题是金钱和多少钱的时候，保持以平等为基础的关系是困难的。差会是为了单行道的交通而设计的；所有的预设是一方付出所有，而另一方接受所有。而如今，我们在西方迫切的需要是能够接受，并且我们也有一种"使用方法的责任"以分享神赐给祂所有子民的恩赐。

自愿社团，以及它在差会中的特殊形式，是在西方社会、政治和经济发展的特殊时期兴起的，它被那个时期塑造。它在神的旨意中按着神拯救世界的目的而被使用。但正如鲁弗斯·安德森很久之前注意到的，它只是一种从基督教历史初期就已反复地周期性出现之运动的现代、西方的形式。从一个意义上讲，修会是自愿社团，并且"正是通过诸如此类的联合方式，福音才在我们祖先当中、在欧洲开始传扬。"[26] 一代又一代，使用新的方法去宣讲福音变成必须的了，以此来超越使福音过度本地化的结构。一些人已经带着"会社"（"sodality"）这个词超越了它在天主教实践中的特殊用法，用来代表所有这些"使用的方法"，藉此，不同群体自愿地为着特定的福音目的一起劳力。不同自愿社团就像修会在它们的领域中一样，在效果上是革命性的。我们如今所需要的会社，可能同样被证明是令人不安的。

---

[26] Beaver, p. 64.

## 第19章 宣教运动的旧时代[1]

基督信仰在其本质上是宣教的，在其历史中也是宣教的。在基督信仰的内核存在着，关乎宇宙之主宰与根基和人性之共同本质的假设，以及关于耶稣基督之声明，禁止任何个人、群体或社群将基督信仰占为己有。除非耶稣是主之确信和基督复活之确证得以分享，否则它们之所意味就无法再丰富。但基督徒之信仰和教会之本质是宣教的，是在一种更深的意义中，这种意义与"宣教"（missionary）一词所来的"差遣"（sending）的意思有着更加紧密的联系。"父怎样差遣了我，"耶稣对第一批使徒说，"我也照样差遣你们。"父差派祂的儿子进入世界，不仅去传言，而且去成为和去行事。因子所做的一切是独一无二的，子差遣祂的百姓，如同祂被差遣：成为世上的光，给有病的人、软弱的人和不受欢迎的人带去医治和希望，去代替他人受苦，可能受之不公。教会的宣教不单是使自己加添，而是去做见证，见证基督藉着祂的十字架和复活挽回了整个创造，并且击败了毁坏创造的势力。在这个意义上，基督徒的全部生命都是宣教的，就像是基督徒的工作和他们的交流以及生活的习惯，他们的艺术和音乐以及每一个要求选择的活动。

但历史环境要求"宣教"一词有一种特殊的、技术性的意义。近几个世纪以来，从西方来的宣教运动已经向我们介绍了作为全部基督教社群代表的观念，这位代表在原则上同所有其他基督徒一样，有着相同的信仰、见证和责任，但他是在一种跨文化的处境中运用这些。

基督信仰的一个特征是，贯穿其历史始终，它已经藉着跨文化的

---

[1] 首次发表于 *International Review of Mission 77* (January, 1987): 26-32.

接触得以传播；实际上，它一直以来得以幸存，就是仰赖这样的接触。并非所有伟大的信仰都是如此；比如，犹太教不是如此，犹太教遍布全世界，但基本上完全限制在民族社群之中；印度教不是如此，印度教拥抱了世界最古老的信仰中不计其数成百上千万的人，但主要集中在一个国家和族群之中。佛教和伊斯兰教实际上多次跨越文化的区隔，但是，关于基督教，我们基本上可以说，它在今天得以存在只是**因为**它已经跨越了它。因为基督教的拓张从来不是渐进式的，像伊斯兰教的拓张，从一个中心点传播开来，在很大程度上保持它所触及之人的忠诚。基督教的拓张从来是连续的。基督信仰在不同时期使自己立足在不同的腹地，它在一个地方衰退伴随着在另一个地方的诞生。

第一批在耶路撒冷的基督徒，全都是犹太人，当他们接受耶稣是弥赛亚时，他们并没有改变他们的宗教。耶稣成为人，是要在一个更完全的意义上成为犹太人；在律法中和在他们每日依靠的圣殿中发现了新的喜悦之事。然后，不知何故，有一些人——我们甚至不知道他们的名字——介绍犹太人的民族拯救者给一些在安提阿希腊异教的朋友。虽然这引起了基督教团体中的一些反思，但它真正的意义尚不清楚，直到三十年后，当罗马人摧毁了犹太国和圣殿，最初的基督教社群淡入基督教历史的边缘。如果基督信仰只停留在《使徒行传》前面几章，基督教在罗马人的大屠杀中不可能幸存。那些安提阿人的行动拯救了它。到了那时，犹太国瓦解了，大部分的基督徒不再是犹太人，而是希腊人。

经历一段时间之后，桌子被掀了。在公元600年，基督教的腹地已经可以正当地追慕上古，主要位于地中海东部讲希腊语的人群中；但整个帝国在此之前粉碎了犹太人的叛乱，如今却承认基督是主。到了公元800年，那些东方讲希腊语的腹地不仅在穆斯林的统治之下；他们人口很大一部分正在变成穆斯林。讲拉丁语的基督徒陷在激烈、丑陋不堪的小型战争中；而且讲拉丁语的非洲基督徒正在一起灭亡。基督教在这样的土崩瓦解中如何幸存下来的呢？因为到此时，那些事情发生了，基督信仰正在北部和西部的蛮族人当中立足，开化的基督徒长久以来害怕和鄙视他们。新的基督教的土地出现了，代替了旧的，转变了基督教的重心，如此彻底，就像公元 70 年后它所曾发生的转变一样。

几个世纪以来，基督教的在场主要集中（并不是唯一的，但是主要的）在欧洲。西方基督徒曾一时寻求将他们的信仰加给可能的地方，渐渐开始试图提供和分享它。这个过程在 19 世纪达到一个持续努力的顶点。稍稍一看 1910 年世界宣教大会时候的世界宗教地图，表明了他们那时所完成的是显著的，但不是压倒性的；会议仍然从（西方的）"宣教完全"的地区和另外"宣教尚未完全"的挑战的视角进行思考。如今我们可以看到，什么东西向他们隐藏和哪些东西赋予了宣教运动最大的历史意义。在很长的一段时期中，基督教在欧洲正逐渐减弱；只有到了二战之后，变得清楚的是，那种衰退走了多远和它如何在加速。目前，欧洲和北美似乎是唯一基督信仰和委身的数据在减少的大陆。在其他每个地方，基督信仰都在扩张。撒哈拉以南的非洲提供了大规模的基督徒人口。在太平洋地区，有着欧洲过去所是的那种基督教国度。在拉丁美洲，有着最大的单一基督教文化群体。新的基督教腹地位于南方，在非洲、拉丁美洲、部分亚洲、太平洋地区；欧洲帝国在 1914 年时看起来如此经久不衰，不，在 1940 年已经全部消失了。在基督教地区这样剧烈的变化，与耶路撒冷的衰落，阿拉伯人的西进，西罗马帝国的衰落相似，若是没有之前的以宣教运动为中心的基督信仰跨文化的流散，这些就不会发生。

我们不能将跨越文化边界的主题从基督教历史中去除。跨文化传播是基督信仰不可或缺的。第一批边界的突破者，那些安提阿的"塞浦路斯和古利奈人"，只是和他们的朋友交谈。他们自己是移民，实际上是难民，在新的环境中营生。北部和南部的蛮族人通过各种渠道认识了基督。被绑、成为奴隶的基督徒把基督教带给东部的哥特人；从一次海难中幸存的基督徒将基督教带到埃塞俄比亚去。教会所支持的官方宣教的确存在，但只是众多途径中的一种。游行僧侣的布道是不同中心的联络人；其他人通过一些人的奇怪、严谨的生活遇见了基督徒，这些人除了祷告之外看起来不做别的任何事。向欧洲以外区域的扩张带来了新的方法和特殊的组织。罗马天主教调整修会制度以适应宣教的目的。18世纪末和19世纪的新教基督徒发展了自愿社团，那被证明是有力且有效的，甚至天主教的差会都找到一些东西加以复制。这些社团为西方基督教的能量、工作、祷告和奉献组织了系统性的渠道，并且，它们为跨文化宣教建立、训练和装备了一股力量。这股力量建立了不同的教会，常常牧养它们，总是带领它们。当运作开始的时候，这样的宣教服侍付出了极大的生命和健康的代价，而成效或结果却是不确定的。从整个基督教历史的角度来看，因此而产生的教会遍及全世界，西方教会领袖那时正谈论着"女儿"教会，后来谈论着"较年轻的"教会，而这种情况发生之前，所过的时间不算久；宣教不仅成为建立教会的途径，而且成为有着服务教育、医疗、社会、工业、翻译和其他分支的一个巨大国际网络。

因此，我们可以看到，尽管跨文化传播的元素贯穿了基督教历史，但它从来不依附于任何一种工具。在技术意义上，"宣教"是一种反复出现的基督教现象的一个当前的、在历史上重要的例子。

现象的反复本身是它在任何既定的处境中的暂时性记号。当巴拿巴来到安提阿，他清楚地断定，改教的拉比扫罗是新兴外邦教会中最需要的人；但在不久之前，保罗在别处，安提阿教会没有这两个出名的名字中的任何一个。跨文化的代理人是至关重要的，不过是催化的和暂时的，必须准备继续前行。任何在非洲基督教历史领域工作的人都开始意识到，在这么多的案例中，宣教时期如今只是一个持续的故事中的一段情节，而且常常是逐渐远去的一个。然而，同样的故事常常揭示了，在故事得以继续之前，宣教士们如何被彻底改变——因着国际战争、政治变动、本国的经济衰退，或仅仅只是分裂。

对宣教运动未来的任何考量，必须把那最初产生它的因素考虑进去。在这里，我们必须记住，它的起源在于基督教的领土观念，信仰和世界的一个地方联系在了一起，即1910年的"宣教完全的地区"，这个词意味着还有其他的地方是"宣教尚未完全的地区"。宣教运动在某些方面是基督教国度这一概念的最后一次绽放，至少在初期，它的诞生主要是因着不断添加给基督教国度的盼望。但如今领土的基督教的观念，地理上邻近基督教国度的观念，已是处于不可挽回的破局中。基督教国度本身就是西方蛮族人归信的历史环境中的产物。现今他们继承者们的土地呈现出基督教委身的显著衰退，并且西欧已经成为一个首选之地，被视为宣教地的**那个**首选之地。改动某些 19 世纪关于异教徒需要的描述——忽视宗教和永生，喜好战争，不人道和不公义之事在社会被广泛接受——作为一种振奋人心的呼吁，呼吁南方大陆的基督徒担当起西方之救赎的事业，这会是容易的。

但是，南方基督教地区不被视为一个新的基督教国度。它们中很少变成同质的基督教国家。相比于在它历史中先前的任何时期，如今的基督信仰更加分散；不仅是因为它在地理上、民族上和文化上比以往任何时候分布要广得多，而且是因为它被分散在更多的社群**之内**。作为旧有的宣教运动之根基的"从 - 到"的领土观念，不得不让位给一个更像第 2 和第 3 世纪在罗马帝国境内的基督徒的概念：在不同的圈子中和在不同的层次上平行的在场，每一个都试图渗透进它的圈子中以及到它的圈子之外。这不妨碍运动、互换和计划——这些东西当然标识了君士坦丁之前罗马帝国的基督徒们——但它要求概念、象征、态度和方法的更新，这是源于一个从未存在过的基督教国度的在场。

旧有的宣教运动是西方政治、经济和宗教发展的特定阶段的产物。基督教国度的观念如此剧烈地影响着它的形态，这只是其中的一个方面。我们已经看到，运动所发展出的独特组织是自愿社团，自愿社团发展出宣教代理机构及其委员会，相关支持者的地区，以及它在海外差派和维持代理人和代表的机构。这本身是西方历史中某个时期的某些政治、经济和宗教条件共存的产物，甚至不是在西方所有地区都存在。从政治的角度看，自愿社团需要政权允许自由结社；它需要一种环境，在其中结社不被国家认为是一种威胁；它需要一种类型的社团，在其中个人的意识得到高度的发展；在其中没有必要或不适合的是，所有人应该像他们的邻舍一样。从经济的角度看，它需要盈余的存在，他们享受人口相对广泛的流动，以及到处迁移的自由。从宗教的角度看，它不仅意味着一个基督教的基础，需要有施展热情的机会，而且意味着一种完全中心化或闲散的（或没有效率的）教会组织风格，在它正式的框架之外，这样充满活力的宗教活动可以会被容忍，特别是随着社团创造出新的权力基础和新的（常常是平信徒的）领导地位。再者，对代理机构而言，运作意味着某种西方和世界其他地区的联系，藉此社团的代理人在正常情况下可以自由旅行和定居，如果未必受欢迎的话，至少可以被容忍。

19世纪和20世纪见证了这些条件在某些西方国家中一种很高程度的整合。对大多数这些国家来讲，那个发展阶段如今已经过去了。一方面，对所有这些国家，它很清楚地已成为过去；它们的公民再也不能将他们选择入境或定居一个地方的权利当作是理所当然。社会、政治或宗教的条件也都不是宣教运动高峰期的样子。但最明显的不同是在经济领域。宣教士如今是昂贵的商品；从他们服侍的国家来看，有时是天文数字。已经有许多宣教士从第三世界的国家来，在不是他们自己国家的地方服侍，但有充分的理由说明，不要期待第三世界的"海外宣教"差会有总体上的提升。这些差会的出现，无论是在西方还是在其他地区，面对着某种经济类型的背景。它们不能在以边缘农业为经济基础的地方运转，或是在有长期经济发展障碍的国家，或是在资金控制严格的国家。

尽管难以克服的经济困难阻碍了旧有宣教运动的延续，宣教士在一些国家中仍是经济力量的象征。存在一些根基薄弱的国家，萎靡的经济，对所有大型投资者无吸引力或他们退出的地区，而宣教团体在那个国家有着最强大且最有效率的技术和通讯能力。它们是外国资金的来源；它们拥有运输和旅行和对外交流的渠道。这样巨大的权力与当地教会没有什么关系，除非当地教会可以从外面呼召人进来：在其本质上它仍然是外国的。

因此，已经变化了的世界的处境要求我们去检视宣教运动的一种持续投射的一些意料之外的结果。但在教会内部也存在一些变化，那些变化必须被纳入考量的范畴。如我们所见，旧有的宣教运动发展了一种独特的组织形式，宣教代理机构以自愿社团的模型作为基础。回到1792年，自愿社团绝非像它们在一个世代之后那样平淡无奇，那时威廉·克里在《探索基督徒使用方法在异教徒中传布福音的责任》

中描述了这样的协会是如何形成的。差会的形成是"方法之使用"，为了一种特定目的。随着差会发展，它成了一种十分有效的途径以达到某些目的：差派和装备为了传扬基督教和海外服侍的人，为了他们的工作来吸引"本国"关注和支持。没有一个人会宣称这穷尽了当今基督教世界的需要，或甚至宣称它表达出了它根本的需要；也不会宣称它恰如其分地反映了北方基督徒和南方基督徒之间的真实关系。宣教运动最初的机构是为了一种单行道交通而设计的；为了差派，为了给予。或许今天基督徒有责任去"使用方法"以更好地适应双行道的交通，团契，为了分享，为了接纳，而这些都是尚未完全的事。

旧有的宣教运动产生了它自身的灵性。在 19 世纪运动的高峰时期，这种灵性表达为理想的宣教士自我否定的生命，为了福音的缘故，牺牲国家、舒适、前景，也可能是健康。但这并不一定反映当今的现实。宣教士不再回应一种终生的呼召，而且他当然不会因为这个目的而得到其他国家的签证。宣教士经常被保护起来，免于那个地方生活中种种最糟糕的不便之处，在那个地方他们通过宣教组织完全的效率和它使用外国资金的能力去应对紧急情况。移居海外的基督徒按当地的条件担当起海外联络的岗位，他们至少知道他们是被需要的：倘若有一个当地人可用的话，他们应该不会被任命，而且他们不会被重新任命一个可用的人。这些基督徒分享当地所有令人沮丧的事物——以及可能还有位于前一个宣教理想典范心中的某个软弱。

宣教运动如今已经是在旧时代了。它不是一个无用、衰老的旧时代。它在一些处境中提供了最有效的、或许是唯一可预见的见证基督或传扬基督的途径。还有许多其他的处境，在其中宣教运动幸存的机制是所有留下的东西，直到更好的方式出现来去表达和实现基督之教会的普世团契，并且去使它不同部分之间的真实分享成为可能。但产生运动的条件发生了改变，并且他们已经被历史的主改变了。教会已经被宣教运动的机构本身改变了，这是超出所有人认知之外的。

把它看作是一个世代的终结可能是误导人的，因为这表明了某种历史的终结性。事实上，种种的延续要重要得多。世界福音化的任务促成了已经宣告的宣教运动的方案，而世界福音化的任务没有结束；

它从来没有结束过。教会根本上的宣教本质，基督徒根本上的宣教呼召，是我们开始的地方；或许20世纪领土意义上的基督教逐渐消逝了，这使我们看到了，与扩张一样，衰退是基督教历史的一部分，脆弱性的部分，或许是神所主宰的、要让人为基督做见证的方式。毕竟，用祂的右手托住七星的独一真神，正是拿去教会灯台的那一位。正在改变的，不是任务，而是方法和模式。同样，改变的是附属之物。在它鼎盛的时期，宣教运动与教育和技术的形式携手并行，教育和技术本身被看作是基督教影响所结的果子。毫无疑问，从结果而言它们被看作是有益的，并且常常就像如此被接受下来。如今似乎越来越有可能的是，除了福音本身，背负福音的人不会带任何礼物同他们一起。那是早期教会的情形了。

宣教运动的旧时代也不意味着跨文化宣教的结束——虽然它会提出关于谁在跨越的问题。相比1910年最有学问的战略家所意识到的，我们如今认识到，还有更多未跨越的文化边界。许多基督教历史中最为重要的发展已经开始了一个跨文化交往的时期，这些发展就是开启福音对文化连续性渗透的不同运动，基督教历史本身是由福音构成的。那个时期有时是迷茫的，有时是痛苦的，却总是一贯短暂的。西方第二次的福音化会藉着跨文化的基督教交往得以实现，西方第二次的福音化会是对一种文化的真实穿透，这种文化对福音是陌生的，就像世界中任何一种文化一般；如果这一切发生了，它与基督教历史中先前的故事基本会保持一个步调。

# 索引

## A

阿贝奥库塔 Abeokuta 233, 308
阿克巴 Akbar 222
阿肯人 the Akan 122, 124
阿拉杜拉教会 aladura churches 145
阿善堤 Ashanti 114
阿伊努人 Ainu 241
爱丁堡世界宣教大会 Edinburgh World Missionary Conference 223, 259
奥古斯丁 Saint Augustine 52, 75, 78, 99, 118, 218
安拉 Allah 40, 123, 169
奥尔堡 Aalborg 97
《奥克尼伯爵史诗》 95-96
奥克尼群岛 the Orkney Islands 95-96
奥卢龙 Olorun 122-125
奥米阿 Omiah 203
奥尼沙 Onitsha 137-138
奥斯曼德斯瓦 Osmundswald 95

## B

巴布亚新几内亚 Papua New Guinea 164, 172
《巴干达人》 The Baganda 242
巴黎宣教会 Paris Mission 114
巴乌达拉 Bayudaya 145
柏拉图 Plato 22, 45, 48, 81, 248, 257
柏塞 Birsay 97
班达教 Umbanda 171
班会聚会 class meeting 131
宝石社团 the Precious Stone Society 145
堡革会议 Burgher Synod 209
本巴语 Bemba 235
本地化 Localizing 43, 148, 174, 310
本地语言 vernacular 92-94, 100, 106, 123-124, 143, 167, 169, 215, 238, 240, 251
本笃会 Benedictine 309
本土化 Indigenizing 16-19, 22, 24-25, 43, 72, 109
博尼费斯 Boniface 56, 99
不可知论 agnosticism 160, 167, 256
布干达 Buganda 123-124
布维地 Bwiti 187

## C

重洗派 Anabaptists 3, 142, 148, 285
传信部 Sacred Congregation for the

Propagation of the Faith 或 the Propaganda Fide 217-218

## D

达荷美王国 Kingdom of Dahomey 308
大毛拉 Maulvi 253
戴德生 Hudson Taylor 139, 284
道成肉身 Incarnation 37, 39-43, 61, 64, 73, 111, 182
道风山 Tao Fong Shan 225
地方教会宣教协会 Local Church Missionary Associations 307
丁卡人 Dinka 156
东帝汶 East Timor 165
东印度公司 East India Company 105, 209, 239, 249-251
独立教会 Independent Church 3, 16, 21-22, 118-119, 127, 142-151, 170, 175, 233, 239, 264, 277, 303-304
对称冥想 symmetrical meditation 156
多贡人 Dogon 156
多那喀 Dornakal 220

## E

恩戈尼人 the Ngoni 157
恩古斯运动 Ngunzist movement 146

## F

法里孙人 Friesians 99
反国教派 200, 203, 207, 235, 240, 299, 301, 304
梵蒂冈第二次大公会议 Second Vatican Council 218
斐洛 Philo 44-46, 48-49
吠陀经 Vedas 249

弗里敦 Freetown 133, 145, 211
弗里吉亚 Phrygia 149
福音传布协会 Society for the Propagation of the Gospel 204, 222, 226-227
福音复兴运动 Evangelical Revival 83, 103, 108-109, 111, 129, 199, 287
复临主义 Adventism 289

## G

干达宗教 Ganda religion 123
刚果 Congo 115, 142-143, 156, 225, 227, 266, 271
公理会 Congregationalist 104, 110, 180, 209, 226, 282, 296, 301-304
古兰经 Qur'an 35, 40, 43, 64-65, 140, 220, 258
《国际宣教评论》International Review of Missions 224-225, 227
国际宣教协会 International Missionary Council 143, 223
国际宣教学联合会 International Association for Mission Studies 193

## H

哈特福德神学院基金会 Hartford Seminary Foundation 244
海地 Hait 171, 216
海外传道会，英国 Church Missionary Society
赫雷罗语 Herero 235
皇家尼日尔公司 Royal Niger Company 137, 140

**J**

基督教国度 Christendom 32, 55, 66, 92, 105-109, 182, 291, 295, 303, 313-315

基督教艺术之友协会 Society of Friends of Christian Art 217

基督教知识促进会 Society for Promoting Christian Knowledge 104-105, 210

基督教知识供应协会 Society of Providing Christian Knowledge 297

基督军团 Christ Army 115

基督使徒教会 Christ Apostolic Church 114, 127

基库尤 Kikuyu 161

基塔瓦拉运动 Kitawala 289

加纳 Ghana 114, 119, 171

加雅 Jaya 161

嘉格纳特 Jagannath 83, 250

贾玛 Jamaa 187

剑桥妇女协会 Cambridge Ladies Association 307

接受语 Receptor language 39-42

金邦古 Kimbangu 115, 143, 145-146, 148, 150

浸信会医疗宣教士辅助机构 Baptist Medical Missionary Auxiliary 266

浸信宣教会 Baptist Missionary Society 266, 271

救世军 Salvation Army 146

**K**

卡尔特教团的修士 Carthusians 309

卡拉巴尔 Calabar 261

开西大会 Keswick convention 135, 233

凯尔特 Celtic 15, 36, 53-55, 92-93

克利奥人 the Krio 121

肯特王国 Kingdom of Kent 118

卡巴卡 Kabaka 123

卡通达 Katonda 123-124

**L**

拉合尔宣教会议 Lahore Missionary Conference 264

莱尔主教 Bishop Ryle 88

莱索托 Lesotho 114-145

理雅各 James Legge 84, 185, 235-236, 243-244

利物浦宣教大会 Liverpool Conference on Missions 252, 263

路易斯 C. S. Lewis 61, 112, 143, 265

伦敦宣道会 / 伦敦会 London Missionary Society 84, 180, 201-202, 204, 206-209, 226, 232, 234-240, 243-244, 253-256, 261-263, 265-270, 284, 301, 303-304, 306

《论首要原理》De Principiis 21

《罗马书》Epistle to Romans 3, 24-25, 71, 75-78, 80-86, 88-89, 124

**M**

马克·诺尔 Mark Noll 286

马拉地语 Marathi 239

马拉姆 mallam 139, 140

玛莎·戴维斯信托慈善协会 Martha Davies Confidential and Benevolent 145

曼德人 the Mende 122

《曼斯菲尔德庄园》Mansfield Park

106, 201
麻风病人宣教 Mission of Lepers 306
马德拉斯基督教学院 Madras Christian College 221, 229
马尔加什语 Malagasy 235, 238, 244
"马西纳统治"运动 "Marching Rule" movement 161
茅茅运动 Mau Mau movement 161
梅鲁人 the Meru 156
美拉尼西亚 Melanesia 161, 166, 172, 175, 243, 289
门诺派 Mennonites 148
孟他努主义 Montanism 149
莫尔斯贝港 Port Moresby 164
莫舒舒教会 Kereke ea Moshoeshoe 145
莫卧儿 Mughal 223, 227, 230
木兹姆 Muzimu 123, 125

N

纳美 Nyame 122-125
纳瓦霍人 the Navajo 158
南非锡安派 South African Zionists 148
南非锡安圣公使徒会 Christian Catholic Apostolic Church in Zion of South Africa 289
南蛮美术 Nanban art 227
尼日尔三角洲 Niger delta 115
尼日利亚 Nigeria 2-4, 13, 113-114, 117, 119, 145, 167, 170-171, 192, 218-219
纽约协和神学院 Union Seminary 228
诺森比亚王国 Kingdom of Northumbria 116

P

旁遮普语 Punjabi 239
皮克特人 Picts 56
朴次茅斯 Portsmouth 207
普韦布洛人 Pueblo 158

Q

《七十士译本》Septuagint 44, 46-51
千禧年 millennial 142, 285
钦延贾语 Chinyanja 239

R

瑞德利学院 Ridley Hall, Cambridge 241, 256
瑞兰德 Ryland 301

S

萨赫尔人 Sahel 163
萨克森 Saxony 97
萨摩亚文 Samoan 235
塞拉利昂 Sierra Leone 1, 4, 112, 120-121, 130-135, 137-139, 145, 201, 206, 208-209, 211-213, 299
赛利橡树学院 Selly Oaks Colleges 144
神国协会 God's Kingdom Society 289
圣公会传道会 Society for the Propagation of the Gospel 297
圣经公会 Bible Society 2, 307
圣克里斯托娜 St. Chrischona 211
使徒教会 Apostolic Church 114, 127,
思盖欧 Ngewo 122-123, 125
斯瓦希里语 Kiswahili 162
苏格兰独立教会 Free Church of Scotland 233, 264

苏格兰分离派 Scots seceders 200
苏格兰教会 Church of Scotland 208, 233, 238-240, 243-244, 251, 275, 299
苏格兰宣道会 Scottish Missionary Society 208-209
所罗门群岛 Solomon Islands 161

## T

塔提安 Tatian 47-48
塔希提岛 Tahiti 110
太耶维 Taiyeve 172
坦巴拉姆 Tambaram 88, 223-225, 227
坦桑尼亚 Tanzania 163
汤加 Tonga 207
特土良 Tertullian 25, 31
通用语 lingua franca 55-56, 132
图语 Motu 235
托贝 tobe 139
妥拉 Torah 40, 45, 47, 70

## W

瓦尔哈拉殿堂 Valhalla 98
瓦格勒 Wrangler 209, 212
威克理夫圣经翻译会 Wycliffe Bible Translators 289
威斯敏斯特修道院 Westminster Abbey 180
唯一神教派 unitarians 106
卫理公会 Methodist Church 15, 105, 108, 112, 114, 146, 151, 201, 230, 281, 304
沃里克郡 Warwickshire 306
乌干达 Uganda 112, 125, 145, 228, 243

## X

西班牙征服者 conquistadores 96
西非长袍 agabada 120
西斯特教团修士 Cistercians 309
锡利群岛 Scillies 95
相对有神论 relative theism 156
新斯科舍 Nova Scotia 112, 130
新兴宗教运动研究中心 Centre for the Study of New Religious Movements 144
新预言 New Prophecy 149
信心宣教 faith missions 233, 309
幸存国际 Survival International 174
叙利亚埃德萨教会 Syriac Edessene Church 19
《宣教记录》Missionary Register 104, 307-308
宣教学 mission studies 8, 19, 109, 143, 162, 179, 181-191, 193-198, 218, 225-226, 229, 232-233, 238, 245, 253
宣教杂志 Missionary magazines 225, 233, 307-308
学生志愿宣教联合会 Student Volunteer Missionary Union 255-256, 265, 288

## Y

雅甘拿斯 Jagganath 250
亚历山大·达夫 Alexander Duff 83, 86, 88, 239, 244-245, 251-252
严格自然神论 strict deism 156
耶和华见证会 Jehovah's Witnesses 289
野营布道会 camp meeting 281

伊博人 the Igbo 116, 122
伊顿 Eton 135, 208, 233
伊法占卜 Ifa divination 157
伊里安查亚 Irian Jaya 165
伊斯兰教 Islam 4, 34-35, 40, 47, 87, 139-140, 153, 162, 166-169, 171, 176, 179, 183, 215-216, 240, 312
伊斯林顿 Islington 133, 232, 241-242, 253, 256
以便尼人 Ebionites 28
医疗宣教士 medical missionaries 4, 255, 261-266, 268-270
印度基督教文学协会 Christian Literature Society for India 229
印度教 Hinduism 4, 34, 86-89, 153, 167, 215, 220, 222, 240, 245, 252-253, 288, 312
印度学 Indology 250
犹太基督徒 Jewish Christians 12, 28, 37, 49, 66, 70, 72, 91, 124
游斯丁 Justin 25, 47-49, 51, 78
原生宗教 primal religion 3-5, 91, 93, 95, 152-154, 156, 158-159, 161-162, 164-168, 170-172, 174-176, 183, 197
源语言 Source language 39, 41
约翰·亨利·纽曼 John Henry Newman 180
约翰·卫斯理 John Wesley 75, 105, 107, 199, 281
约鲁巴兰 Yorubaland 114, 134, 146, 308
约鲁巴人 the Yoruba 122, 124, 157
约拿单·爱德华兹 Jonathan Edwards 81

## Z

赞德人 the Zande 156
扎伊尔 Zaire 145, 148, 193, 266, 284
赵紫宸 T. C. Chao 224
中国基督教文献学会 Christian Literature Society for China 242
中国内地会 China Inland Mission 139, 267, 284, 309
朱葆元 Chu Pao-yüan 224
朱格乌 Chineke 116, 122
朱库 Chukwu 122
主教制 Episcopalian 203-204, 277, 301-304
自愿社团 voluntary society 103, 276-277, 281-282, 287, 292, 295-297, 301-302, 304-307, 309-310, 314-316
自愿协会 voluntary association 281, 295-296, 301

www.ingramcontent.com/pod-product-compliance
Lightning Source LLC
Chambersburg PA
CBHW071557080526
44588CB00010B/938